电子商务专业"十三五"规划教材

电子支付与网上银行

主　编　谢兴盛　张　华　安容宇

副主编　苏金玲　周建勋　张晓楠　张　策

江苏大学出版社
JIANGSU UNIVERSITY PRESS

镇　江

内 容 提 要

本书采用任务驱动教学方式，全面系统地阐述了电子支付与网上银行在电子商务领域的应用。全书分为 8 个项目，内容涵盖：电子支付与电子银行、电子支付工具、网上银行、网上支付、移动支付、第三方支付、电子支付安全技术、电子支付安全管理。

本书注重理论与实践紧密结合，力求在结构上完整，在内容上先进实用，既可作为高等职业院校电子商务相关专业的教材，也可作为电子商务及金融领域从业人员的参考用书。

图书在版编目（CIP）数据

电子支付与网上银行 / 谢兴盛，张华，安容宇主编
. -- 镇江：江苏大学出版社，2016.3（2019.1 重印）
ISBN 978-7-5684-0175-3

Ⅰ . ①电… Ⅱ . ①谢… ②张… ③安… Ⅲ . ①电子商务—银行业务 Ⅳ . ①F830.49

中国版本图书馆 CIP 数据核字(2016)第 044284 号

电子支付与网上银行
Dianzi Zhifu yu Wangshang Yinhang

主 编 /	谢兴盛 张 华 安容宇
责任编辑 /	徐 婷
出版发行 /	江苏大学出版社
地 址 /	江苏省镇江市梦溪园巷 30 号（邮编：212003）
电 话 /	0511-84446464（传真）
网 址 /	http://press.ujs.edu.cn
排 版 /	北京金企鹅文化发展有限公司
印 刷 /	北京谊兴印刷有限公司
开 本 /	787 mm×1 092 mm 1/16
印 张 /	16
字 数 /	370 千字
版 次 /	2016 年 3 月第 1 版 2019 年 1 月第 5 次印刷
书 号 /	ISBN 978-7-5684-0175-3
定 价 /	48.00 元

如有印装质量问题请与本社营销部联系（电话：0511-84440882）

前　言

今天的中国已经跻身全球信息化浪潮的前列，信息技术成为推动经济和社会生活变革的重要力量。电子信息技术的出现，产生了基于信息技术网络的新支付工具、新支付系统应用，更催生了不同于传统交易的电子交易方式，人们的消费方式也已悄悄发生改变。

随着信息技术在金融领域的不断应用，电子支付正逐步替代现金支付成为时代的新主导。网上银行作为互联网上的虚拟银行柜台，也已成为商业银行转型和在激烈竞争中不可或缺的重要工具。

在信息社会与网络经济的时代，电子支付与网上银行在电子商务活动中起着重要的桥梁作用，它也是高职院校电子商务相关专业的核心课程。由于本门课程的理论和实践发展很快，传统的教学模式和教材已难以满足就业的需要，为此，我们精心策划编写了这本项目任务式《电子支付与网上银行》教材。

本书特色

一本对实践性要求较高的好教材，首先，知识内容应该安排合理，体例新颖，概念准确，语言精炼，讲解通俗易懂；其次，案例设计应该丰富、实用，操作过程应该条理清晰、图文并茂。具体来说，本书具有以下几个特点：

➢ **体例新颖，安排合理，易教易学**：本书按照"学习目标－引导案例－项目任务（多个小任务）－项目小结－项目习题－项目实训"的思路编排每个项目，这样既便于老师教，又便于学生学。同时，在教材内容编写上，力求内容精、知识新。

➢ **概念准确，语言精炼，通俗易懂**：本书在讲解知识点时，力求做到概念准确，语言精炼，通俗易懂。在"相关知识"部分，对于一些较难理解的内容，通过示意图、表格、小提示、小例子等多种形式进行详细讲解。

➢ **案例丰富，针对性强，图文并茂**：本书的案例主要分为3类：引导案例、项目任务案例和项目实训案例。其中，引导案例是用于项目开篇的小案例，具有一定的启发性和趣味性；项目任务案例通常有2～3个，针对本项目要讲解的主要内容，具有容易上手、针对性强等特点，目的是提高学生的实际动手能力；项目实训案例的目的是帮助学生加深对所学知识的理解，并能举一反三，增强实战能力。

➢ **案例实用，学以致用，符合岗位需要**：本书精心挑选与实际应用紧密相关的知识点和案例，并配以详细、条理清晰的操作过程。在学完本书后，读者可以马上在实践中应用所学知识和技能。

◢◣ 本书读者对象

本书可作为高等职业院校电子商务相关专业的教材，也可作为电子商务及金融领域从业人员的参考用书。

◢◣ 教学资源下载

本书配有制作精美的教学课件，读者可到网站（www.bjjqe.com）下载。如果读者在学习过程中有什么疑问，也可登录该网站寻求帮助，我们将会及时解答。

◢◣ 本书创作队伍

本书由谢兴盛（兴业证券股份有限公司）、张华（广东工程职业技术学院）、安容宇担任主编，苏金玲、周建勋、张晓楠、张策担任副主编，其中张华负责编写项目四和项目五，谢兴盛负责编写项目一至项目三，并负责最后统稿工作。

由于编者水平有限，加之时间仓促，且电子支付技术发展日新月异，尽管我们在编写过程中已竭尽全力，但不妥之处在所难免，恳请各位读者、朋友批评指正。

编　者
2019 年 1 月

目　录

项目一　电子支付与电子银行

随着电子商务活动的日益普遍，传统支付形式已经越来越难以满足个人和企业的实际需求，电子支付的出现很好地解决了这一问题。那么，什么是电子支付？电子支付又是如何实现的？本项目将针对这些问题，详细讲解电子支付和电子银行的基础知识。

项目二　电子支付工具

电子支付的发展改变了人们的传统支付习惯，但是要熟练应用电子支付，还需要了解和掌握其所使用的支付工具，只有熟练应用这些电子支付工具才有可能完成完整意义上的电子商务活动。那么，电子支付工具包括哪些类型？它们各自的特点、适用范围和支付流程又是怎样的？本项目将针对这些问题，详细讲解电子支付工具的相关知识。

项目三　网上银行

　　网上银行作为信息时代的一种全新的银行服务手段，好比是银行在互联网上设置的虚拟银行柜台，可使用户足不出户就能办理网上支付、转账缴费、个人理财等各种金融业务与服务。那么究竟什么是网上银行，它与传统银行相比又有哪些优势呢？本项目将详细讲解网上银行的相关知识。

项目四　网上支付

网上支付是以互联网为基础，利用计算机在虚拟网络环境下进行的资金转移或交换，它作为一种新兴的电子支付形式，已经被越来越多的企业和消费者所采用。那么，网上支付的方式和流程是怎样的？本项目将详细讲解网上支付的相关知识。

项目五　移动支付

抛开繁琐的现金交易和名目繁多的银行卡，你只需要一部智能手机即可完成付款，整个交易过程"无现金、无卡片、无收据"，这便是近年来非常流行的一种支付方式——移动支付。本项目将详细讲解移动支付的基础知识及其在现实生活中的典型应用。

项目六　第三方支付

第三方支付平台是电子支付产业链中的重要纽带，实质是网络支付中介，如支付宝。第三方支付解决了支付安全隐患，减少了消费者的后顾之忧，是网络购物中普遍使用的支付方式。本项目将详细讲解第三方支付的基础知识及主流的第三方支付平台。

项目七　电子支付安全技术

网络应用与网络安全是相互制约的，人们在便捷的电子交易过程中，时刻面临各种网络威胁，如何从技术层面保证基于互联网的电子支付过程与传统支付方式一样安全可靠，是本项目要解决的问题。

项目八　电子支付安全管理

认清电子支付的安全问题所在，是我们面对电子支付潜在危险时提高防范意识的最好方法。通过规避电子支付安全问题，了解电子支付相关法律法规，可以使我们的电子支付活动更加安全、电子支付环境更加健康。本项目将详细讲解电子支付面临的安全问题及安全监管方面的知识。

项目一 电子支付与电子银行

学习目标

★ 了解电子支付的概念、类型、特征、产生与发展；
★ 掌握现代支付体系的概念及组成；
★ 了解电子支付系统的一般模型、支付模式与分类；
★ 了解电子支付系统的应用；
★ 掌握电子银行的相关概念和分类。

引导案例 "双十一"——全民参与的网络购物节

随着 2015 年 11 月 11 日零点钟声的敲响，在本该寂静的夜里，网络世界却因为"双十一网络购物节"的开启而一片欢腾。在购物的过程中，网民们有的因网络瘫痪而支付失败，有的未能抢到所需商品，也有的因花钱超出预算而自嘲下个月只能"吃土"。

25 岁的郭女士参加了"双十一"的电商促销活动，她提前在天猫商城选择了 4 件商品放入购物车，这 4 件商品均为服装。郭女士在 00:00 准时开始进行支付购买操作，但她表示网络成了大问题，数次刷新均提示"数据加载失败"，直至 00:15 左右才支付成功。

912.17 亿，2015 年天猫双十一全球狂欢节的最终销售额尘埃落定，而 2014 年的交易额则是 571 亿。在短短的半天时间里，200 多家银行与蚂蚁金服旗下的支付宝共同支撑了高达 8.59 万笔/秒的支付洪峰；京东白条 35 分钟交易额突破一亿；招行半天线上线下交易额就超过 124 亿，比去年同期增长一倍……

"双十一"全民狂购的热情让全世界都感到震惊。在消费者奋力秒杀，大呼过瘾的时候，也许很少有人知道，每一笔交易能够快速达成，都离不开支付机构和银行系统的强大支持。

任务一　走近电子支付

任务描述

挤地铁是北京大多数上班族最痛苦的事情，同样痛苦的还有排长队给公交卡充值。尤其是异型卡，由于自动售票机无法识别异型卡，所以使用者必须在人工充值窗口排队充值。此外，充值金额也是一件令人头疼的事情：充太多了怕卡片丢失造成损失，充太少了又总得去车站排队。要是赶上比较大的公交枢纽，排队超过半个小时都是常事。但是现在这样的日子一去不复返了，因为公交一卡通可以进行网上充值了。

2015年9月24日，北京市政交通一卡通与微信合作推出的"微信支付充值北京市政交通一卡通"功能正式在微信平台上线。由此，市民将可通过微信支付给公交一卡通充值。同时，市民还可关注北京市政交通一卡通官方微信公众号（bmacwx），绑定一卡通账号进行云中充值，不限手机型号和功能。在微信端，可提供集充值、圈存、卡片管理、交易查询、网点查询、线路查询等功能于一体的线上一站式闭环服务。

那么，北京市政交通一卡通实现微信充值属于电子支付的哪种类型呢？本任务将和大家调查一下实际应用中电子支付所包括的类型。

相关知识

一、电子支付的概念

所谓电子支付，是指从事电子商务交易的当事人（包括消费者、商家和金融机构）以商用电子化设备和各类交易卡为媒介，通过信息网络，使用安全的信息传输手段，采用数字化方式进行的货币支付或资金流转。

电子支付是电子商务活动中最核心、最关键的环节。

二、电子支付的类型

电子支付的业务类型按电子支付指令发起方式分为网上支付、电话支付、移动支付、销售点终端交易、自动柜员机交易和其他电子支付。

1. 网上支付

从广义上讲，网上支付是以互联网为基础，利用银行所支持的某种数字金融工具，发生在购买者和销售者之间的金融交换，实现从买者到金融机构、商家之间的在线货币支付、现金流转、资金清算、查询统计等过程，以此为电子商务服务和其他服务提供金融支持。

2．电话支付

电话支付是电子支付的一种线下实现形式，是指消费者使用电话（固定电话、手机）或其他类似电话的终端设备，通过银行系统就能从个人银行账户里直接完成付款的方式。

3．移动支付

移动支付是使用移动设备通过无线方式完成支付行为的一种新型的支付方式。移动支付所使用的移动终端可以是手机、PDA、移动 PC 等。

三、电子支付的特征

与传统的支付方式相比，电子支付具有以下特点。

1．数字化的支付方式

电子支付是采用先进的技术通过数字流转来完成信息传输的，其各种支付方式都是采用数字化的方式进行款项支付的；而传统的支付方式则是通过现金的流转、票据的转让及银行的汇兑等物理实体的流转来完成款项支付的。

2．开放的网络平台

电子支付的工作环境是基于一个开放的系统平台（即因特网）；而传统支付则是在较为封闭的系统中运作。

3．先进的通信手段

电子支付使用的是最先进的通信手段，如因特网、外联网（Extranet）；而传统支付使用的则是传统的通信媒介。电子支付对软、硬件设施的要求很高，一般要求有联网的计算机、相关的软件及其他一些配套设施；而传统支付则没有这么高的要求。

4．明显的支付优势

电子支付具有方便、快捷、高效、经济的优势。用户只要拥有一台可以上网的计算机，便可足不出户，在很短的时间内完成整个支付过程。支付过程所需的费用仅相当于传统支付的几十分之一，甚至几百分之一。

四、电子支付的产生与发展

（一）电子支付的产生

随着电子商务活动的日益普遍，传统支付体系的运作效率和服务质量已经无法满足客户和企业的日常需求，这就促使支付工具和支付方式不断走向电子化和网络化，电子支付由此产生。

具体来说，电子支付产生的原因主要有以下 3 个方面：

（1）电子商务的兴起加快了电子支付的产生。

（2）信息技术的发展为电子支付的产生提供了充足的技术支持。

（3）交易费用低廉是电子支付产生的根本原因。

（二）电子支付的发展历程

银行采用计算机等技术进行电子支付的形式有 5 种，分别代表着电子支付的不同发展阶段。

第 1 阶段是银行利用计算机处理银行之间的业务，办理结算。

第 2 阶段是银行计算机与其他机构计算机之间资金的结算，如代发工资等业务。

第 3 阶段是利用网络终端向客户提供各项银行服务，如自助银行。

第 4 阶段是利用银行销售终端向客户提供自动的扣款服务。

第 5 阶段是最新阶段，也就是基于 Internet 的电子支付，它将第 4 阶段的电子支付系统与 Internet 进行整合，实现随时随地通过 Internet 进行直接转账结算，形成电子商务交易支付平台。这一阶段的电子支付又叫网络支付。

任务实施

步骤 1▶ 利用百度等搜索"电子银行类型"，查看相关资料，可以分析得知北京市政交通一卡通实现微信充值属于电子支付中的移动支付。

步骤 2▶ 以小组（3～4 人）形式讨论常见的电子支付类型，结果参见表 1-1。

表 1-1　电子支付的类型

电子支付类型	定　义
网上支付	网上支付是以互联网为基础，利用银行所支持的某种数字金融工具，发生在购买者和销售者之间的金融交换，实现从买者到金融机构、商家之间的在线货币支付、现金流转、资金清算、查询统计等过程，以此为电子商务服务和其他服务提供金融支持。 例如，目前常用的网银支付、支付宝电脑端支付等，都属于网上支付
电话支付	电话支付是电子支付的一种线下实现形式，是指消费者使用电话（固定电话、手机）或其他类似电话的终端设备，通过银行系统就能从个人银行账户里直接完成付款的方式
移动支付	移动支付是使用移动设备通过无线方式完成支付行为的一种新型的支付方式。移动支付所使用的移动终端可以是手机、PDA、移动 PC 等。 例如，目前常用的微信/支付宝扫码支付、银联闪付（Quick Pass）等，都属于移动支付
销售点终端交易	销售点终端交易是以 POS 系统为基础的电子支付方式，例如超市和商场常用的 POS 刷卡机
自动柜员机交易	自动柜员机交易是以 ATM 系统为基础的电子支付方式，例如银行的自动存取款机
其他电子支付	—

任务二　了解现代支付体系

任务描述

　　春节前夕，由于无法回家过年，在外务工的陈先生决定将今年的积蓄转账给在老家的父母。由于陈先生并没有开通网上银行和手机银行等业务，因此他一早来到离家最近的银行办理跨行转账业务。由于仅办理转账业务，他尝试采用 ATM 进行操作。在业务经理的帮助下，陈先生仅用 3 分钟就完成了跨行转账业务，比往常在窗口取号排队节省了不少时间。除此之外，他还省去了填写跨行转账表等一系列繁琐流程。

　　本任务将和大家共同讨论该案例中涉及的一些电子支付体系问题。

相关知识

一、支付体系的概念

　　支付体系是指为实现和完成各类支付活动所做的一系列法规制度性安排和相关基础设施安排的有机整体，它是国家重要的金融基础设施和金融体系的重要组成部分。现代支付体系主要由支付工具、支付系统、支付服务组织和支付体系监督管理等要素组成。

（一）支付工具

　　支付工具是传达债权人、债务人支付指令，实现债权债务清偿和货币资金转移的载体。付款人或收款人的支付指令通过支付工具传达至其开立资金账户的金融机构，开户金融机构将按照支付指令的要求办理资金转账。

　　按照发展时间，可将支付工具分为传统支付工具和电子支付工具。影响支付工具选择的因素主要有交易金额、交易习惯、交易风险和交易价格等。

　　随着全球经济的高速发展，支付工具也越来越多，开始逐渐产生一些虚拟支付工具。现在流行的网上银行、支付宝、财付通、手机支付等都是最新的虚拟支付工具。

（二）支付系统

　　支付系统是支撑各种支付工具应用、实现资金清算与结算并完成资金最终转移的通道。它由支付服务系统、支付清算系统、支付结算系统和支付信息管理系统组成。

1. 支付服务系统

　　支付服务系统主要是指完成银行与其客户之间的支付与结算的系统，也就是联机采用分布式数据库的综合业务处理系统。它一般在银行的柜台上完成，使银行变成为客户提供金融服务的窗口。

支付服务系统是支付系统的基础，也是金融信息系统的数据源点，具有账户多、业务量大、涉及银行和客户双方的权益等特点。

2. 支付清算系统

支付清算系统是一种跨行业务与资金清算系统。支付清算系统是国民经济资金运动的大动脉，社会经济活动大多要通过清算系统才能最终完成，需要相关机构共同参加。这类系统几乎涉及一个地区或国家的所有银行或金融机构，系统庞大而复杂。

我国支付清算系统建设的目标是建立以中国现代化支付系统为核心，各商业银行行内系统为基础，票据交换系统、卡基支付系统等并存的支付清算系统。

3. 支付结算系统

在实际操作过程中，金融机构间账务的支付并不完全包括清算和结算两个步骤，而是直接进行结算。把这种不包括支付指令的发送、接收、确认而直接进行债务支付的支付系统称为支付结算系统。

4. 支付信息管理系统

支付信息管理系统是连接金融综合业务处理系统，对各子系统所产生的基础数据进行采集、加工、分析和处理，为管理者提供及时、准确、全面的信息及信息分析工具的核心系统。

目前，我国已建成了以人民银行大额实时支付系统、小额批量支付系统为中枢，银行业金融机构行内业务系统为基础，票据支付系统、银行卡支付系统、证券结算系统和境内外币支付系统为重要组成部分，行业清算组织和互联网支付服务组织业务系统为补充的支付清算网络体系，对加快社会资金周转，降低支付风险，提高支付清算效率，促进国民经济又好又快发展发挥着越来越重要的作用。

（三）支付服务组织

支付服务组织是指向客户提供支付账户、支付工具和支付服务的金融机构及为这些机构运行提供清算和结算网络服务的支付清算组织。

从传统意义上讲，中央银行和商业银行是最为主要的支付服务组织。中央银行是银行间资金转移等支付服务的法定提供者，商业银行等金融机构之间发生的资金往来或应收、应付款项，通常通过其开立在中央银行的结算账户办理划拨转账。

近年来，一些非银行机构甚至非金融机构开始进入支付服务市场。在一些国家，一些大型的证券公司、投资基金和保险公司成为支付服务的重要提供者。除此之外，市场上还出现了一些专业的支付服务提供商，例如西联、MoneyGram、Mondex 公司等。新兴支付服务组织的出现，增加了支付服务市场的多样性和竞争性。

与此同时，银行之间的并购和金融机构与非金融机构之间的战略联盟则直接减少了支付服务组织的数量，提高了市场的集中程度。

（四）支付体系监督管理

支付体系监督管理是指为提高支付体系的安全与效率，特别是为减少系统性风险而进行的公共政策行为。

中央银行承担着对支付市场、支付服务组织和支付业务的监督管理职能。国际上各国中央银行对支付结算的监督管理一般由3个层次组成：首先是法律依据；其次是中央银行实施支付结算监督管理的法规与政策；最后是支付市场和支付服务组织在长期的发展过程中形成的一些约定俗成的规则和惯例。

其中的法律依据是指规范支付服务组织、支付工具、支付系统、支付结算监督管理的法律、法规和行政规章。目前主要包括《中国人民银行法》《商业银行法》《票据法》《票据管理实施办法》《支付结算办法》《人民币现金管理条例》《金融违法处罚条例》《人民币银行结算账户管理办法》《电子支付指引》《大额支付系统业务处理办法》《大额支付系统业务处理手续》等。

近年来，发达国家支付体系监管呈现出如下趋势：一是监管目标日益清晰，安全和效率成为各国中央银行支付体系监管的核心目标；二是监管标准日益完善，越来越多的国家采用或参考国际通用的监管标准。

二、电子支付系统概述

电子支付系统由参与者及其相互之间的交互协议组成，其目的是在参与者之间进行有效的金融交易。

（一）电子支付系统的一般模型

电子支付系统的一般模型如图1-1所示。

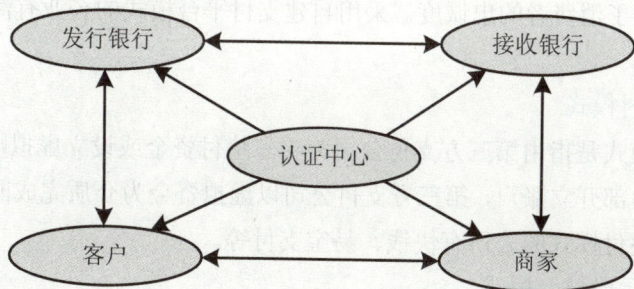

图1-1 电子支付系统的一般模型

该模型中所包含的参与者及其各自的操作如下：

➤ **发行银行**：该机构为客户提供有效的电子支付手段，如电子现金、电子支票、信用卡等。

➤ **客户**：即与某商家具有交易关系的一方。客户一般用自己的电子支付手段来发起支付，是支付系统运作的原因和起点。

➢ **商家**：即商品交易的另一方，其可以接收客户的电子支付手段并为客户提供商品或服务。

➢ **接收银行**：该机构接收商家从客户方收到的电子支付手段，并验证其有效性。然后提交给清算中心，将资金从发行银行贷给商家账户。

➢ **认证中心**：负责为交易过程中的各方发放数字证书，以确认各方身份，保证电子支付的安全性。

➢ **支付网关**：即公用网和金融专用网之间的接口，支付信息必须通过支付网关才能进入银行支付系统，进而完成支付的授权。

（二）电子支付系统的支付模式

目前，我国主要存在 4 种支付模式：支付网关型模式、自建支付平台模式、第三方垫付模式和多种支付手段结合模式。

1. 支付网关型模式

支付网关型模式是指一些具有较强银行接口技术的第三方支付公司，以中介的形式分别连接商家和银行，从而完成电子支付的模式。这样的第三方支付公司并不是真正的支付平台，只是从商家到银行的通道，如网银在线、环迅支付、首信易支付等。这种支付模式有一个明显的弊端，由于第三方支付公司的收入主要是与银行的二次结算获得的分成，一旦商家和银行直接相连，第三方支付公司就很容易会因为费用问题而被抛弃。

2. 自建支付平台模式

自建支付平台模式是指由拥有庞大用户群体的大型电子商务公司自主创建支付平台的模式。这种模式的实质是以所创建的支付平台作为信用中介，在买家确认收到商品前，代替买卖双方暂时保管货款。这种支付模式主要解决了交易过程中货款的安全问题，降低了交易风险，保证了消费者的忠诚度。采用自建支付平台模式的企业有淘宝网、eBay、慧聪网、PayPal 等。

3. 第三方垫付模式

第三方垫付模式是指由第三方支付公司为买家垫付资金或设立虚拟账户的模式。买卖双方在交易平台内部开立账户，第三方支付公司以虚拟资金为介质完成网上交易款项的支付。采用第三方垫付模式的公司有快钱、易宝支付等。

4. 多种支付手段结合模式

多种支付手段结合模式是指第三方支付公司利用电话支付、移动支付和网上支付等多种方式提供支付平台的模式。在这种模式中，客户可以通过拨打电话、手机短信或者银行卡等多种形式进行电子支付。

（三）电子支付系统的分类

电子支付系统根据不同的标准可以分为不同的类别。

1. 根据交易额的大小分类

根据每次交易额的大小，可将电子支付系统分为大额支付、小额支付和微支付。其中，大额支付所涉及的交易额较大，因此对于安全性要求很高；小额支付涉及的金额较小，要求每笔交易的相对费用较小；微支付涉及的金额非常小，因此对交易成本的控制有较高的要求。

2. 根据交易费用的支付时间分类

根据交易费用的支付时间不同，可将电子支付系统分为借记和信用两种方式。借记方式是指当交易处理后，支付者的账户会立即被借记；而信用方式是指交易消费先计入支付者的账户中，由支付者后期补交交易的费用，例如信用卡采用的就是"先消费后还款"的模式。

3. 根据交易过程中是否有第三方参与分类

根据交易过程中是否有第三方参与，可将电子支付系统分为在线系统和离线系统。

目前大多数支付系统都是在线的，每次交易过程都有第三方（如银行）参与，用于验证交易双方提供的信息，因此在线系统安全性较高，适用于大额交易。但是由于第三方的参与，增加了在线系统的处理时间，对其性能有一定的影响。

离线系统无需第三方的参与即可完成交易过程，处理速度较快，系统开销也比较小。但是其安全性比在线系统低，一般适用于小额交易。

三、电子支付系统应用

（一）ATM 系统

自动柜员机（Automatic Teller Machine）简称 ATM，是指银行在不同地点设置的一种小型自助机器，因主要用于取款，又称自动取款机。ATM 系统是允许客户利用银行发行的银行卡，通过机器执行存款、取款和转账等功能的一种自助银行系统，如图 1-2 所示。

图 1-2　自动取款机（ATM）

1. ATM 系统的主要功能

ATM 系统通过 ATM 可提供如下多种功能：

➤ **取现功能：** 客户可以从支票账户、存款账户或信用卡账户中提取现金。

➤ **存款功能：** 客户可以存款到支票账户或存款账户。

➤ **转账功能：** 客户可以在支票账户、存款账户和信用卡账户之间相互转账。

➤ **支付功能：** 客户可以从支票账户、存款账户或信用卡账户中扣款及行内支付等。

➤ **账户余额查询功能：** 系统可根据客户的要求检索该特定账户的余额。

➤ **非现金交易功能：** 例如，修改密码、支票确认、支票保证、电子邮递、验证现钞、缴付电话费及各种公共事业账单等。

➤ **管理功能：** 除了交易和非现金交易功能外，ATM 还提供各种管理功能。例如，查询终端机现金额度、支票确认结果汇总、终端机子项统计、安全保护功能等。

2. ATM 上的操作流程

一次典型的 ATM 交易中，持卡人在 ATM 上的操作流程如图 1-3 所示。

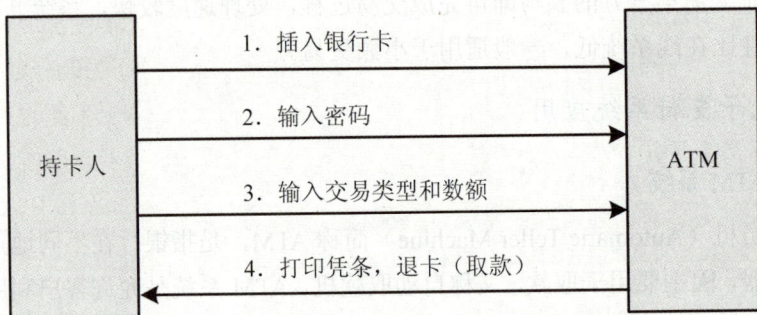

图 1-3　持卡人在 ATM 上的操作流程

步骤 1▶ 持卡人将银行卡按照正确的指示方向插入 ATM 中。

步骤 2▶ 客户根据 ATM 提示在数字键盘上输入银行卡密码。规定输入时间不得超过 30 秒，且最多尝试输入 3 次。若客户连续 3 次输入错误的密码，则该 ATM 会将银行卡扣留，并给客户打印吞卡单据。合法的持卡人可凭此单据到相应的银行领回银行卡；若顾客未在规定时间内完成输入操作，则该 ATM 会拒绝受理当前交易并退卡。

步骤 3▶ 客户输入正确的密码后，ATM 会提示客户在功能按键上选择所需的交易类型，并进一步通知客户输入交易额。这一操作也需在 30 秒内完成。客户按照提示选择交易类型并输入交易额后，按【确认】键，ATM 就会检验持卡人的身份和权限，检验通过则进行交易，否则将退出当前交易。

步骤 4▶ 交易完成后，可在 ATM 上选择打印交易凭条并退出银行卡。

3. ATM 系统的优势

ATM 服务给持卡人带来了很多好处，主要包括以下几个方面：

> ➤ **快捷：**ATM 所用的软件是编程实现的，一笔交易的总时间不会超过 2.5 分钟。据统计，一笔典型的交易所用的时间大概在 30～60 秒。

> ➤ **方便：**ATM 可安装在银行内外、商场、火车站、医院、学校等公共场合，持卡人可在任一 ATM 上进行取现、存款、转账、支付等操作。

> ➤ **安全：**与携带大量现金相比，携带银行卡要安全得多。即使银行卡丢失，及时挂失即可避免财产损失。

> ➤ **24 小时服务：**ATM 可以提供全天候 24 小时服务，不受节假日和工作时间的限制。

（二）POS 系统

POS 系统即销售时点信息（Point of Sales）系统，是指通过自动读取设备（如收银机）在销售商品时直接读取商品销售信息（如商品名、单价、销售数量、销售时间、销售店铺、购买顾客等），并通过通讯网络和计算机系统传送至有关部门进行分析加工以提高经营效率的系统。图 1-4 所示为目前较常见的 POS 系统终端。

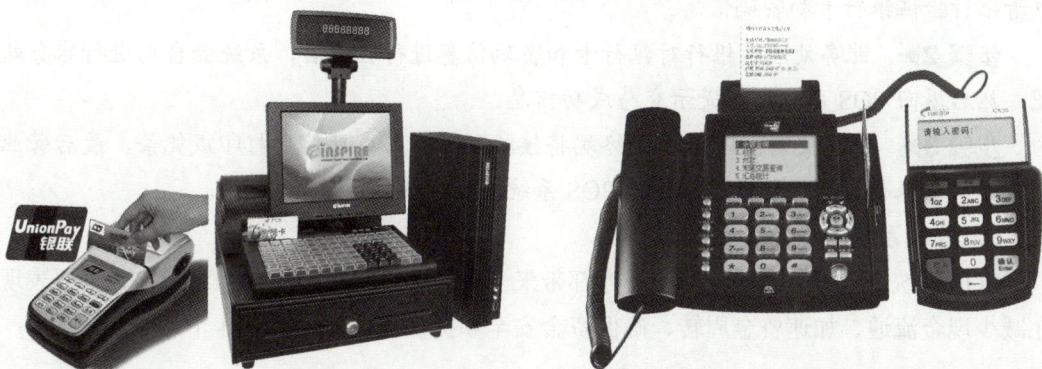

图 1-4　常见 POS 系统终端

1. POS 系统的主要功能

目前，广泛采用的共享 POS 系统可以提供下列多种服务：

> ➤ **自动转账支付：**自动完成顾客的转账结算，即依据交易信息将客户在银行开立的信用卡账户资金自动划转到商家在银行开立的账户上。具体而言，POS 系统能完成消费付款、退货收款、账户间转账、修改交易、查询交易、查询余额、核查密码处理并打印输出账单等。

> ➤ **自动授权：**POS 系统具有信用卡的自动授权功能。例如，自动查询信用卡、止付黑名单，自动检测信用卡是否为无效卡、过期卡，自动检查信息卡余额、透支额度等，使商家在安全可靠的前提下迅速为客户办理信用卡交易。

> ➤ **信息管理：**在 POS 系统上完成一笔交易后，POS 系统还能自动更新客户和商家在银行的档案，以便今后查询；同时，也可更新商家的存货资料及相关数据库文件，以提供进一步的库存、进货信息，帮助决策管理。

2. POS 系统的交易处理流程

POS 系统的交易处理流程如图 1-5 所示。

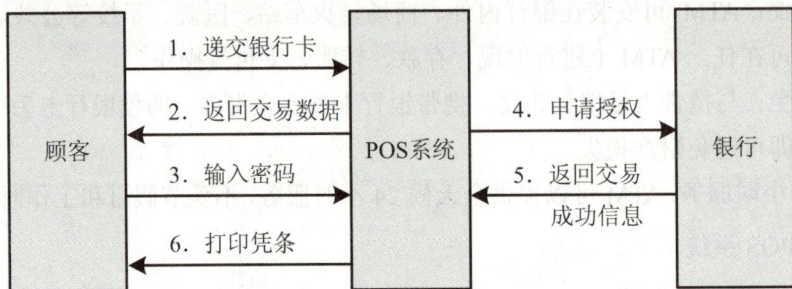

图 1-5　POS 系统的交易处理流程

步骤 1▶　申请授权。客户递交银行卡后，由营业员刷卡获取银行卡信息并输入交易数据，然后由客户确认交易信息并输入密码，POS 系统通过网络将这些数据传输到银行，申请银行验证银行卡和密码信息。

步骤 2▶　账务处理。银行对银行卡和密码信息进行验证后，系统会自动进行账务处理，然后返回 POS 系统终端提示交易成功信息。

步骤 3▶　完成交易。POS 系统终端将接收到的交易成功信息打印成凭条，最后营业员将凭条和银行卡返回给客户。整个 POS 系统交易至此完成。

3. POS 系统的优势

POS 系统给银行、商家和客户三方都带来了极大的方便和较大的经济效益，主要表现在减少现金流通、加速资金周转、确保资金安全和提供相关有用信息 4 个方面。

（三）电子汇兑系统

电子汇兑系统泛指行际间各种资金调拨作业系统，它是银行之间的资金转账系统，它的转账资金额度很大，是电子银行系统中最重要的系统。

1. 电子汇兑系统的主要功能

电子汇兑系统包括一般的资金调拨业务系统和清算作业系统。一般的资金调拨业务系统用于行际之间的资金调拨；清算作业系统用于行际间的资金清算。

通常，一笔电子汇兑交易由汇出行发出，至汇入行收到为止。根据汇出行与汇入行间的不同关系，可把汇兑作业分成两类：联行往来汇兑业务和通汇业务。

（1）联行往来汇兑业务是指汇出行和汇入行隶属于同一个银行的汇兑业务。这类业务属于银行内部账务调拨，必须遵守联行往来约定，办理各项汇入和汇出事宜。

（2）通汇业务是一种行际间的资金调拨业务，需要经过同业多重转手（即多个银行参与）处理才能顺利完成。通汇业务又分为本国通汇和国际通汇。

2. 电子汇兑系统的运作模式

虽然电子汇兑系统的种类很多，但是其中的汇出行和解汇行的基本作业流程和账务处理逻辑却基本类似。电子汇兑系统的运作模式如图 1-6 所示。

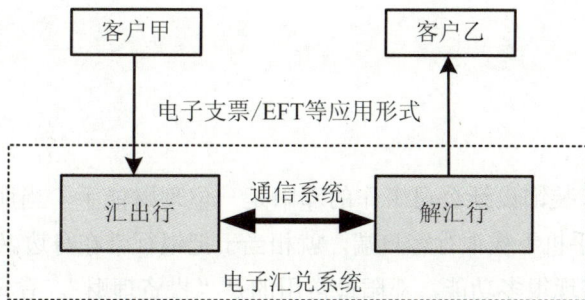

图 1-6 电子汇兑系统的运作模式

步骤 1▶ 客户甲通过电子支票或 EFT（电子资金转账）形式向汇出行发出汇兑申请。

步骤 2▶ 汇出行验证客户及汇出信息后，将相关信息通过通信系统传送给解汇行。

步骤 3▶ 解汇行收到汇出行发出的汇兑信息，对其进行验证。验证无误后进行账务处理并通过电子支票或 EFT 等形式通知客户乙。

3. 电子汇兑系统的特点

电子汇兑系统的交易额大，因此风险性大，对系统安全性的要求高于时效性的要求。另外，电子汇兑系统中跨行和跨国交易所占比例较大。

（四）网上支付系统

网上支付系统是供商家进行电子商务活动的支付平台，它为各行各业提供了一个进行网上交易的工具，是连接消费者、商家和金融机构的桥梁。

网上支付系统应该具有如下功能：认证功能、数据加密功能、认定功能、能够处理贸易业务的多边支付问题。

根据网络货币类型的不同，可将网上支付系统分为 3 种类型：电子现金网上支付系统、电子支票网上支付系统和电子信用卡网上支付系统。

网上支付系统是本书重点，将在项目四中进行详细讲解。

任务实施

每 3～4 人为一组，以小组形式讨论：

问题一：在陈先生使用 ATM 进行跨行转账的过程中都有哪些参与者？

问题二：电子支付体系的一般构成是什么？

问题三：电子支付系统中常见的应用有哪些？它们的特点分别是什么？

任务三　认识电子银行

任务描述

在四川成都一家装饰设计公司工作的邓阳是一位理财能手。当朋友问到其理财秘诀时，他总是说："用手机下载银行客户端，就相当于把银行带在身边。"

手机银行可以实现很多功能，邓阳最常用的是"投资理财"。登录工行、建行等各大商业银行的手机银行，点击"投资理财"，就能迅速进入理财界面。其中的基金业务、理财产品、外汇业务、黄金业务等各种理财产品都能在手机上购买。

本任务将以"中银掌上行"手机银行为例，介绍手机电子银行的一般使用方法。

相关知识

一、电子银行相关概念

（一）电子银行的定义

电子银行是在银行电子化发展到一定阶段后，为了满足更加方便快捷的货币流动需求而产生的。目前国内外对于电子银行的定义有狭义和广义两种观点。

狭义的观点认为，电子银行就是网上银行。而广义的观点则认为，电子银行是指商业银行利用计算机和网络通信技术，通过语音或其他自动化设备，以人工辅助或自助形式，向客户提供方便快捷的金融服务。广义的电子银行包括电话银行、纯粹的网上银行、家庭银行、手机银行、多媒体自助终端机、ATM、POS、企业银行及电视网上银行等多种形式。

（二）电子银行的主要业务

电子银行业务是指银行通过面向社会公众开放的通讯通道或开放型公众网络，以及为特定自助服务设施或客户建立的专用网络等方式，向客户提供的离柜金融服务。目前，电子银行的服务可归纳为以下3类。

1. 新型商业银行服务

电子银行除提供传统的商业银行服务项目，如转账结算、汇兑、查询个人账户信息等以外，还提供许多新增的业务，如证券清算、外币业务、消费信贷（如住房按揭）等。

2. 在线支付

在线支付是电子银行开展网上金融服务最重要的一部分。它既支持商家对客户（B2C）商务模式下的零售交易，又支持商家对商家（B2B）商务模式下的批发交易。

3．新的业务领域

随着互联网技术的发展，电子银行还开辟了多种新业务，例如在签订多边协议的基础上实现公司内部的资金调度与划拨等。

（三）电子银行业务的特点

1．使用方便

客户可以随时使用电子银行查询账户的余额、交易明细等信息，还可以下载有关数据或打印电子凭证，不受工作时间和节假日的限制，在真正意义上实现了 7×24 小时的银行服务。另外，电子银行也不受地点和方式的限制，可以在任何地点以任何方式提供服务，因此电子银行的使用十分方便。

2．成本低廉

尽管电子银行也会收取一定的费用，但是相较于传统模式还是有费用优势的。客户开通电子银行业务以后，就不需每笔结算业务都去银行办理，可以节省大量的人工、交通等费用。另外，还可以节省支票等票据费用。

3．没有分支机构

电子银行依托于无边无界的互联网，不用设立分支机构，其触角可以延伸到世界的每一个角落。

4．安全可靠

以中国工商银行为例，它的电子银行业务在网络安全上采用了国际上最先进的防黑客技术，软件使用了 5 级先进的加密校验技术。企业或个人在使用电子银行时，都有足够安全可靠的防范措施。例如，个人至少需要通过注册卡号及密码验证才能登录，网上支付时还需使用个人客户证书等。

（四）电子银行的体系结构

EFT（Electronic Funds Transfer，电子资金转账）系统是银行与往来银行、商业部门、银行大众客户、各类企业和行政管理机构 5 类客户之间进行数据通信的一种电子系统，其业务架构如图 1-7 所示。

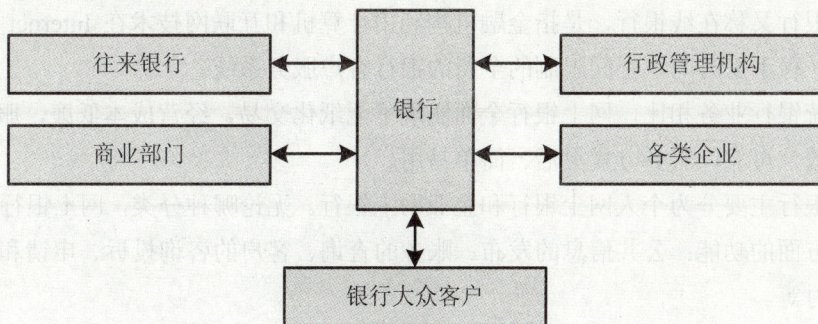

图 1-7　EFT 系统的业务架构

随着银行电子化的发展，EFT 系统正逐步发展完善成既能提供电子资金转账又能提供信息增值服务的电子银行系统。经过半个多世纪的努力，全球推出了各种电子银行系统，这些电子银行的体系结构逐渐从较为简单的形式演变为较为复杂的体系，并不断地发展完善着。

电子银行的金融综合业务服务系统是银行对各类客户提供包括支付结算服务在内的各种传统金融业务的系统，是电子银行最重要的组成部分。图 1-8 所示为目前国际银行业普遍采用的一种典型的电子银行金融综合业务服务系统的体系结构解决方案。

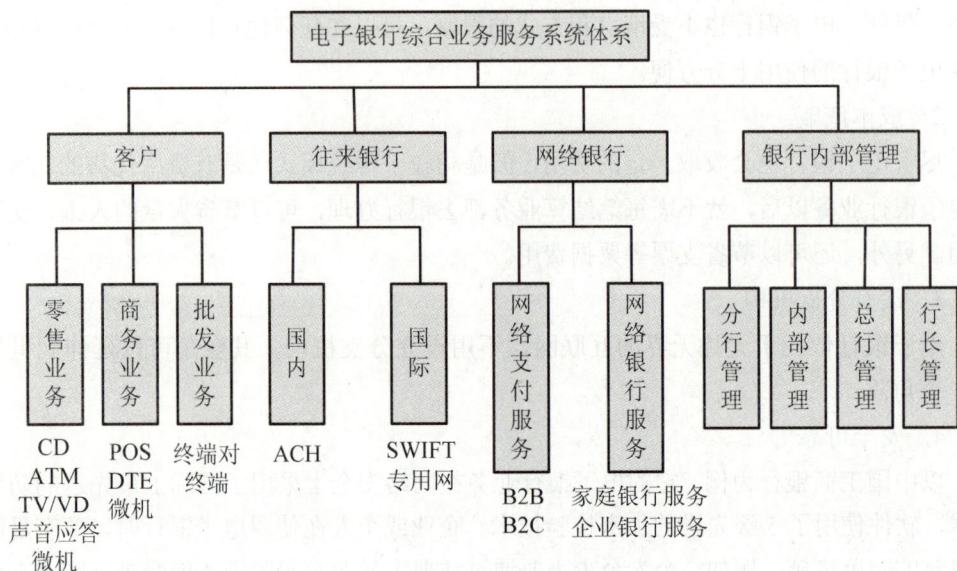

图 1-8　电子银行金融综合业务服务系统的体系结构

二、电子银行的分类

电子银行主要包括网上银行、电话银行、手机银行、自助银行及其他离柜业务。

（一）网上银行

网上银行又称在线银行，是指金融机构利用计算机和互联网技术在 Internet 上开设的银行，是一种不受时间、空间限制的全新的银行客户服务系统。

与传统银行业务相比，网上银行全面实现了无纸化交易，经营成本低廉，服务方便、快捷、高效、可靠，服务方式灵活、简单易用。

网上银行主要分为个人网上银行和企业网上银行。无论哪种分类，网上银行一般包括以下几个方面的功能：公共信息的发布、账务的查询、客户的咨询投诉、申请和挂失、网上银行支付等。

网上银行是本书重点，将在项目三中进行详细讲解。

（二）电话银行

电话银行是近年来国内外日益兴起的一种高新技术，是利用计算机电话集成技术，采用电话自动语音和人工坐席等服务方式为客户提供金融服务的一种业务系统。

电话银行经历了人工服务、自动语音服务和电话银行中心 3 个阶段。随着技术的不断成熟，电话银行的功能不断升级，它能够提供的服务也越来越多，主要包括交易处理功能及交易处理功能以外的功能。传统的交易处理功能包括开通账户、账户查询、账户挂失、代理缴费、转账等；交易处理功能以外的功能包括金融业务咨询、金融产品营销、处理客户投诉等。

电话银行是通过电话将客户与银行业务联系起来的，与其他形式的电子银行相比，电话银行具有以下特点：使用方便快捷、交易成本低、操作实时性较强、不受时间或空间的限制、服务种类丰富等。

（三）手机银行

手机银行又称移动银行，是利用移动通信网络及终端办理相关银行业务的简称，即银行以手机为载体，依靠移动 GSM 无线网络，通过发送短信的形式对银行账户进行操作。它是手机支付的一种实现方式，也是目前移动支付中使用最普遍的一种支付方式。

手机银行同样可以为客户提供全年不间断的综合性金融服务。目前，手机银行的主要功能有查询、提醒、转账、缴费、系统设置等。

💡 提 示

很多初学者容易混淆"手机银行"和"电话银行"这两个概念。从本质上看，二者在服务形式上并不相同：电话银行是基于语音的银行服务，而手机银行是基于短信的银行服务。

（四）自助银行

自助银行又称无人银行，它的定义有狭义和广义之分。这里的自助银行仅指狭义上的自助银行，即通过计算机控制的金融自助式终端设备。自助银行可以提供不受银行营业时间限制的 24 小时全天候金融服务，并且全部业务流程在没有银行人员协助的情况下完全由客户自己完成。

自助银行设备主要包括自动提款机、自动存款机、多媒体查询机、自动存折补登机、外币兑换机等。大部分银行的自助银行设备和功能也都只局限于这几种。

➢ **自动提款机**：最普遍的自助银行设备，为客户提供出钞交易。

➢ **自动存款机**：可以将客户的现金实时地存入其账户，是自动取款机的逆向操作。

➢ **自动存折补登机**：可以将客户的账户信息打印到存折上，常见于代发工资量大的网点。

任务实施

步骤 1▶ 启动中国银行手机银行客户端软件，进入登录页面，输入开通手机银行时设置的手机号和登录密码，并输入验证码，然后单击"登录"按钮，如图1-9所示。

步骤 2▶ 如果之前设置的密码不符合规则，系统会要求设置新的密码。在重置密码页面中按要求输入原登录密码和新登录密码等，然后单击"确定"按钮，如图1-10所示。

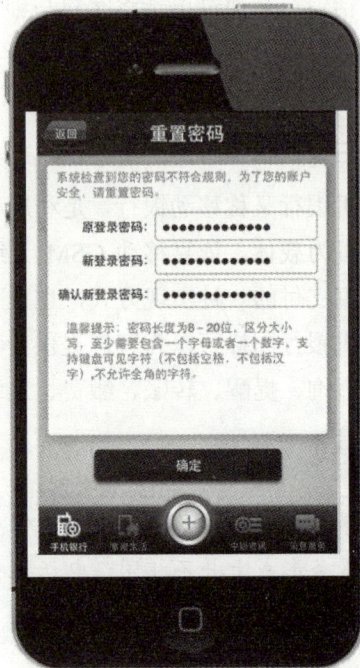

图 1-9　登录页面　　　　　　　　　　图 1-10　重置密码页面

步骤 3▶ 此时进入手机银行的主界面，如图1-11所示。主界面中显示了手机银行可以实现的所有功能，包括账户管理、转账汇款、存款管理、贷款管理、信用卡、账单缴付、外汇、账户贵金属等。

步骤 4▶ 查看最常用的转账汇款功能。点击"转账汇款"图标，进入"我要转账"页面，如图1-12所示。在该页面中，用户可以进行银行卡转账、手机号转账、二维码转账，还可以进行转账管理，点击左侧对应的选项即可进行操作。

步骤 5▶ 按照同样的方法，可以执行手机银行的其他功能和管理操作。

图 1-11　主界面

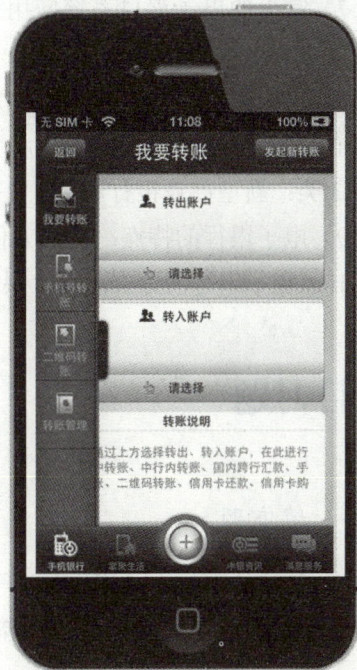

图 1-12　"我要转账"页面

项目小结

本项目主要介绍了电子支付与电子银行的一些入门知识。学完本项目，读者应重点掌握以下内容：

（1）电子支付的概念：电子支付是指从事电子商务交易的当事人（包括消费者、商家和金融机构）以商用电子化设备和各类交易卡为媒介，通过信息网络，使用安全的信息传输手段，采用数字化方式进行的货币支付或资金流转。

（2）电子支付的类型：按电子支付指令发起方式分为网上支付、电话支付、移动支付、销售点终端交易、自动柜员机交易和其他电子支付。

（3）电子支付的特点：数字化的支付方式、开放的网络平台、先进的通信手段和明显的支付优势等。

（4）电子支付的发展经历了 5 个阶段，当前阶段的电子支付又称为网络支付。

（5）电子支付系统由参与者及其相互之间的交互协议组成，其目的是在参与者之间进行有效的金融交易。它一般由客户、商家、发行银行、接收银行和认证中心组成。

（6）我国的电子支付系统主要存在 4 种支付模式：支付网关型模式、自建支付平台模式、第三方垫付模式和多种支付手段结合模式。

（7）常见的电子支付系统应用有 ATM 系统、POS 系统、电子汇兑系统和网上支付系统等。

（8）电子银行是在银行电子化发展到一定阶段后，为了满足更加方便快捷的货币流动需求而产生的。狭义的观点认为，电子银行就是网上银行。目前，电子银行的服务主要归纳为 3 类：新型商业银行服务、在线支付和新的业务领域。

（9）电子银行的特点：使用方便、成本低廉、没有分支结构、安全可靠等。

（10）电子银行的分类：网上银行、电话银行、手机银行、自助银行及其他离柜业务。

项目习题

一、填空题

1．与传统的支付方式相比，电子支付具有_____、_____、先进的通信手段、_____等特点。

2．现代支付体系主要由_____、_____、_____和支付体系监督管理等要素组成。

3．支付系统由_____、_____、_____和_____组成。

4．根据交易费用的支付时间不同，可将电子支付系统分为_____和_____两种方式。

5．广泛采用的共享 POS 系统可以提供以下服务：_____、_____、_____。

6．根据汇出行与汇入行的不同关系，电子汇兑系统可分为_____和_____两类。

7．广义的电子银行包括电话银行、_____、家庭银行、_____、多媒体自助终端机、ATM、POS 等多种形式。

二、名词解释

1．电子支付   2．网上支付

3．电话支付   4．移动支付

5．ATM 系统   6．电子银行

三、简答题

1．简述电子支付的产生原因和发展阶段。

2. 画出电子支付系统的一般模型，并简述每个参与者的操作。

3. 简述一次典型的 ATM 交易的操作流程。

4. 简述 POS 系统的交易处理流程。

5. 总结电子银行的分类，并简述每类电子银行的功能和特点。

项目实训　通过 POS 机刷卡消费

顾客在商家的 POS 机上刷卡消费主要包括以下两个过程：

1. 持卡人刷卡过程

（1）持卡人在商户消费，首先出示卡片。

（2）收银员在 POS 机上进行刷卡，持卡人配合输入密码。

（3）收银员刷卡完毕后将商家留存联交给持卡人核对金额并由持卡人在签字栏签字。

（4）收银员核对持卡人签字，无误后将卡片连同签单还给持卡人。

2. POS 机收单过程

（1）持卡人在商家的 POS 机上刷卡，POS 机向收单机构发起授权请求。

（2）收单机构通过交换中心向发卡行发起授权请求，发卡行验证通过授权并计入持卡人账户。

（3）收单机构收到授权通过指令并传递给商家 POS 机，商家向收单机构请款，客户取走商品。

电子支付工具

学习目标

★ 掌握电子货币的概念、属性、种类、特点、功能和发展现状；
★ 掌握信用卡、借记卡和 IC 卡的概念、特点及功能；
★ 掌握电子信用卡的特点、种类和支付流程；
★ 了解电子信用卡支付中存在的问题；
★ 掌握电子现金的概念、支付流程和存在的问题；
★ 掌握电子钱包的概念和支付流程；
★ 掌握电子支票的概念、支付模式和支付流程。

引导案例　建行龙卡电子钱包

　　龙卡电子钱包是中国建设银行和万事达卡国际组织联合推出的新一代全球网络支付工具，携手全球海外商户为客户提供全新的跨境互联网支付体验。龙卡电子钱包基于万事达卡国际组织先进的 MasterPass 平台，安全绑定客户信用卡和配送地址，客户在跨境网络支付时仅需点击已注册的信用卡，即可实现"一键式支付"，使跨境互联网消费更方便、更快捷。

　　（1）点击支付，方便快捷。客户只需在龙卡电子钱包进行注册，即可将信用卡和配送地址与龙卡电子钱包绑定；支付时，只需登录龙卡电子钱包，通过点击已绑定的信用卡和配送地址即可轻松完成支付，省时、省力、省心。

　　（2）多重保护，安全省心。龙卡电子钱包基于万事达卡国际组织先进的 MasterPass 平台为客户提供多重安全保障，保护客户的信息安全和在线支付交易安全，为客户提供更安全的跨境互联网支付环境。

　　（3）跨境商户，网购全球。龙卡电子钱包可应用于万事达卡国际组织合作的全球跨境互联网商户。客户可在任何带有 MasterPass 受理标识的互联网商户进行在线购物并使用龙卡电子钱包完成支付。使用龙卡电子钱包，带客户网购全球、体验无限。

任务一　在线申请交通银行信用卡

任务描述

截至 2015 年第三季度末，全国银行卡在用发卡数量为 52.52 亿张，同比增长 10.66%。其中，借记卡在用发卡数量为 48.03 亿张，信用卡和借贷合一卡在用发卡数量共计 4.49 亿张。IC 卡在其他领域也获得了快速应用，发卡量已经超过银行卡，在金融、电信、社会保障、交通、建设及公用事业、组织机构代码管理等许多领域得到广泛应用，并取得了较好的社会效益和经济效益。此外，IC 卡的产业支持能力不断增强，形成了完整的产业链。

显而易见，电子货币正在我国蓬勃发展，但我国电子货币发展还在初级阶段，与欧美发达国家相比，电子货币使用率还很低。本任务将介绍在线申请交通银行信用卡的方法。

相关知识

一、电子货币

电子货币是电子商务活动的基础，是当前最新的货币形式。电子货币，简单来讲就是电子（或数字）形式的货币。这种货币从形式上而言，不再是纸币或者金属币，而是一种使用电子数据信息、通过计算机网络及通信网络进行金融交易的货币。

（一）电子货币的概念与属性

1. 电子货币的概念

关于究竟何为电子货币，目前还没有一个权威的定义。这里给出两个比较典型的定义供大家理解参考。

（1）巴塞尔委员会于 1998 年发布的关于电子货币的定义：电子货币是指在零售机制中，通过销售终端、不同的电子设备，在公开网络上执行的"储值"产品和预付支付机制。

（2）电子货币是以互联网为基础，以计算机技术和通信技术为手段，以电子数据形式存储在计算机系统中，并通过计算机网络系统传递，实现流通和支付功能的货币。

2. 电子货币的属性

除了具有传统货币的一般属性外，电子货币还具有以下一些特有的属性：

（1）纸币一般是由中央银行或者特定的金融机构垄断发行。中央银行承担其发行成本，享有其利润。而电子货币的发行机制有所不同，发行机构既有中央银行也有一般金融机构，甚至非金融机构，且更多的是后者。

（2）纸币是以中央银行和国家信誉为担保的法定货币，而电子货币大部分是不同的机构开发设计的，带有异性特征的产品。

（3）传统货币在使用时，既不是安全匿名的，也不可能做到完全非匿名，交易双方或多或少可以了解到对方的个人信息。而电子货币要么是非匿名的，要么是匿名的，且具有较高的安全性。

（4）货币的使用具有严格的地域限制；而电子货币打破了地域的限制，只要商家愿意接受，消费者可以很容易地获得和使用多国货币。

（5）传统货币的防伪依赖于特定物理设置，而电子货币的防伪只能采取电子技术和通信技术及加密或认证系统来完成和实现。

（6）电子货币技术标准的制定，电子货币的推广应用，在大部分国家都具有半政府半民间的性质。一般是企业负责技术安全标准的制定，政府侧重于推广应用。

（二）电子货币的种类、特点与功能

1. 电子货币的种类

根据不同的分类依据，可将电子货币分为不同的类型。

（1）按被接受程度分类：分为单一用途电子货币和多用途电子货币。单一用途电子货币是由特定发行部门发行的，只能被单一商家所接受，如电话卡、饭卡等；多用途电子货币可以被多家商户所接受，可以购买多种产品或服务，如信用卡、借记卡等。

（2）按使用方式和条件不同分类：分为在线认证系统、在线匿名系统、离线认证系统、离线匿名系统。

（3）按结算方式分类：分为支付方法电子化和支付手段电子化两种。

（4）按依托的计算机网络方式分类：分为银行卡和网络货币。银行卡的支付方式建立在封闭的金融专有计算机网络基础之上，而网络货币是建立在开放的互联网上。

（5）按电子货币的流通形态分类：分为开环型电子货币和闭环型电子货币。开环型电子货币的信息流通路径没有限定的终点，而闭环型电子货币用于支付的金额信息在"发行主体→顾客→商店→发行主体"这样的闭合环路中流通。

2. 电子货币的特点

电子货币是计算机接入货币流通领域后产生的，是现代商品经济高度发展下要求资金快速流通的产物。因此，作为现代金融业务与现代科学技术相结合的产物，电子货币与传统纸币相比具有以下特点：

（1）携带、储存方便。电子货币可以存储大额的现金，不受现金实物的限制，便于携带与储存。

（2）使用方便、快捷。电子货币集储蓄、信贷和非现金结算等功能于一体，可广泛用于生产、交换、分配和消费领域。并且，电子货币依托于互联网流通，用于支付时不受时间和地域的限制。

（3）安全性高。电子货币的安全性通过用户密码、软硬件加解密系统及路由器等网

络设备的安全保护功能来实现的，因此安全性较高。

（4）监管难度增大。电子货币具有虚拟性且流通速度快，因此增大了货币监管难度。

（5）现阶段电子货币的使用通常以银行卡（磁卡、智能卡）为媒体。

3. 电子货币的功能

电子货币主要具备以下几种功能：

➤ **转账结算功能：** 电子货币可以直接代替现金进行消费结算和转账结算。

➤ **储蓄功能：** 客户可以使用电子货币实现存款和取款功能。

➤ **兑现功能：** 异地使用电子货币时，可以进行货币汇兑。

➤ **消费信贷功能：** 客户可以先向银行贷款，提前消费，后期还款。常见于信用卡。

（三）电子货币的发展现状

电子货币的产生是货币史上的一次重大变革，它改变了银行传统的操作方式。同时，电子货币的广泛使用也给人们生活的各个方面带来了更多便利。

目前，电子货币已和人们的生活密切相关，银行的存款、贷款、汇款等柜台服务大都借助于计算机系统实现，代发工资、储蓄通存通兑、银行卡、电子支票、电子现金、电子信用卡等多种银行业务就是电子货币的各种表现形式。

但是，就目前电子货币的发展情况来说，电子货币在安全性、标准化、法律纠纷和审计问题等多方面仍然存在一些问题，有待进一步完善。

二、银行卡

银行卡是指由银行或其他金融机构向社会发行的具有消费信用、转账结算、存取现金等全部或部分功能的信用支付工具，是一种特殊的信用凭证。

银行卡的出现和发展减少了现金和支票的流通，而且使银行业务突破了时间和空间的限制，极大地方便了持卡人的使用。目前，银行卡已经成为一种普遍使用的支付工具和信贷工具，它使人们在结算方式、消费模式和消费观念上都发生了根本性的变化。

银行卡根据结算方式、使用权限、使用范围、持卡对象及所用载体材料的不同，可以划分为多种类型，如表2-1所示。

其中，按结算方式是最常用的划分方法，银行卡分为信用卡和借记卡两种。

（一）信用卡

信用卡是最早发行的银行卡，是银行向金融上可信赖的客户提供无抵押的短期周转信贷的一种手段。信用卡是目前国际上广泛流行的一种支付手段和结算工具。

1. 信用卡的外形

虽然银行和金融机构发行了多种不同的信用卡，但信用卡的大小有统一的标准。一般情况下，通用信用卡由特制塑料制成，长85.5毫米，宽54毫米，厚0.76毫米。

表 2-1　银行卡的分类

分类方式	类型	特　点
使用范围	国际卡	可以在全球多个国家和地区使用，如 VISA 卡、Master 卡等
	地方卡	只局限在某地区内使用，如仅在中国境内使用的我国各种商业银行发行的银行卡
透支额度	普通卡	允许透支额度较低，如我国大多为 10 000 元人民币以下
	金卡	允许透支额度较高，如我国一般为 10 000 元至 50 000 元人民币之间
持卡对象	个人卡	持有者为有稳定收入来源的社会各界人士，卡中金额属于个人款项
	公司卡	持有者为各企事业单位或部门中的指定人员，卡中资金属于各企事业单位或部门
合作单位	联名卡	与企事业单位合作，可消费打折的营利性质的银行卡
	认同卡	与公益单位合作的非营利性质的银行卡，一般属于宣传性质或公益性质
	基本卡	不与任何机构合作，如中国银行的长城卡
结算方式	信用卡	允许持卡人"先消费、后付款"，提供短期消费信贷，到期按有关规定清偿
	借记卡	持卡人在卡中先有存款，具有取款、消费、储蓄等功能，但是不可透支
信息载体	磁卡	卡片磁条内存有客户业务所必需的数据信息，使用时需要专门的读卡设备
	芯片卡	即集成电路卡，卡片中嵌有芯片，专门存储相关业务数据信息，由于芯片具有数据处理功能，该卡片既可联机使用，也可脱机使用

　　信用卡卡面上的内容也基本一致：一般情况下，正面印有发卡银行名称、信用卡有效期、信用卡号码、持卡人姓名、防伪暗记等，背面有磁条、持卡人签名和发卡银行的必要说明等。交通银行标准信用卡金卡和普卡如图 2-1 所示。

图 2-1　交通银行标准信用卡金卡和普卡

2. 信用卡的基本功能

　　（1）吸收储蓄功能。持卡人可以在发卡银行开立账户办理储蓄存款、取款业务。另外，信用卡还可以在 ATM 上提取现金，为客户提供服务带来方便。

　　（2）转账结算功能。持卡人不仅可以使用信用卡在商家进行消费结算，还可以到指定机构办理异地或同城转账结算，方便了客户的购物消费活动。

　　（3）消费信贷功能。信用卡持卡人进行消费时，若所需支付的费用超过其账户余额，发卡行允许其进行规定范围内的短期透支，即短期消费信贷。

（4）通存通兑功能。信用卡具有银行汇票和旅行支票的作用，持卡人可以在发卡机构存取现金，还可以在发卡行的异地分支机构存取现金，满足了持卡人的出行使用需求。

3. 信用卡的分类

信用卡分为贷记卡和准贷记卡两种。

➢ 贷记卡是指银行发行的并给予持卡人一定信用额度、持卡人可在信用额度内先消费后还款的信用卡。

➢ 准贷记卡是指银行发行的，持卡人需按要求交存一定金额的备用金，当备用金账户余额不足支付时，可在规定的信用额度内透支的信用卡。

日常生活中所说的信用卡，一般单指贷记卡。

💡 提 示

目前，国际上有六大信用卡组织，分别是威士国际组织（VISA International）及万事达卡国际组织（MasterCard International）两大组织及美国运通国际股份有限公司（America Express）、中国银联股份有限公司（China UnionPay Co.,Ltd.）、大来信用卡有限公司（Diners Club）、JCB 日本国际信用卡公司（JCB）四家专业信用卡公司。图 2-2 和图 2-3 分别是中国银联和威士国际组织标志。

图 2-2 中国银联标志

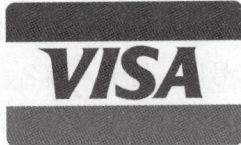

图 2-3 威士国际组织标志

（二）借记卡

借记卡（Debit Card）是指先存款后消费且没有透支功能的银行卡，是一种具有转账结算、存取现金、购物消费等功能的信用工具。随着 EFT 系统的发展，借记卡正日渐普遍，近年来逐渐成为最受欢迎的支付卡。日常生活中所说的储蓄卡，就是借记卡的俗称。

借记卡在外形上与信用卡相似。例如，图 2-4 所示为交通银行普通借记卡和沃德财富卡。

图 2-4 交通银行普通借记卡和沃德财富卡

借记卡在用途上也与信用卡相似，其功能多样，包括活期、定期存取款，代发工资，买国债、基金，理财，签约第三方存管，购电，手机充值，刷卡消费，网银查询，转账，缴费，网上支付等。

但是与信用卡不同的是，借记卡必须先存款，后消费或取现，存款数额即消费额度。同时，在消费或取现时，借记卡直接将资金从账户中划出，而不是存入信用额度。另外，在商户 POS 机消费时，使用借记卡无需支付商品或服务价格以外的任何费用。

借记卡按其功能的不同，可分为转账卡（含储蓄卡）、专用卡及储值卡。其中，转账卡具有转账、存取现金和消费功能；专用卡是在特定区域或专用用途使用的借记卡，具有转账、存取现金的功能；储值卡是银行根据持卡人要求将资金转至卡内储存，交易时直接从卡内扣款的预付钱包式借记卡。

提　示

借记卡和信用卡（包括准贷记卡和贷记卡）的区别如表 2-2 所示。

表 2-2　借记卡、准贷记卡、贷记卡的区别

比较项　　卡类型	借记卡	准贷记卡	贷记卡
使用方式	先存款后使用	先存款后使用，可适当透支	先消费后还款
利息	存款计息	存款计息	存款不计息
手续费	同城取现无手续费	同城取现无手续费	取现收取高手续费
年费	费用偏低	费用介于借记卡和贷记卡之间	费用最高
使用年限	无使用年限限制	使用年限最长为 2 年	使用年限一般为 3 年
对账单	不提供对账单，可索取	不提供对账单，可索取	每月免费提供对账单
透支额度	不可透支	可透支（额度小）	可透支（额度大）
免息期	—	无免息期	最长 56 天免息期
透支利息	—	透支之日起按万分之五记单利	免息期后每天按万分之五记复利
透支天数	—	最长透支天数为 60 天	无透支天数约束

（三）IC 卡

IC 卡是集成电路卡的英文简称，是将专用的集成电路芯片镶嵌于塑料卡片中获得。IC 卡是继磁卡之后出现的又一种新型信息工具，常见的公交卡就是 IC 卡的一种。例如，北京市政交通一卡通，如图 2-5 所示。

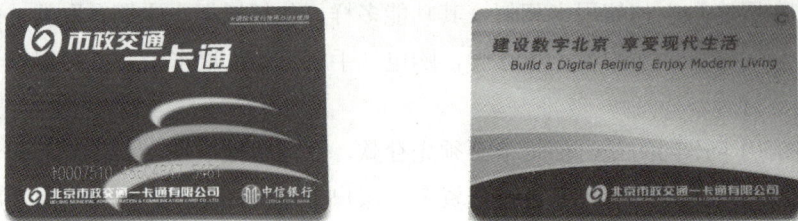

图 2-5　北京市政交通一卡通

1. IC 卡的分类

（1）按集成电路的组成分类

- **一般存储卡**：又称记忆卡。该类卡具有存储功能，使用简单，价格便宜，很多场合可替代磁卡，但只能用于保密性要求不高的应用场合。

- **加密存储卡**：该类存储卡在一般存储卡的基础上增加了加密功能，使用方法与一般存储卡类似，可以用于有保密性要求的场合。

- **IC 智能卡**：该类卡内嵌芯片相当于一个特殊类型的单片机，内部除了带有控制器、存储器、时序控制逻辑等外，还带有算法单元和操作系统。由于 CPU 卡有存储容量大、处理能力强、信息存储安全等特性，该类卡被广泛用于信息安全性要求特别高的场合。

- **超级智能卡**：该类卡实际上是一部卡片式微型计算机。在卡上具有 MPU 和存储器并装有键盘、液晶显示器和电源，有的卡上还具有指纹识别装置等。

（2）按卡与外界数据交换的界面不同分类

- **接触式 IC 卡**：该类卡片通过 IC 卡读写设备的触点与 IC 卡的触点接触后进行数据的读写。

- **非接触式 IC 卡**：该类卡通过非接触式的读写技术进行数据的读写。目前广泛使用的非接触式 IC 卡是射频卡。

- **双界面卡**：该类卡是将接触式 IC 卡与非接触式 IC 卡组合到一张卡片中，操作相互独立。

2. IC 卡的特点

与磁卡相比较，IC 卡具有以下优点：

（1）可靠性高。IC 卡具有防磁、防静电、防机械损坏和防化学破坏等能力，信息保存年限长，读写次数在数万次以上。

（2）安全性好。IC 卡上的信息能够进行读取、修改、擦除等，但都需要密码才能进行操作。因此 IC 卡不容易被复制，安全性有保证。

（3）存储容量大。磁卡的存储容量大约在 200 个字符，而 IC 卡的存储容量根据型号不同，小的几百个字符，大的上百万个字符。

（4）应用范围广。IC 卡能广泛应用于金融、电信、交通、商贸、社保、税收、医疗、保险等方面，几乎涵盖所有的公共事业领域。

三、电子信用卡

（一）电子信用卡概述

简单来说，电子信用卡就是把传统信用卡的功能在 Internet 上延伸，是信用卡类型的电子货币。这种类型的电子货币在网上使用比较早、应用较为成熟，是目前 Internet 网上支付工具中使用积极性最高、发展速度最快的一种。

1. 电子信用卡的特点

电子信用卡具有以下几个重要特点：

（1）先消费、后付款。电子信用卡是以信用卡为基础实现电子支付的，因此每张电子信用卡都有一个信用卡账户与之对应。不同的是，电子信用卡支付采用的是在线操作方式。

（2）安全可靠。电子信用卡使用时需要输入口令才能进行支付，因此安全性较高。并且，电子信用卡丢失后可进行挂失，可以避免或减少客户的经济损失。

（3）应用范围广。电子信用卡是目前电子支付工具中发展速度最快的一种，全世界有相当数量的商店可以受理电子信用卡。

2. 电子信用卡的种类

根据信用卡信息在网上处理方式的不同，电子信用卡可以分为两大类：实时处理模式的电子信用卡和非实时处理模式的电子信用卡。

➢ **实时处理模式的电子信用卡**：该类电子信用卡主要依赖 SET 协议或 SSL 协议，如招商银行的"一网通"、CyberCash 等都属于这种模式。

➢ **非实时处理模式的电子信用卡**：该类电子信用卡主要是通过 Email 方式将客户的信用卡信息发送给发卡授权机构，如 First Virtual Holding 就属于这种处理模式。

（二）电子信用卡的支付流程

电子信用卡的支付方法基于所采用的支付协议不同，其支付流程也不同。

1. 基于 SSL 协议的网上支付流程

SSL（Secure Socket Layer）协议是由 Netscape 公司推出的一种安全通信协议，它能够对信用卡和个人信息提供较强的保护。SSL 协议提供的服务包括：认证用户和服务器，识别用户和商家；加密数据以隐藏方式进行传输；维护数据在传输过程中不被改变；保护商家和银行利益。基于 SSL 协议的网上支付流程如图 2-6 所示。

图 2-6　基于 SSL 协议的网上支付流程

① 订货。客户通过浏览器在网上选定商品，并发出购买信息。

② 请求确认。商家将订购信息发给银行，银行确认信息准确后，从客户账户中扣款。

③ 审核回复。银行回复商家付款成功。

④ 回复发货。商家通知客户交易成功并发货。

2. 基于 SET 协议的网上支付流程

SET（Secure Electronic Transaction）协议是由美国 VISA 和 MasterCard 两大信用卡组织联合推出的，其实质是以信用卡为基础的应用于互联网的电子支付规范。SET 协议提供的服务包括：为客户、商家和银行等所有交易实体提供安全的通信通道；使用数字证书加强实体间的信任；提供隐私保障。

基于 SET 协议的网上支付流程如图 2-7 所示。

图 2-7　基于 SET 协议的网上支付流程

① 客户通过浏览器在网上选定商品，并将订单和支付信息发给商家。

② 商家把支付信息发给网关，对客户信用卡的账户信息进行核对。

③ 支付网关向收单银行发出扣款请求。

④ 收单银行要求发卡银行对扣款请求进行审核。

⑤ 发卡银行确认支付信息合法后，从客户账户中扣款，并回复收单银行扣款成功。

⑥ 收单银行回复支付网关扣款成功。

⑦ 支付网关回复商家付款成功。

⑧ 商家通知客户交易成功并发货。

（三）电子信用卡支付存在的问题

1. 安全问题

电子信用卡支付过程中存在的最大问题就是安全问题，而且这个问题直接关系到参与电子交易的各方的利益。

若商家无法确认买家的信用程度而发货，或买家无法确认商家的信用程度而付款，都容易导致"钱货两空"的结果。而银行存在向虚假商家兑现后因买家收不到货而拒付货款的风险。除此之外，买家还存在信用卡密码泄露导致财产损失的可能。因此必须在解决了各个环节的安全问题的前提下，电子信用卡支付才能正常进行下去。

2. 支付方式的统一问题

电子支付方式有很多种，每种方式都有其自身的特点。电子交易过程中，买家和商家各自使用的支付方式不同且互不兼容时，双方就无法完成款项支付，也就无法完成电子交易。

即使买家和商家双方使用的是同一种支付方式，也可能存在着标准不同的问题。例如，目前智能卡执行的通用标准主要包括 ISO7816 和 CEN726 两种，这两种标准的设计并没有考虑最大程度发挥智能应用程序效率的问题。

目前仍存在多种支付方式并存的局面，但支付方式的统一将是电子支付发展的必然趋势，也是真正实现"一卡走世界"的基础。

任务实施

步骤 1▶ 在 IE 浏览器地址栏输入 "http://www.bankcomm.com"，然后按回车键，打开交通银行网站首页。选择"个人业务"→"信用卡"→"信用卡申请"命令，进入信用卡页面。

步骤 2▶ 在信用卡页面中单击选择"新用户办卡快速通道"，打开信用卡申请页面。在申请页面的左侧需要按照要求填写申请人的姓名、所在城市、证件类型和证件号码，如图 2-8 所示。

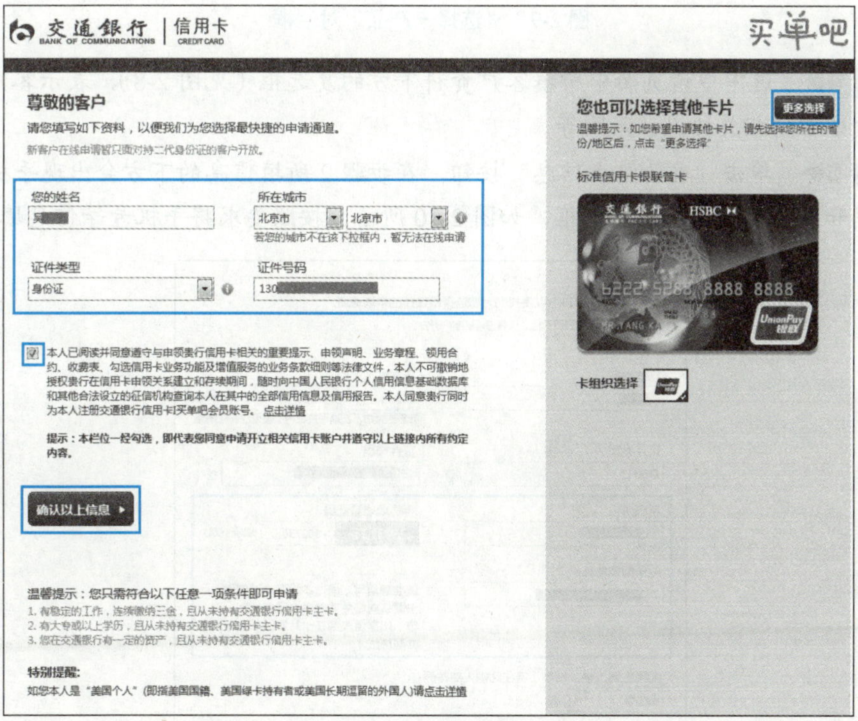

图 2-8　信用卡申请页面

步骤 3▶ 在申请页面的右侧可以选择要申请的信用卡种类。单击"更多选择"按钮，打开图 2-9 所示的"选择卡产品"对话框。在该对话框中单击某个卡片，会弹出附加窗口，显示相应的积分及服务等信息。单击要申请卡片种类中的"申请此卡"按钮，即可选定卡片种类并返回信用卡申请页面。

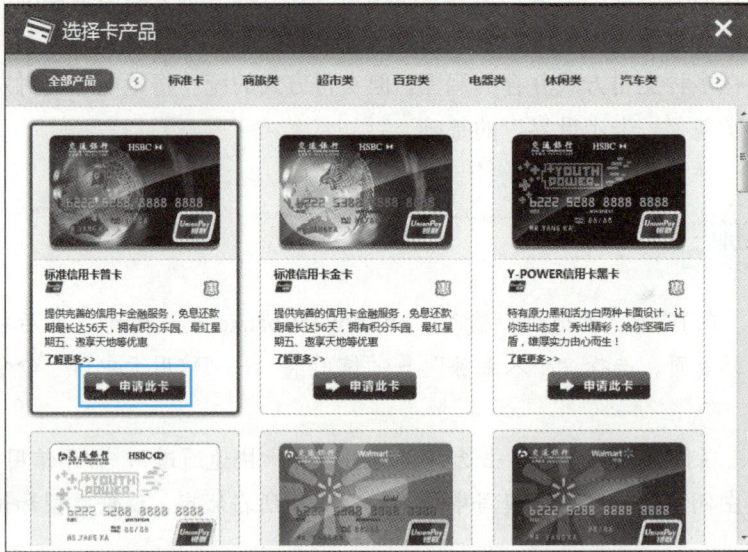

图 2-9 "选择卡产品"对话框

步骤 4▶ 选中申请页面中所填客户资料下方的复选框（见图 2-8），表示客户同意申请信用卡办理的相关协议、声明等。

步骤 5▶ 单击"确认以上信息"按钮，在步骤 2 所填信息的下方会出现手机号、动态验证码和电子邮箱地址等文本框，如图 2-10 所示。按照要求将手机号等信息填写完整。

图 2-10 填写手机号等信息

步骤6▶ 单击"下一步"按钮，打开基本个人信息填写页面，如图2-11所示。该页面中包含了主持卡人基本资料、详细资料、联系人3类信息，客户按照要求逐项填写即可。

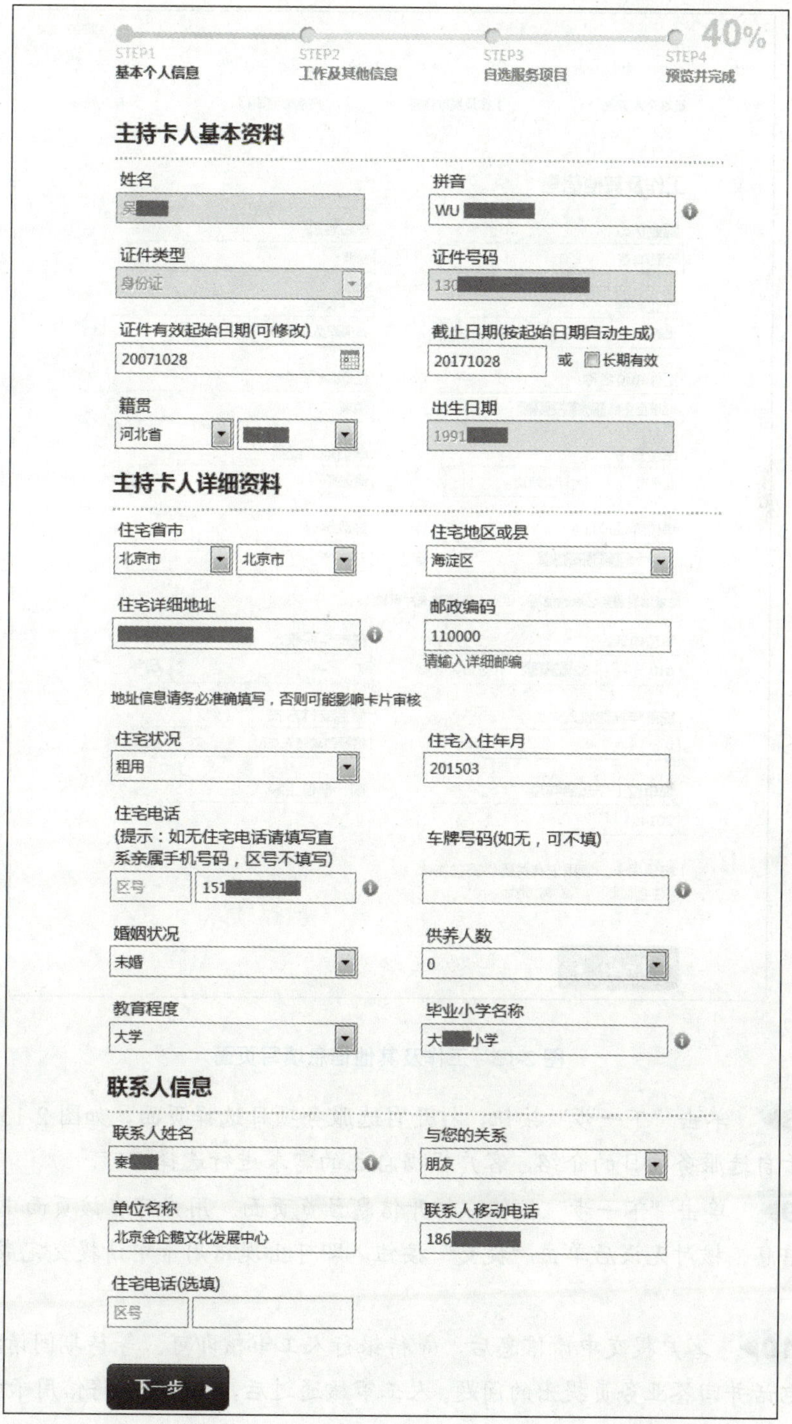

图 2-11 基本个人信息填写页面

步骤 7▶ 单击"下一步"按钮，打开工作及其他信息填写页面，如图 2-12 所示。该页面中包含了工作及其他相关信息，客户按照要求逐项填写即可。

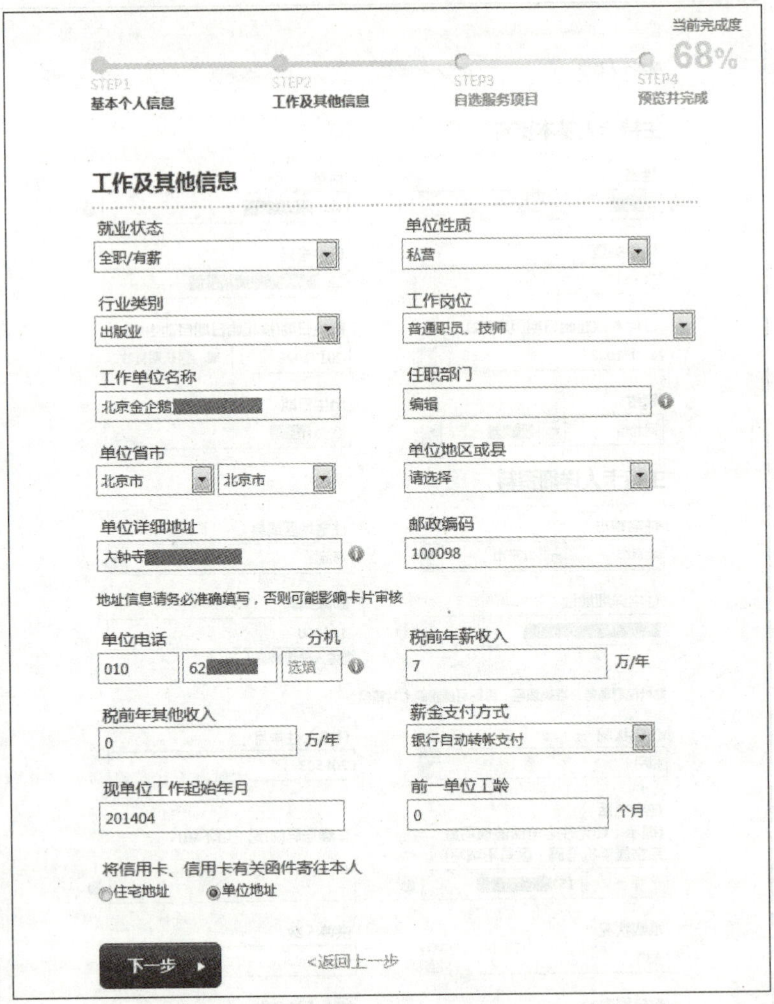

图 2-12　工作及其他信息填写页面

步骤 8▶ 单击"下一步"按钮，打开自选服务项目选择页面，如图 2-13 所示。该页面中有关于自选服务项目的介绍，客户根据自己的需求进行选择即可。

步骤 9▶ 单击"下一步"按钮，打开信息预览页面。用户可在该页面中核对之前输入的所有信息。核对无误后单击"提交"按钮，即可出现信用卡申请提交完成页面，如图 2-14 所示。

步骤 10▶ 客户提交申请信息后，等待银行人工审核即可。等待期间请注意接听来自银行的电话并回答业务员提出的问题。人工审核通过后，银行就会将信用卡邮寄给客户。

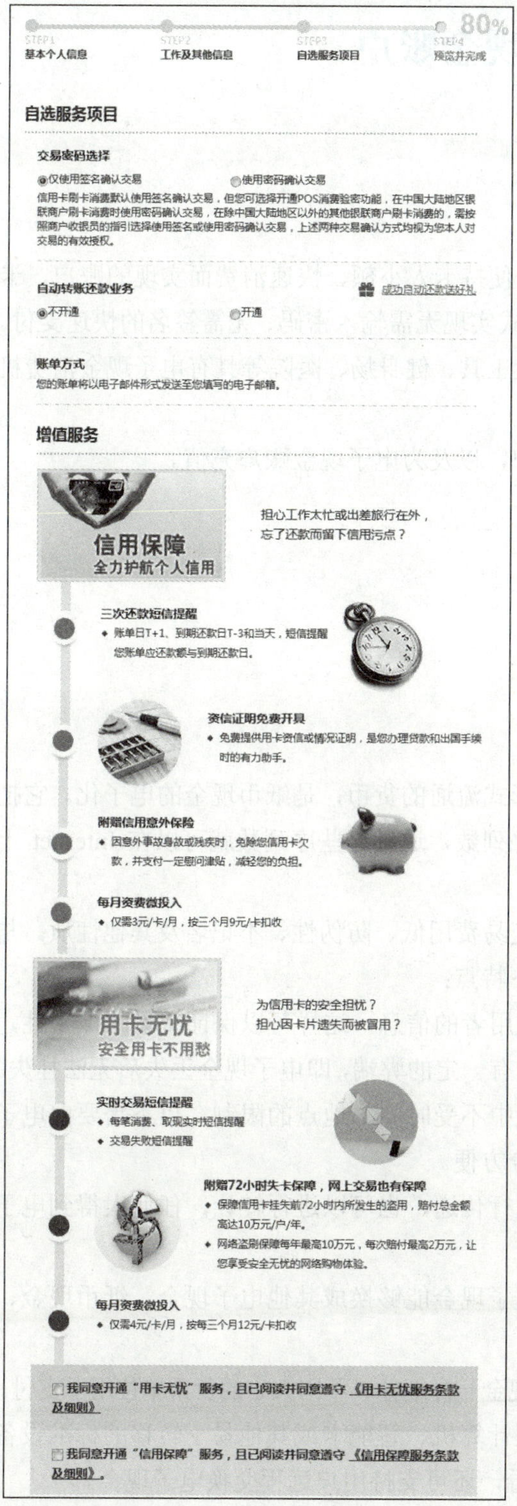

STEP1 基本个人信息　　STEP2 工作及其他信息　　STEP3 自选服务项目　　STEP4 预览并完成　　**80%**

自选服务项目

交易密码选择

◉ 仅使用签名确认交易　　◎ 使用密码确认交易

信用卡刷卡消费默认使用签名确认交易，但您可选择开通POS消费验密功能，在中国大陆地区以银联商户刷卡消费时使用密码确认交易，在除中国大陆地区以外的其他银联商户刷卡消费的，需按照商户收银员的指引选择使用签名或使用密码确认交易，上述两种交易确认方式均视为您本人对交易的有效授权。

自动转账还款业务

成功启动还款送好礼

◉ 不开通　　◎ 开通

账单方式

您的账单将以电子邮件形式发送至您填写的电子邮箱。

增值服务

信用保障
全力护航个人信用

担心工作太忙或出差旅行在外，忘了还款而留下信用污点？

三次还款短信提醒
◆ 账单日T+1、到期还款T-3和当天，短信提醒您账单应还款额与到期还款日。

资信证明免费开具
◆ 免费提供用卡资信或情况证明，是您办理贷款和出国手续时的有力助手。

附赠信用意外保险
◆ 因意外事故身故或残疾时，免除您信用卡欠款，并支付一定慰问津贴，减轻您的负担。

每月资费微投入
◆ 仅需3元/卡/月，按三个月9元/卡扣收

用卡无忧
安全用卡不用愁

为信用卡的安全担忧？
担心因卡片遗失而被冒用？

实时交易短信提醒
◆ 每笔消费、取现实时短信提醒
◆ 交易失败短信提醒

附赠72小时失卡保障，网上交易也有保障
◆ 保障信用卡挂失前72小时内所发生的盗用，赔付总金额高达10万元/户/年。
◆ 网络盗刷保障每年最高10万元，每次赔付最高2万元，让您享受安全无忧的网络购物体验。

每月资费微投入
◆ 仅需4元/卡/月，按三个月12元/卡扣收

☐ 我同意开通"用卡无忧"服务，且已阅读并同意遵守《用卡无忧服务条款及细则》。

☐ 我同意开通"信用保障"服务，且已阅读并同意遵守《信用保障服务条款及细则》。

图 2-13　自助服务项目选择页面

交通银行 | **信用卡**
BANK OF COMMUNICATIONS | CREDIT CARD

您的申请资料已成功递交，我们将尽快审核

并可能通过02195559与您核实信息；为加快您的审核，在非工作时间我们也可能与您联系，还请注意接听。

友情提示
1. 尊敬的客户，需要特别提醒您注意用卡安全。在卡片使用过程中切勿轻信所谓的"银行工作人员"打来的调查电话，也不要登录不明确面短信中的交通银行网站地址。请妥善保管个人信息，切勿向任何人泄露如：证件号、有效期、卡片背面3位安全码、交易密码、动态密码等敏感信息。
2. 您可在递交申请的次日登录交通银行信用卡网站页或客百方微信服务号，点击"办卡进度查阅"按钮查询您的信用卡批核进度，如您的卡片被核准，将通过快速免费邮寄至您的的邮寄地址。

图 2-14　信用卡申请提交完成页面

任务二　使用中国银行电子现金账户

任务描述

银联金融 IC 卡中的电子现金账户是为方便持卡人小额、快速消费而实现的账户，卡片使用过程类似公交刷卡，通过"挥卡"的形式实现无需输入密码、无需签名的快速支付。它可以在诸如小型超市、快餐店、药店、交通工具、健身场、医院等具有电子现金消费机具的环境下使用。

本任务将学习使用中国银行电子现金账户，以及为电子现金账户充值。

相关知识

一、电子现金

（一）电子现金概述

电子现金又称数字现金，是一种以数据形式流通的货币，是纸币现金的电子化。它把用户银行账户中的资金转换为一系列的加密序列数，通过这些序列数就可以在 Internet 上允许接受电子现金的商店消费了。

电子现金具有传统现金的特性：方便、交易费用低、防伪性、不记名及其他性质。与其他电子支付手段相比，电子现金还具有以下特点：

（1）匿名性。电子现金使用时不提供使用者的信息，这样可以保证交易的保密性，也就维护了交易双方的隐私权。但是匿名性也有一定的弊端，即电子现金丢失后无法挂失。

（2）方便性。使用电子现金在支付过程中不受时间、地点的限制，也不需要向电子信用卡一样需要认证处理，因此使用起来十分方便。

（3）可传递性。电子现金可以方便地进行传递，也可以进行转让，任何人得到电子现金都可以用于消费支付。

（4）可操作性。作为一种结算方式，电子现金能够换成其他电子现金、纸币现金、商品或服务等。

（5）可细分性。电子现金也可以像传统现金一样细分成不同大小的货币单位用于支付。

（6）可存储性。电子现金可存储在远程计算机、智能卡或其他易于转移的标准设备或专用设备上。电子现金可以远程存储和查看，还可支持用户远程交换电子现金。

（7）不可重复性。电子现金可以通过特定的金融机构充值，采用密码控制，具有不能重复使用的特点。

（二）电子现金的支付流程

电子现金网上支付的基本流程如图 2-15 所示。

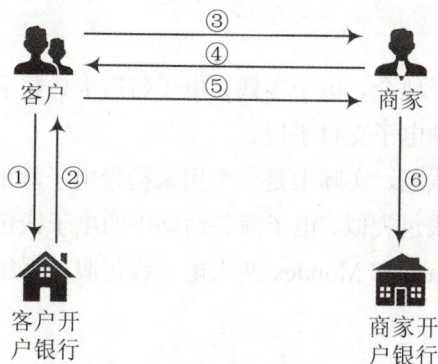

图 2-15　电子现金网上支付的流程

① 客户向所在开户银行购买电子现金。

② 客户开户银行将电子现金存入客户的电子钱包中。

③ 客户浏览可以接受电子现金的商家网站，选定商品，提交订单。

④ 商家接到订单后，将支付要求发送到客户的电子钱包中，内容包括订单金额、可用币种、当前时间、商户银行、商户的银行账号 ID 及订单描述等，请求是否付款。

⑤ 客户同意付款后，将从电子钱包中扣除与请求金额相等的电子现金，并用银行的公用密钥加密后发送给商家。

⑥ 商家将接收的电子现金发送给其所在开户银行，存入自己的账户，然后给客户发送票据，并安排发货。

（三）电子现金存在的问题

电子现金在电子交易中使用十分便捷，但是使用过程中还存在很多问题。

（1）使用量小。目前，只有少数几家银行提供电子现金开户服务，也只有少数商家接收电子现金，给使用者带来了很多不便。

（2）成本较高。电子现金对于硬件和软件的技术要求都较高，同时需要一个大型的数据库存储用户完成的交易和电子现金序列号以防止重复消费。因此，目前电子现金的成本依旧偏高。

（3）存在货币兑换问题。电子现金是以传统的货币体系为基础的，因此各国银行均以各国本币的形式发行电子现金。若要从事跨国贸易，就必须使用特殊的兑换软件。

（4）风险较大。电子现金和传统现金一样，都有可能丢失。如果用户的卡片丢失或损坏，电子现金就会随之丢失。

二、电子钱包

（一）电子钱包概述

1. 电子钱包的定义

电子钱包是指装有电子现金、电子零钱、电子信用卡、数字现金等电子货币，在网上进行小额购物时常用的一种电子支付手段。

电子钱包是一种新式钱包，实际上是一个用来携带电子货币的可独立运行的软件，其作用与日常生活中所用的钱包类似。电子商务活动中的电子钱包的软件通常都是免费提供的，目前世界上有 VISA Cash 和 Mondex 两大电子钱包服务系统，中国银行也推出了中银电子钱包。

2. 电子钱包的特点

虽然电子钱包的功能与日常生活中所用的钱包功能类似，但是电子钱包在应用和表现上还是有很多优势，在用于网络支付与结算时的特点有如下几个方面：

➢ 个人资料管理与应用方便。
➢ 客户可使用多张信用卡。
➢ 客户可以使用多个电子钱包。
➢ 电子钱包可以保存与查询购物记录。
➢ 多台计算机使用同一套电子钱包时，共用一张数字证书。
➢ 不管应用何种电子货币（特别是信用卡），电子钱包都具有较强的安全性。
➢ 电子钱包支付快捷、效率高。
➢ 电子钱包对参与各方要求都很高。

3. 电子钱包的分类

（1）根据存储位置不同分类

根据存储位置的不同，可以将电子钱包分为服务器端电子钱包和客户机端电子钱包。服务器端电子钱包是在商家服务器或电子钱包软件公司的服务器上存储消费者的信息；客户机端电子钱包是在消费者自己的计算机上存储自己的信息。

（2）根据发行机构不同分类

根据发行机构的不同，可将电子钱包分为通用电子钱包和行业电子钱包。通用电子钱包是银行发行的；行业电子钱包由行业卡演变而成，目前公交行业是行业卡应用最发达的领域。

（二）电子钱包的支付流程

使用电子钱包进行电子商务活动一般经历以下过程，如图 2-16 所示。

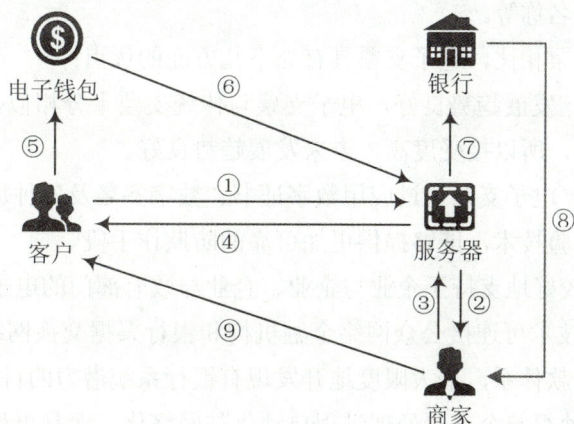

图 2-16　电子钱包的支付流程

① 客户通过互联网选择自己要购买的商品，并填写订单。订单内容包括商品列表、数量、运费、收货地址等。

② 订单信息通过电子商务服务器传送给相关商家。

③ 商家确认订单信息无误后返回电子商务服务器。

④ 电子商务服务器将确认信息返回给客户。

⑤ 客户确认订单信息后，打开电子钱包并输入自己的密码，在自己的电子钱包中选择其中一张电子信用卡来付款。

⑥ 电子商务服务器对信用卡号码采用某种保密算法加密后，发送到相应的银行；同时，商家也收到了经过加密的购货账单，商家将自己的客户编码加入电子购货账单后，再转送到电子商务服务器上去。

⑦ 若银行拒绝并且不予授权，则说明当前信用卡的余额不足。此时，客户可以选择电子钱包中的其他信用卡，重复上述操作进行支付。

⑧ 若银行确认信用卡有效并给予授权，则交易成功。同时，商家记录下整个交易过程中发生往来的财务数据，并出示一份电子单据发送给客户。

⑨ 最后，商家按照客户填写的订单信息将货物交到客户手上。

就上述电子购物流程来说，交易活动从客户输入订单开始，至商家出具电子单据为止，整个过程一般仅需 5～20 秒的时间，十分快捷、方便。

三、电子支票

（一）电子支票概述

电子支票是纸质支票的电子替代物，电子支票将纸质支票改变为带有数字签名的电子报文，或利用其他数字电文代替纸质支票的全部信息。电子支票与纸质支票一样是用于支付的一种合法方式，包含的信息也与纸质支票相同，包括支票号、收款人姓名、支票金额、签发日期、开户银行名称等。

与传统的纸质支票相比，电子支票具有如下几方面的优点：

（1）接受度高，发展趋势良好。电子支票与传统支票十分相似，且功能更强，非常适合现存的银行系统，所以接受度高，未来发展趋势良好。

（2）安全性高。电子支票通过应用数字证书、数字签名及各种加密/解密技术，采用唯一电子支票号码检验技术，能够提供更加可靠的防欺诈手段。

（3）电子支票较好地支持了企业与企业、企业与政府部门的电子商务。

（4）电子支票技术可连接公众网络金融机构和银行票据交换网络，以达到通过公众网络连接现有金融付款体系，最大限度地开发现有银行系统潜力的目的。

（5）电子支票使得整个支票处理过程自动化与网络化，而且更加环保。

（二）电子支票支付的基本模式

电子支票是一个形式十分多样的系统，电子支票系统一般包含 3 个主要的直接参与实体：客户、商家和金融机构（包括双方的开户银行及后台清算结构等）。目前，电子支票的支付一般是通过专用网络、设备、软件及一套完整的用户识别、标准报文、数据验证等规范化协议完成数据传输，从而控制安全性。这种方式已经较为完善。

下面主要以基于互联网平台的电子支票系统为例来叙述。电子支票的网上支付，就是在网络平台上利用电子支票完成客户与商家间的资金支付与结算。电子支票网上支付的基本模式如图 2-17 所示。

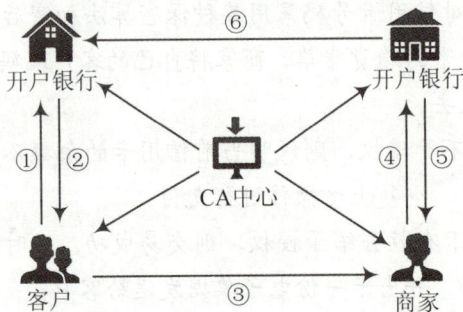

图 2-17　电子支票网上支付的基本模式

（1）准备阶段

客户与开户银行、商家与开户银行之间通过严格的认证，如相关资料的认定、数字证书的申请、电子支票相关软件的安装应用、电子支票应用的授权等，为利用电子支票进行网上支付做好前期准备。

（2）客户购买阶段

客户与商家达成购物意向，并选择使用电子支票支付方式。客户通过网络向商家发出电子支票，同时向银行发出付款通知单。商家收到电子支票后，通过 CA 中心对其进行验证。

（3）商家索付阶段

CA 中心对客户电子支票验证无误后，商家将电子支票递交开户银行进行索付。银行收到电子支票后，通过 CA 中心对其进行验证，验证无误后即可向商家兑付或转账。

提　示

若客户开户银行与商家开户银行属不同银行，则还需要进行行间清算兑付阶段。

（4）行间清算兑付阶段

商家的开户银行把电子支票发送给票据交易所，以兑换资金。票据交易所向客户的开户银行申请兑换支票，并把兑换的相应资金发送到商家的开户银行。商家开户银行向商家发出到款通知，即资金入账。而客户开户银行向客户发出付款通知，即客户下账。

（三）电子支票的支付流程

电子支票的支付流程不是单一的，它和所要应用的电子支票系统密切相关。现以由美国卡内基·梅隆大学开发出的 NetBill 电子支票为例，介绍其网上支付流程。

（1）客户向商户请求正式的报价单，启动 NetBill 软件进行交易。

（2）商户收到报价单请求后定出价格，并返回报价单。

（3）如果客户接受所报价格，则应指示其支票簿向商户收款机发送购买请求。

（4）当收到购买请求后，收款机从商户应用中取出产品，并采用一个密钥来加密该产品。在计算出密码校验和后，将结果传送至客户支票簿。

（5）在收到加密信息后，支票簿验证校验和，随后支票簿向商户收款机送回一份签名的电子支付定单。

（6）收款机对电子支付定单进行背书，然后将之发送至 NetBill 服务器。

（7）NetBill 服务器在验证价格、校验和等符合规定之后，借记客户账户恰当的数额。NetBill 服务器记录该笔交易并且保存一次性密钥的复制件，然后再将包含有同意或拒绝信息的数字签名信息发送给商户。

（8）商户对 NetBill 服务器作出回答，如果同意，即同时将解密密钥发送给客户支票簿。

NetBill 的使用非常方便，客户可以用一个 NetBill 账户在互联网上购买商品和服务，既可靠，又经济。NetBill 账户是信用卡预存资金账户，客户只需选择自己所需的商品，后续工作都可交给 NetBill 软件处理。

任务实施

使用中国银行电子现金账户的步骤如下：

步骤 1▶　开通电子现金服务。用户可持本人有效身份证件前往中国银行网点办理中国银行金融 IC 卡，注册成为网上银行理财版或贵宾版客户，将持有的中国银行金融 IC 卡关联进网上银行以后，就可以在柜台、ATM 或网上银行使用电子现金账户了。

步骤 2▶ 登录中国银行个人网上银行，选择"银行账户"→"电子现金账户"命令，打开电子现金账户页面，如图 2-18 所示。用户可以进行账户概览、账户详情、账户交易明细查询、账户充值、充值账户签约等操作。

💡 **提 示**

用户需先添加关联网银的芯片卡才能看到电子现金账户信息，在"若有未关联网银的芯片卡，请点击这里"处即可添加。

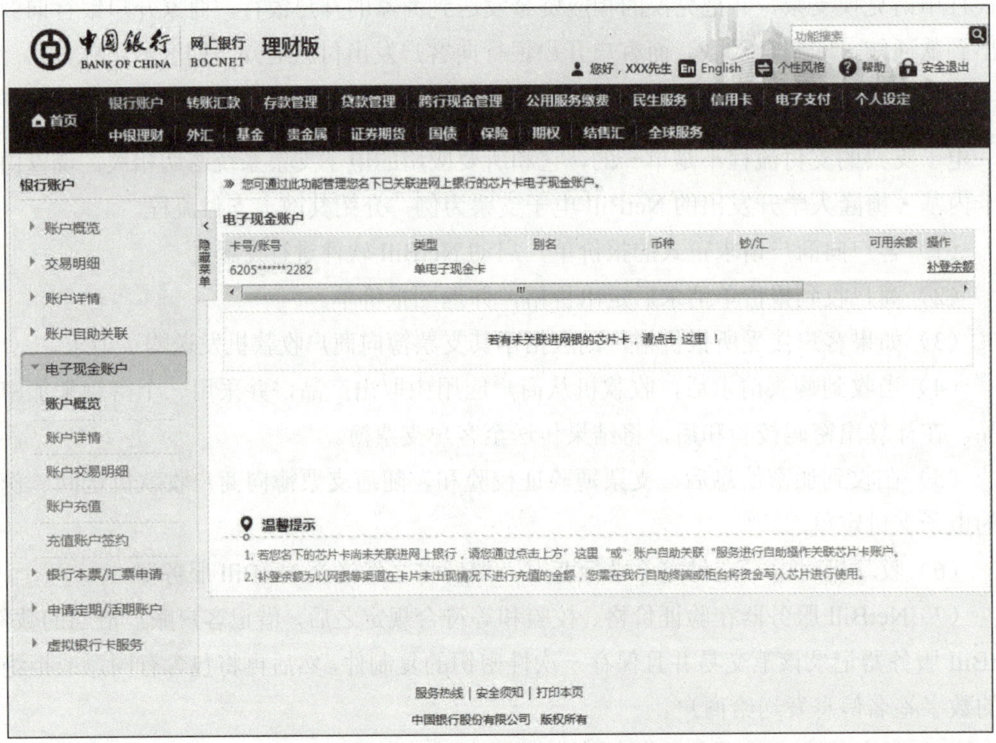

图 2-18 电子现金账户页面

步骤 3▶ 单击"账户充值"按钮，首先选择充值方式，如图 2-19 所示。用户可以为本人或他人的芯片卡电子现金账户进行资金充值。

步骤 4▶ 选中"向本人电子现金账户充值"单选按钮，并单击"下一步"按钮，进入选择银行账户页面。用户需要在该页面中选择充值账户、电子现金账户，并填写充值金额，如图 2-20 所示。

步骤 5▶ 单击"下一步"按钮，进入确认页面，如图 2-21 所示。用户可在该页面中核对充值账户、电子现金账户和充值金额。

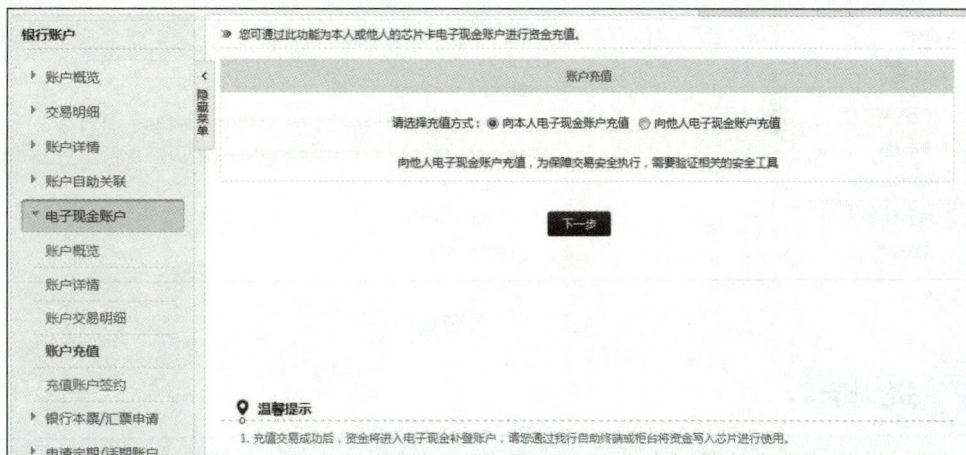

图 2-19　选择充值方式

图 2-20　选择银行账户

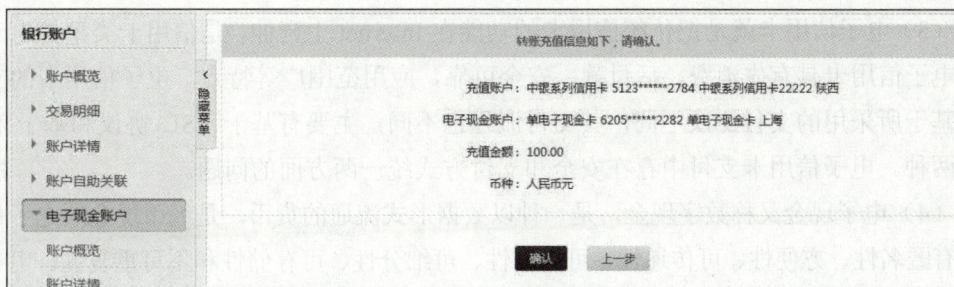

图 2-21　转账充值信息确认

步骤 6▶ 信息核对无误后，单击"确认"按钮，显示图 2-22 所示的充值成功信息。

步骤 7▶ 充值交易成功后，资金将进入电子现金补登账户，然后用户需前往中行网点柜台或 ATM 将资金写入芯片（即 IC 卡圈存补登）。

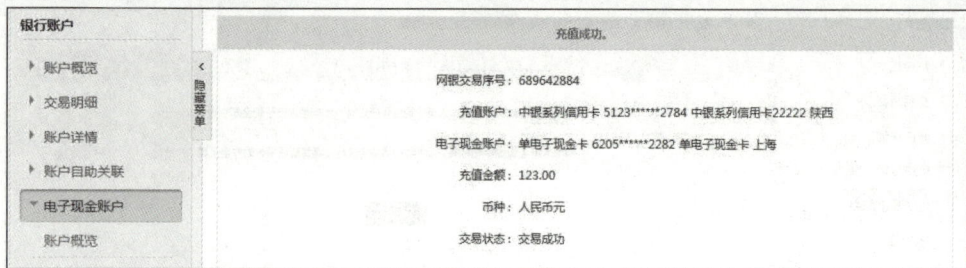

图 2-22　充值成功

提　示

用户在 ATM 上选择"电子现金"服务，然后按操作提示逐步进行操作，也可对电子现金账户进行充值。

项目小结

本项目主要讲解了电子支付工具的相关知识。学完本项目，读者应重点掌握以下内容：

（1）电子货币是电子商务活动的基础，是当前最新的货币形式。电子货币，简单来讲就是电子（或数字）形式的货币。根据不同的分类依据，可将电子货币分为不同的类型。

（2）按结算方式划分是银行卡最常用的划分方法，可将银行卡分为信用卡和借记卡两种。信用卡具有吸收储蓄功能、转账结算功能、消费信贷功能和通存通兑功能，分为贷记卡和准贷记卡两种；借记卡是指先存款后消费且没有透支功能的银行卡，是一种具有转账结算、存取现金、购物消费等功能的支付工具。IC 卡的特点是可靠性高、安全性好、存储容量大、应用范围广。

（3）电子信用卡就是把传统信用卡的功能在 Internet 上延伸，是信用卡类型的电子货币。电子信用卡具有先消费、后付款，安全可靠，应用范围广等特点。电子信用卡的支付方法基于所采用的支付协议不同，其支付流程也不同，主要有基于 SSL 协议和基于 SET 协议两种。电子信用卡支付中存在安全和支付方式统一两方面的问题。

（4）电子现金又称数字现金，是一种以数据形式流通的货币，是纸币现金的电子化。它具有匿名性、方便性、可传递性、可操作性、可细分性、可存储性和不可重复性。电子现金在使用过程中还存在很多问题：使用量小、成本较高、存在货币兑换问题、风险较大等。

（5）电子钱包是指装有电子现金、电子零钱、电子信用卡、数字现金等电子货币，在网上进行小额购物时常用的一种电子支付手段。电子钱包在应用和表现上还是有很多优势的。根据存储位置的不同，可以将电子钱包分为服务器端电子钱包和客户机端电子钱包；根据发行机构不同，可将电子钱包分为通用电子钱包和行业电子钱包。

（6）电子支票是纸质支票的电子替代物，电子支票将纸质支票改变为带有数字签名的电子报文，或利用其他数字电文代替纸质支票的全部信息。电子支票与纸质支票一样是用于支付的一种合法方式。与传统的纸质支票相比，电子支票具有接受度高、发展趋势良好、安全性高等优点。电子支票的网上支付，就是在网络平台上利用电子支票完成客户与商家间的资金支付与结算。

项目习题

一、填空题

1. 电子货币主要具有_____、_____、_____和兑现功能。

2. 按照结算方式划分，银行卡可分为_____和_____。

3. 借记卡是指_____且没有透支功能的银行卡。

4. 北京市政交通一卡通属于_____卡。

5. 电子现金具有方便性、_____、_____、可操作性、_____、可存储性、_____等特点。

6. 目前，世界上主要有_____和_____两大电子钱包服务系统。

7. 电子支票包含的信息一般包括支票号、_____、_____、签发日期、开户银行名称等。

二、选择题

1. 下列叙述中，不属于电子货币特点的是（ ）。
   - A. 携带、储存方便
   - B. 使用方便、快捷
   - C. 安全性高
   - D. 监管难度小

2. 日常生活中所说的信用卡，一般单指的是（ ）。
   - A. 银行卡
   - B. 借记卡
   - C. 贷记卡
   - D. 准贷记卡

3. 借记卡按照其功能不同分类，不包括（ ）。
   - A. 贷记卡
   - B. 转账卡
   - C. 专用卡
   - D. 储值卡

4. 下列叙述中，不属于电子信用卡的特点的是（ ）。
   - A. 可以先消费，后还款
   - B. 安全可靠
   - C. 支付方式完全统一
   - D. 应用范围广

5. 电子现金在使用过程中还存在很多问题，其中不包括（　　）。

    A．风险较大　　　　　　　　　B．无法保证匿名性

    C．成本较高　　　　　　　　　D．存在货币兑换问题

三、名词解释

1. 电子货币　　　　　　　　　2. 信用卡

3. 电子现金　　　　　　　　　4. 电子钱包

四、简答题

1. 简述借记卡、贷记卡和准贷记卡在各方面的区别。

2. 简述电子信用卡的支付流程。

3. 简述电子现金的支付流程。

4. 简述电子支票支付的基本模式。

5. 简述电子钱包在用于网络支付与结算时所具备的特点。

项目实训　调查我国主要银行的银行卡种类

登录中国银行、中国工商银行、中国农业银行、中国建设银行、招商银行、交通银行等银行官网，查看各银行所提供的银行卡种类，并将调查结果填入表2-3中。

表2-3　我国主要银行的银行卡种类

卡类型 银行	借记卡	信用卡
中国银行		
中国工商银行		
中国农业银行		
中国建设银行		
招商银行		
交通银行		

网上银行

学习目标

★ 掌握网上银行的概念与特点；
★ 了解网上银行的产生与发展；
★ 了解网上银行的优势和其对传统银行的影响；
★ 掌握网上银行的类型与功能；
★ 熟悉网上银行的主要业务；
★ 了解网上银行的建设架构；
★ 了解网上银行的风险与监管。

引导案例　招商银行"一网通"

招商银行成立于 1987 年 4 月 8 日，是我国第一家完全由企业法人持股的股份制商业银行，也是国内第一家采用国际会计标准的上市公司。招商银行自成立以来，一直秉承"因您而变"的经营服务理念，以"敢为天下先"的勇气，不断开拓、创新产品和服务，较好地适应了市场和客户不断变化的需求，为中国银行业的改革和发展做出了有益的探索，同时也取得了良好的经营业绩。根据 2015 年半年度报告，招商银行人均效益、股本回报率等重要经营指标位居国内银行业前列。

从 1997 年开始，招商银行便把目光瞄向了刚刚兴起的互联网，并迅速取得了网上银行发展的优势地位。1997 年 4 月，招商银行开通了自己的网站 www.cmbchina.com，率先将网络技术与传统金融服务相结合，满足了客户足不出户就能享受银行服务的需求。从此，招商银行的金融电子服务进入了"一网通"时代。

1998 年 4 月，"一网通"推出"网上企业银行"，为互联网时代银企关系进一步向纵深发展构筑了全新的高科技平台。2003 年 6 月，"一网通"作为中国电子商务和网上银行的代表，登上了被誉为国际信息技术应用领域奥斯卡的 CHP 大奖的领奖台，这是中国企业首次获此殊荣。目前，招商银行的"一网通"已形成了网上企业银行、网上个人银行、网上商城、网上投资理财和网上支付等在内的较为完善的网上金融服务体系。

经过十几年的快速发展，"一网通"在国内网上银行领域始终占据着领先地位，无论是在技术领先程度还是在业务量方面，均在国内同业中具有明显优势。"一网通"使招商银行在一定程度上摆脱了网点较少对规模发展的制约，为招商银行在网络经济时代实现传统银行业务与网上银行业务的有机结合，进一步加快发展步伐奠定了坚实的基础。

招商银行网上个人银行主要包括专业版、大众版、网上商城、网上证券等产品线，每个产品线又包括多种具体产品，以适应市场对银行服务的个性化需求。

（1）网上个人银行专业版：招商银行网上个人银行理财软件，客户可以通过该软件进行资金调拨、全方位理财。

（2）网上个人银行大众版：招商银行为广大客户提供全天候银行金融服务的自助理财系统。

（3）网上商城：招商银行信用卡持卡人的网上购物网站。

（4）网上证券：包括第三方存管业务系统和银基通。

任务一　体验工行个人网上银行演示版

任务描述

在信息技术和网络技术的推动下，电子商务在世界范围内迅速发展，小小的电脑使地球变成了地球村，满足了用户足不出户就能享受各种服务的需求，网上购物、个人理财、家庭银行、网上证券、网上保险等金融服务都需要通过网上银行来实现。因此，网上银行是一种全新的银行服务手段，它的使用、建设与管理成为了电子支付的重要组成部分。

本任务将以体验中国工商银行个人网上银行演示版为例，带领大家学习网上银行的基本使用方法。

相关知识

一、网上银行的概念与特点

（一）网上银行的概念

网上银行也称网络银行、在线银行，是指银行利用互联网通信技术或其他电子通信网络手段，以互联网作为基础的交易平台和服务渠道，向客户提供开户、查询、对账、转账、信贷、网上证券、投资理财等服务项目，使客户足不出户就能安全、便捷地管理存款、支票、信用卡及个人投资等。可以说，网上银行是银行在互联网上设的虚拟银行柜台。

网上银行有狭义和广义之分。

➤ **狭义的网上银行**是在传统银行业务上进行的一种制度创新，也就是利用互联网，为使用计算机、网络电视、机顶盒及其他个人数字设备连接上网的消费者，提供一类或几类银行实质性业务的银行，实质上并没有脱离原有银行形态。

➤ **广义的网上银行**也称虚拟银行，是银行业的一次划时代改革，指的是利用互联网为客户提供产品与服务的银行。这里的"产品与服务"包含3个层次：一般的信息和通信服务、简单的银行交易和所有银行业务。

（二）网上银行的特点

网上银行业务是一种全新的服务模式，其特点包括以下6个方面。

1. 全面实现无纸化交易

在通过网上银行进行业务办理的过程中，传统银行业务所使用的所有票据、单据等大部分被电子支票、电子汇票和电子收据所代替；原有的纸币被电子货币即电子现金、电子钱包、电子信用卡所代替；原有的纸质文件的邮寄变为通过数据通讯网进行传送。

2. 3A式服务

网上银行是以信息技术和互联网的发展为基础而兴起的一种高科技的"AAA"银行，系统与客户之间通过网络实现在线沟通，客户可以在任何时间（Anytime）、任何地方（Anywhere）、以任何形式（Anyhow）得到银行的金融服务，突破了时间、空间和服务手段的限制。因此，网上银行是24小时的银行、全球化的银行、服务样式多样化的银行。

3. 经营成本低

采用网上银行这种交易方式，可极大程度地降低银行经营成本。由于网上银行的主要运行渠道是计算机系统，采用的是虚拟信息处理技术，没有固定的场所，不需要大量人力、物力、财力的投入，如场地费用、装修费用、水电费用、人员费用等，只需在网络上设置相应的网站服务，并专心于服务内容的开发。

4. 快捷高效

网上银行通过网络进行运行，处理业务的速度以计算机的处理能力为依托。计算机科技的不断提升让以它为基础的网上银行的处理速度大大加快，远远高于传统银行的处理速度。互联网使银行服务速度更快、所需时间更短。同时，大大缩短了资金在途的时间，提高了资金的利用率和社会的经济效益。

5. 全方位服务

通过网上银行，客户可以享受到方便、快捷、高效和可靠的全方位服务。客户足不出户，无须银行工作人员的帮助，在短时间内可完成各项银行业务，还可以通过网络全面地了解基金、保险、证券等金融产品，从而得到更好的服务体验。

6. 信息共享

网上银行可以通过互联网广泛地收集和分析最新的金融信息，并以快捷、高速的方式传递给网上银行客户。依托迅猛发展的互联网技术，可以将金融业务和市场延伸到全球每个角落。打破了传统业务地域范围局限的网上银行，不仅可吸纳本地区和本国的客户，也可直接吸纳国外客户，为其提供服务。另外，由于网络资源的全球共享性，可以使银行和客户之间相互了解对方的信用及资产状况，从而大大减少了信用风险和道德风险，实现了信息的有效共享。

二、网上银行的产生与发展

（一）网上银行的产生

1. 现代信息技术、网络技术的产生与发展是网上银行产生的重要基础

网上银行是现代信息技术和银行业相结合的产物。20世纪末，信息时代的到来，极大地改变了传统的生产方式和产业结构，给人们的生活方式和经济生活带来了新的生机和活力，使计算机得到迅速普及，通信手段日益先进，最重要的影响是使互联网得以迅猛发展。银行业敏锐地察觉到，迅速发展的互联网用户群意味着潜在的巨大商机，所以银行积极拓展网上业务，充分利用科技的成果，最大限度地满足客户的需要，为客户提供方便、快捷、安全的金融服务并占领市场。

1995年10月，全球第一家网上银行——安全第一网络银行（Security First Network Bank，简称SFNB）在美国诞生。它是世界上第一家被联邦政府首肯，安全通过互联网运行的无人银行，由美国Office of Thrift Supervision（OTS）批准成立，从而成为世人瞩目的焦点。该银行没有总部大楼，没有营业部，所有交易都是通过网络进行的。

随着以互联网为核心的现代计算机网络技术在银行业的应用与推广，使得银行服务效率和功能大大提高，金融全球化和综合化的发展趋势也进一步增强。从此，银行业开始进入了一个新的历史发展阶段——网上银行发展阶段。

2. 网上银行是电子商务发展的需要

电子商务是随着互联网发展而出现的新交易模式，是当代信息技术和网络技术在商务领域的体现。电子商务的发展要求商家和消费者的开户银行提供资金支付支持，有效实现支付手段的电子化和网络化。同时，电子商务的发展也给银行带来了机遇，在突破银行传统业务模式的基础上，拓展新方向、发展新空间。为适应银行经营方式的网络化、科技化发展，网上银行和电子商务应互相结合、相互促进、共同发展，形成网上购物、网上支付流水式服务模式。

（二）网上银行的发展

关于网上银行的发展阶段，不同国家和地区有不同的划分标准和划分方式。通常情况下，网上银行会被划分为以下3个阶段。

1. 计算机辅助银行管理阶段

这个阶段存在于 20 世纪 50 年代至 20 世纪 80 年代中后期。20 世纪 50 年代末，计算机逐渐在美国和日本等发达国家的银行业务中得到应用。早期的金融电子化基本技术是简单的计算机银行数据处理和事务处理，主要用于分支机构及各营业网点的记账和计算，解决手工记账速度慢、财务处理能力差和人力负担重等问题。当时商业银行的主要电子化设备包括：用于管理存款、计算本息的一般计算机，用于财务统计和财务运算的卡片式编目分类打孔机，由计算机控制的货币包装、清点机，鉴别假钞、劣钞的鉴别机，电脑打印机，等等。另外，银行也逐渐开始利用计算机来分析金融市场的变化趋势，以供决策使用。

20 世纪 60 年代初，金融电子化开始演变，从脱机处理发展为联机系统，在银行存、贷、汇业务之间实现电子化联机管理，并且建立较为快速的通信系统，以满足银行之间汇兑业务发展的需要。20 世纪 60 年代末，电子资金转账（Electronic Funds Transfer，简称 EFT）技术兴起及应用，为网上银行的发展奠定了技术基础。电子资金转账系统是指使用主计算机、终端机、磁带、电话和电信网络等电子通信设备及技术手段进行快速、高效的资金传递方式，可以快速、有效地处理支付信息，降低处理成本及票据纸张费用等交易成本，有效地降低支付时间的不确定性，保证款项及时到账。它改变了传统的手工处理票据模式，提高了现金管理质量和支付效率。

20 世纪 70 年代，北欧国家兴起了电话银行，20 世纪 80 年代中后期发展迅速。电话银行主要依靠语音识别、记录系统提供金融服务，但客户的语音和听力无法得到统一和规范，所以在进行重大金融服务交易时存在重大差错、误解或矛盾的隐患。为了避免金融交易时出现差错，电话银行采用了传真复核确认制度，这样不但增加了交易成本，而且大大降低了电话银行的经营效率，所以电话银行的这些缺陷影响了它的发展范围和速度。

2. 银行电子化或金融信息化阶段

这个阶段存在于 20 世纪 80 年代中后期至 20 世纪 90 年代中后期。随着计算机普及程度的提高，商业银行逐渐将发展的重点从电话银行调整为 PC 银行，即以个人计算机（PC）为基础的电子银行业务。20 世纪 80 年代中后期，在世界各国的国内不同银行之间的网络化金融服务系统基础上，逐渐形成了不同国家、不同银行之间的电子信息网，构成了全球金融通信网。在此基础上，出现了各种新型的电子网络服务，如在线银行服务（PC 银行）、销售终端系统（POS）、自动柜员机系统（ATM）、家庭银行系统（HB）和公司银行系统（FB）等。银行电子化使传统银行提供的金融服务变成了全天候、全方位和开放性的金融服务，电子货币也成了电子化银行所依赖的货币形式。

20 世纪 80 年代中期，欧美的一些银行开始向客户提供通过计算机进入自己账户的网上银行——家庭银行服务（Home Finance）。家庭银行是银行电子化的重要内容，可为家庭提供财务管理和一系列金融配套服务，如随时查阅对账单、随时查阅收费和信用卡结账单、付款、转账、下载账户交易数据、管理账单等。

随着电子化的发展，电子货币转账逐渐成为银行服务中的主要业务形式。电子货币以现金卡、信用卡和电子支票等形式为媒介，以机构或服务网点内的终端机（如 POS 或 ATM）及计算机网络为物质条件，在银行网络间以电子数据的形式传递货币，从而形成电子货币流通系统。

3. 网上银行阶段

这个阶段开始于 20 世纪 90 年代中期。20 世纪 90 年代中期，互联网和其他数据网爆炸性增长，互联网技术显示出了巨大的发展潜力，从而引发了一场全球性的商务革命和经营革命。电子商务在这一时期得到迅猛发展，涉及面非常广泛，涵盖企业、商户、金融、政府有关部门和网络服务商等，由于电子交易必须要经过资金的支付与结算才能完成，所以银行作为资金流负载者必须参与其中。网上银行摆脱了传统银行业务模式的束缚，建立了新型的金融服务体系，并借助互联网的力量，同现有的计算机与通信技术、信息技术结合起来，使银行能将互联网、核心业务（支付服务和信息服务）处理和客户信息数据库连接在一起，从而形成一种崭新的业务模式。

网上银行提供的各种金融服务不会受到终端设备软件的限制，因为虽然网上银行、计算机辅助银行管理和银行电子化都是在电脑及其通信系统上进行操作的，但网上银行的软件系统并不在终端上运行，而是在银行服务器上运行，所以网上银行比电话银行、自助银行和无人银行等具有更强的服务适应性和开发性。

银行服务的整体实力将集中体现在前台业务受理和后台数据处理的一体化综合服务能力及整合技能上。因此，从 20 世纪 90 年代中期开始，国际商业银行纷纷将进入互联网提供网络金融服务品种作为银行市场研究与投资的重点项目。

网上银行是网络时代的产物，具有传统银行不可比拟的竞争优势，它只需借助互联网就可以将金融业务和目标市场拓展到全球。网上银行在提供标准化服务的基础上，逐渐建立起以客户为中心的经营管理模式，以智能化财务管理手段为依托，深入分析市场与客户的需求，从而建立个性化服务模式，使银行向着高综合化、国际化和高科技化的集约经营模式转变。由此可见，网上银行必将成为银行业发展的主要趋势，也必将在市场实践中愈加成熟和完善。

三、网上银行与传统银行

（一）网上银行与传统银行的区别

1. 在场所方面

传统银行需建立或租赁办公场所，配备齐全的设备及营业柜台；而网上银行只需设计精美的用户界面，利用客户的个人电脑就可以为客户提供金融服务。

2. 在货币方面

网上银行在货币的使用形式上发生了本质的变化。传统的货币形式以现金和支票为主，而网上银行的流通货币将以电子货币为主。电子货币作为一种虚拟化货币，不仅能够令商业银行节约使用现金的业务成本，还可以减少资金的滞留和沉淀，加速社会资金的周转，提高资本运营的效益。

3. 在销售渠道方面

网上银行是计算机网络化的金融服务机构。在连接互联网的前提下，银行客户可在有计算机的任何环境下进行业务办理，如汇款、转账、付款、贷款、清算、外汇、证券买卖、购买保险等。与传统银行相比，这种营销渠道最大的好处是客户处理金融服务时不会受到太多时间和地域的制约。

4. 在业务范围方面

银行客户主要需要办理 5 类金融服务产品，包括交易、信贷、投资、保险和财务计划。传统银行通常只能同时满足其中的 1～2 项服务，而网上银行则可以同时提供这 5 类服务。此外，网上银行还提供了一些全新的业务，如公共信息服务（包括利率、汇率信息，经济、金融新闻等）、理财服务和综合经营服务等。所以网上银行并不是单纯的传统银行业务网络化，而是传统银行业务在网络上的延伸和发展。

5. 在服务方式方面

传统银行的服务方式需要客户到营业场所，通过面对面人工服务获得所需的银行服务，这种服务的优点是容易了解客户的综合情况，在现金的收取与支付方面不需要花费额外的精力。网上银行主要采用数字化、开放的服务方式，客户只需通过网络，利用计算机即可享受银行服务。这种服务方式在财务查询、转账、代理、数据分析等方面具有传统银行无法超越的优势，但同时也有弊端，如在现金收付方面，可能还需传统金融机构的协助才能完成。

6. 在运行模式方面

传统银行的运行模式是具有物理实体性的柜台交易模式，而网上银行则从物理网络转向虚拟数字网络，在联网的前提下，客户通过登录网上银行网站来获得金融服务。由于网上银行提供虚拟化的金融服务，银行和客户需进行相互的身份确认，不像传统银行柜台操作那样通过客户签字来完成，所以这就要求网上银行的金融交易一定要提供技术手段（如加密、认证、数字签名等），并确保交易信息具有机密性和完整性。

7. 在银行收益方面

网上银行使商业银行获得经济效益的方式发生了根本性的改变。传统银行通过广泛投入、设置营业网点，从而追求规模经济效益，而网上银行主要通过对技术的重复使用或对技术的不断创新带来高效益。另外，网上银行降低了银行的经营成本和管理成本。

（二）网上银行相比于传统银行的优势

1. 成本更低

相对于传统银行，首先网上银行的创建费用较低，无须铺设物理的营业网点，也不需要豪华的装修；其次管理运行成本低，网上银行可以节省场地租金、室内装修、照明及水电费用，办公用品、设备维修及维护费用，以及业务人员工资支出费用；再次网上银行的业务实行实时自动化处理，大大降低了单笔业务营运费用。

2. 无时空限制

网上银行大大突破了传统银行的地域和时间限制，只要网络能够到达的地方，都可以成为网上银行的市场范围。它能在任何时间、任何地方、以任何方式提供账务管理、查询转账、网上支付、缴交各类费用等综合服务。

3. 产品个性化、多样化

利用网上银行，客户除了可以办理银行业务外，还可以办理个性化的金融产品与服务，如买卖股票债券等，在一定程度上提高了服务的效率。

网上银行还能够融合银行、证券、保险等分业经营的金融市场，拓宽商业银行的业务创新空间，使银行向全功能方向发展，在网上银行完成诸如存贷款、支付结算、证券买卖、贸易融资、房屋按揭、信托保险、个人理财、基金买卖等金融业务，以真正向客户提供更多"量体裁衣"式的金融服务。

4. 服务更规范、更标准

网上银行提供了各项网上银行业务处理流程，不会因人而异，比营业网点的服务更标准、更规范，避免了因工作人员的业务素质高低及情绪好坏所带来的服务满意度的差异。客户可以根据自身的金融需求，自行从网上银行提供的多种金融产品中进行挑选和组合。同时，也可以从网上银行提供的众多产品组合方案中进行选择，从而形成了对客户的差异性服务，提高了客户使用网上银行的频率和综合贡献度。

5. 私密性更强

网上银行通过私码与公码两套加密系统对客户进行隐私保护，具有很强的私密性。客户足不出户就可办理除现金业务以外的绝大部分银行业务，避免了到传统银行柜面办理业务时存在的与柜员交流、密码输入、排队等候等环节中个人隐私被泄露的可能性。同时，各家银行对网上银行的安全性非常重视，自觉加强网络自身安全，采用信息加密传输，构建安全防火墙等技术手段保护客户个人的隐私。

（三）网上银行对传统银行的影响

1. 网上银行改变了传统银行的经营理念

网上银行的出现改变了银行的经营环境，改变了人们对银行经营方式的理解，这对传统银行的经营方式、业务内容产生了重大的影响。网上银行提供多样化、跨区域的服务，突破了传统银行时空的限制，摒弃银行注重地理位置、资产数量、分行和营业数量的观念，改变了银行与客户的联系方式，从而削弱了传统银行分支机构网点的重要性，取而代之的是网上银行业务开展的信息设备。网上银行使商业银行的金融服务宗旨和经营理念实现从"以物（资金）为中心"向"以人为中心"的转化。

2. 网上银行改变了传统银行的营销方式和经营策略

利用网络技术，网上银行在虚拟的环境下与客户进行沟通，使传统银行的营销从以产品为导向转变为以客户为导向，以快速、高效的服务赢得客户，变被动为主动。网上银行注重"以人为中心"的全方位服务，积极与客户联系，获取客户信息，根据不同客户的特点，提供更加人性化的服务。

3. 网上银行服务的开展促使银行更加重视信息的作用

在信息社会中，银行信用评估的标准正在发生变化，信息将可能取代资金而成为金融业最重要的资源，网上银行以获取信息能力、拥有信息量、分析处理信息及为客户提供及时的金融服务的能力衡量优劣。在当今网络业务飞速发展的时代，由于网络资源的全球化，银行与客户之间能更全面了解对方的信用情况，从而降低了信用风险。另外，网上银行也可以综合客户的信息，分析客户的消费习惯、投资偏好，打破传统银行部门与部门之间的界限，为客户提供个性化服务。

4. 网上银行加快了金融产品的创新

网上银行的业务范围正在迅速扩张，金融产品服务也正朝着多样化的方向发展，而网上金融产品易诞生易消亡的特点对银行的金融产品创新提出了更高的要求。在网络时代，新的金融衍生工具创造的速度快，同时淘汰和消失的速度也快。银行创新金融产品可利用技术创新进行跳跃式发展，突破传统银行金融产品阶段性的发展模式，这对银行自身的创新能力也提出了更高的要求。所以，如果银行没有具备创新的实力，面对不断膨胀和变化着的客户的需求，就有可能处于被淘汰的不利地位。因此，促进银行业不断发展的重要手段是金融产品的创新。

5. 网上银行正改变传统银行的竞争格局

由于网络资源的全球共享性，网上银行提供全球化服务，促使银行业的竞争不再是传统的同行竞争、国内竞争、服务质量和价格竞争，而是金融业与非金融业、国内与国外、网上银行与传统银行等多元化竞争。另外，由于网上银行的资金、资本数量、地理区域、分行数量等不再是衡量银行价值的唯一标准，银行的经营由粗放型转向集约型，所以银行金融产品创新的程度、处理信息的能力及为客户提供优质服务的能力才是未来银行竞争的焦点。

6. 网上银行将给传统的金融监管带来挑战

由于网络的开放性，网上银行在促进银行业向开放化、标准化的方向发展的同时，也给金融监管带来新的课题，例如如何监管网上银行的业务活动、如何控制电子货币的发行量等。在网络时代，各个国家之间需要进一步加强金融沟通与合作，共同承担起维护金融秩序的职责。

四、网上银行的类型与功能

（一）网上银行的类型

按照不同的标准，网上银行可分为不同的类型，具体见表 3-1。

表 3-1　网上银行分类

分类标准	分　类
按服务对象划分	个人网上银行与企业网上银行
按组织架构划分	纯网上银行与分支型网上银行
按业务角度划分	信息型、交互型与支付型网上银行

1. 个人网上银行与企业网上银行

（1）个人网上银行

个人网上银行是指银行通过互联网，为个人客户提供账户查询、转账汇款、投资理财、在线支付等金融服务的网上银行服务。它主要适用于个人与家庭的日常消费支付与转账，使客户足不出户就能够安全、便捷地管理活期和定期存款、支票、信用卡及个人投资等。

个人网上银行客户分为注册客户和非注册客户两大类。注册客户按照注册方式分为柜面注册客户和自助注册客户，按是否申令证书分为证书客户和无证书客户。

个人网上银行服务的出现，标志着银行的业务已经直接延伸到个人客户的家庭计算机桌面上，使用方便。如图 3-1 所示为中国银行个人网上银行的登录页面。

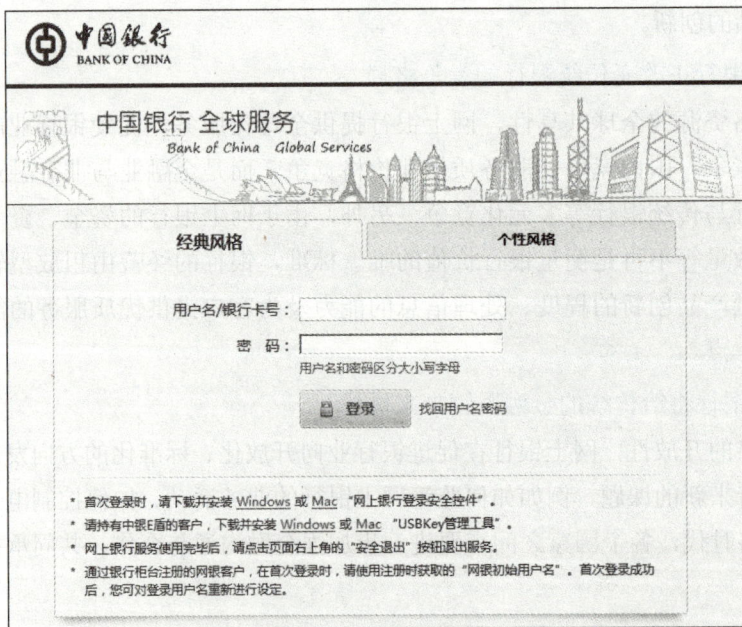

图 3-1　中国银行个人网上银行登录页面

（2）企业网上银行

企业网上银行是指通过互联网或专线网络，为企业提供账户查询、转账结算、在线支付等金融服务的渠道，根据功能、介质和服务对象的不同，可分为普及版、标准版和中小企业版。

企业网上银行的业务功能分为基本功能和特定功能。基本功能包括账户管理、网上汇款、在线支付等；特定功能包括贵宾室、网上支付、结算代理、网上收款、网上信用证、网上票据和账户高级管理等。

企业网上银行主要针对企业与政府部门等企事业组织客户。企事业组织可以通过企业网上银行服务实现了解企业财务运作情况，及时在组织内部调配资金，轻松处理大批量的网上支付和工资发放业务，并处理信用证相关业务。如图 3-2 所示为中国银行企业网上银行的登录页面。

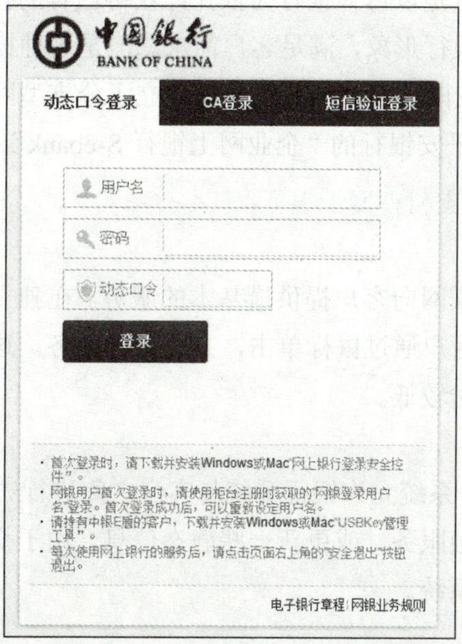

图 3-2　中国银行企业网上银行登录页面

2. 纯网上银行与分支型网上银行

（1）纯网上银行

纯网上银行又称虚拟银行，起源于美国 1985 年开业的安全第一网络银行（Security First Nerwork Bank，简称 SFNB）。这类银行除了后台处理中心外，一般只设一个办公地址，既无分支机构，又无营业网点，几乎所有业务都在网上进行。纯网上银行一般又分为两种：一是直接建立的独立的网上银行；二是以原银行为依托，成立新的独立的银行来经营网上银行业务。

纯网上银行的优势在于可以树立自己的品牌，以极低廉的交易费用实时处理各种交易，提供一系列的投资、抵押和保险等综合服务，还可以提供更优惠的存贷款利率。与传统银行相比，纯网上银行存在一些缺陷，如无法收付现金，加重了对第三方发展的依赖性；缺乏潜在客户基础，需要培养新客户，增加他们的信任度和忠诚度。

（2）分支型网上银行

分支型网上银行是指现有的传统银行利用互联网作为新的服务手段，建立银行站点，设立新的网上服务窗口，为提供在线服务而设立的网上银行。它类似于银行的其他物理分支机构或柜台，因而又被称为"网上分行""网上柜台"或"网上分理处"。

分支型网上银行在单独开展业务的同时，又为其他非网上分支机构提供辅助服务。它与纯网上银行相比，不同的地方在于，分支型网上银行是通过互联网，将传统银行的业务延伸到网络上，从而辅助银行提供金融业务，是原有业务与网络信息技术的结合体，是实体银行的一个特殊分支机构或营业点，不是银行的完全电子化和网络化。

分支型网上银行的优点是以母体银行为依托，获得已有的技术、资金和客户资源，能有效地帮助母体银行改善银行形象，满足客户需求。但是这种模式会受到母体银行原有体制、技术的束缚。目前，我国大多数商业银行已设立了分支型网上银行，如工商银行的个人网上银行"金融@家"、平安银行的"企业网上银行 S-ebank"、建设银行的"e 路通"等。

3. 信息型、交互型与支付型网上银行

（1）信息型网上银行

此类银行主要通过互联网向客户提供最基本的服务。在独立的服务器上建立带有银行资料和业务情况的网页，用户通过鼠标单击，办理各种业务。这类服务器与银行内部网之间是断开的，所以风险相对较低。

（2）交互型网上银行

此类银行的特点在于，系统允许银行系统与客户之间进行一些互动行为，如电子邮件、账户查询、贷款申请等金融服务，或更新一些静态信息。由于交互型系统与银行系统相连接，所以风险高于信息型系统。

（3）支付型网上银行

此类银行的特点是允许客户办理交易，包括个人业务和公司业务，是客户办理账户资金转账的一种在线支付系统，是网上银行业务的主体。

（二）网上银行的基本功能

随着网络技术及电子商务的不断发展创新，网上银行提供的服务种类不断增多，服务深度也在不断地提升。从总体上讲，网上银行所提供的服务一般包括两类：一类是在网上实现传统商业银行的业务，这类业务基本上在网上银行建设的初期就占据了主导地位，传统商业银行把网上银行作为自身业务品种的一个新兴的营销渠道；另一类是依托互联网技术的优势设计的创新业务品种，这类业务具有网络的互动特性，在组织机构和业务管理模式方面从根本上打破了传统商业银行的束缚，逐渐形成以客户为中心，以科技为基础的具

有人性化特征的个性服务特色，成为了真正意义上的网上银行。

从业务品种细分的角度来讲，网上银行一般包括以下几个方面的功能。

1. 展示功能与发布信息

网上银行通过互联网在主页上发布一些公共信息，包括银行的基本信息、机构设置、网点分布、业务品种、利率和外汇牌价、金融法规、经营状况、储蓄利率、证券行情、股市行情、招聘信息及国内外金融新闻等。通过公共信息的发布，网上银行向客户提供了有价值的金融信息，同时起到了广告宣传的作用。通过公共信息的发布，网上银行可以向客户提供有价值的金融服务或产品信息，使客户方便地认识银行、了解银行的业务及运行规则，为客户进一步办理各项业务提供了方便。

2. 受理客户咨询与投诉业务

网上银行一般采用电子邮件、电子布告栏等方式向客户提供业务咨询及投诉服务，并在提供公共信息的基础上建立网上银行的市场动态分析反馈系统。反馈系统既可以提高客户对银行的满意度，又能及时掌握客户的关注焦点。它通过收集、整理、归纳、分析客户的各式各样的问题和意见及客户结构，明确市场的需求走向，从而为决策层的判断提供依据，便于决策层及时调整或设计新的经营方式和业务产品，达到进一步扩大市场份额，获取更大收益的目的。

3. 账务查询与管理

网上银行可以充分利用互联网一对一服务的特点，向企事业单位和个人客户提供账户状态、账户余额、交易明细等业务的查询功能。同时，对于企业客户，网上银行可以为其提供所属单位的跨地区多账户的账务查询功能。该功能的特点主要是客户通过查询来获得其银行账户的信息，或与银行业务有直接关系的金融信息，但不涉及客户的资金交易和账务变动。

4. 申请和挂失

申请和挂失功能主要包括存款账户、信用卡的开户，电子现金，空白支票申领，企业财务报表申报，国际收支申报的报送，各种贷款、信用证的申请，预约服务的申请，账户挂失，预约服务撤销等。客户可以通过网上银行清楚地了解有关业务的章程条款，并在线直接填写、提交各种银行表格。该功能的优点是简化了业务流程和繁琐的手续，方便了客户。

5. 网上支付功能

网上支付功能主要向客户提供互联网上的资金实时结算功能。它是保证电子商务正常开展的关键性的基础功能，也是网上银行的一个标志性功能。如果没有网上支付功能，网上银行只能算作一个金融信息网站，或称为上网银行。网上支付功能主要体现在以下两个方面：

（1）转账与汇款。根据自身需要，在网上银行办理网上转账、网上汇款等资金实时划转业务，该业务为网上各项交易的实现提供了支付平台。此外，网上银行也允许客户在自己名下的各个账户之间进行资金划转，如定期转活期，活期转定期，汇兑、外汇买卖等不同币种、不同期限资金之间的转换。客户利用该服务可以在网上银行对所有资金进行灵活运用或管理账户。

（2）网上支付与购物业务。客户可以办理转账结算、缴纳公共收费（煤、水、电、房、电话、收视费等）、发放工资、银证转账、证券资金清算等电子支付业务。此外，通过网上支付，还可以完成商户对顾客（B2C）和顾客对顾客（C2C）电子商务模式下的购物、订票、证券买卖等零售交易，以及商户对商户（B2B）电子商务模式下的网上采购、批发等交易。这类服务真正地实现了不同客户之间的资金收付划转功能。

6. 金融创新

基于互联网信息技术传递的全面性、迅速性和互动性，网上银行可以针对不同客户的需求开展更多智能化、个性化的服务，提供传统商业银行在当前业务模式下难以实现的功能。例如，企业集团客户通过网上银行可以查询各子公司的账户余额和交易信息，并在签订多边协议的基础上实现集团内部的资金调度与划拨，提高集团整体的资金使用效益，为客户改善内部经营管理、财务管理提供有力的支持。

任务实施

1. 登录个人网上银行演示版页面

步骤 1▶ 启动 IE 浏览器，输入网址"http://www.icbc.com.cn"，打开中国工商银行网站，如图 3-3 所示。

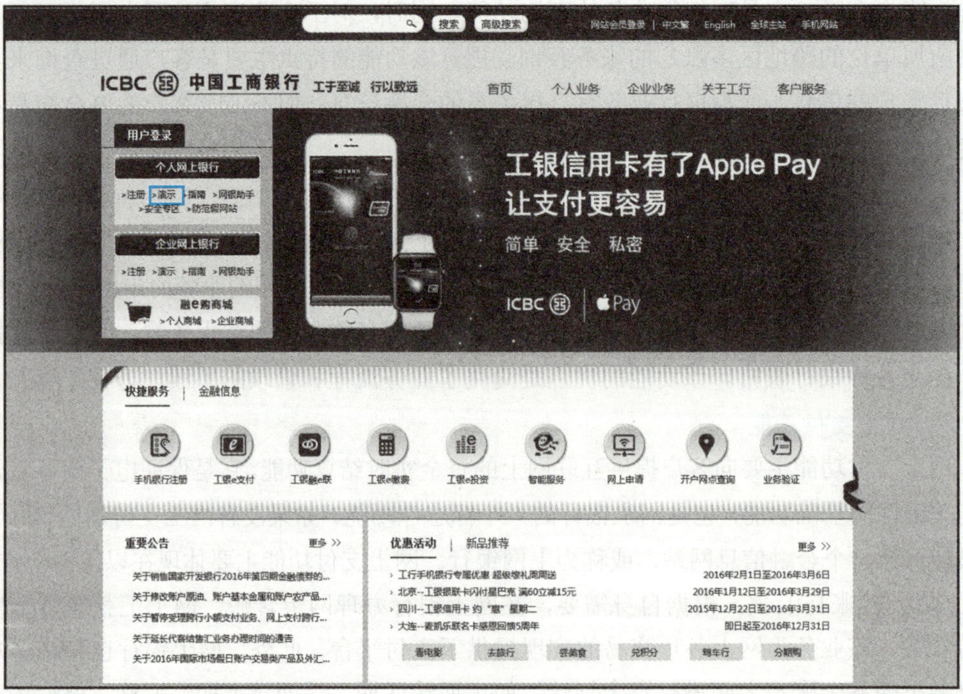

图 3-3　中国工商银行网站主页

步骤 2▶ 单击页面左上方 个人网上银行 按钮下方的"演示"按钮，进入到中国工商银行演示中心页面，在其中单击与"网银登录"功能对应的"模拟操作"按钮，如图 3-4 所示，即可登录中国工商银行个人网上银行演示版页面。

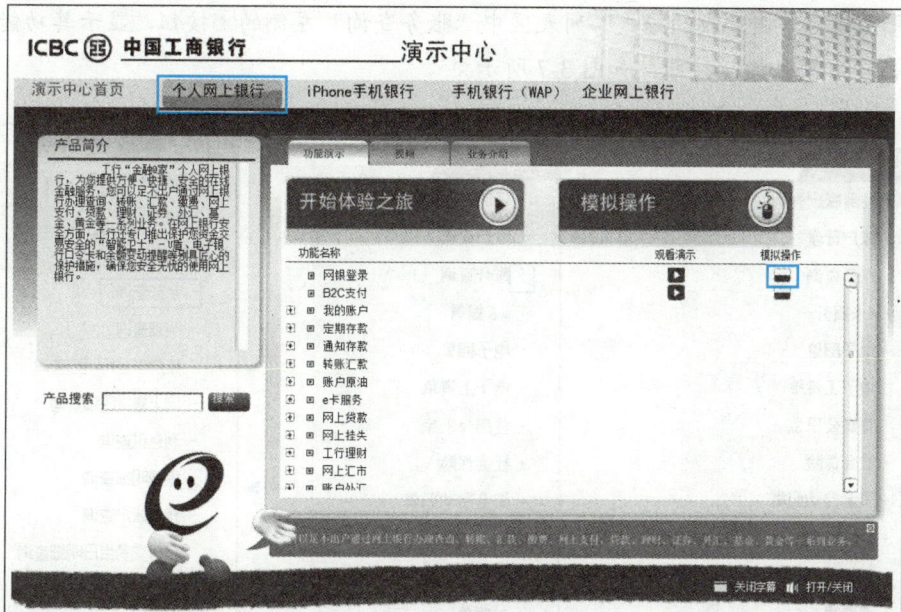

图 3-4 中国工商银行演示中心页面

步骤 3▶ 在演示版页面中，保持各项参数不变，单击"登录"按钮，如图 3-5 所示，即可进入到中国工商银行个人网上银行的操作页面。

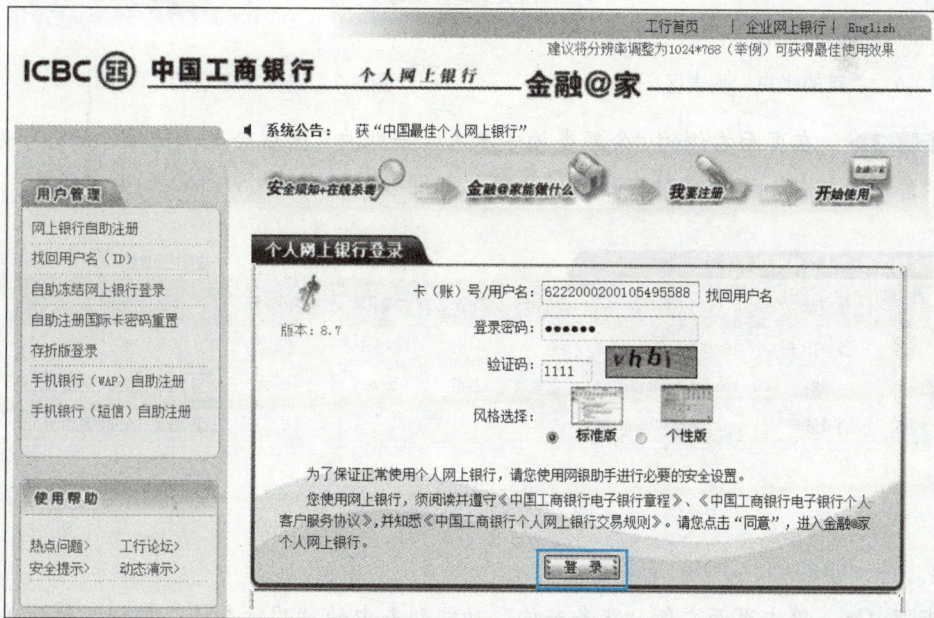

图 3-5 个人网上银行演示版页面

2. 查询余额

步骤 1▶ 在操作页面左侧的"我的账户"列表区中，可查看网上银行的各项功能，如图 3-6 所示。

步骤 2▶ 单击"我的账户"列表区中"账务查询"左侧的 ⊞ 按钮，显示其功能菜单，然后单击"余额查询"按钮，如图 3-7 所示。

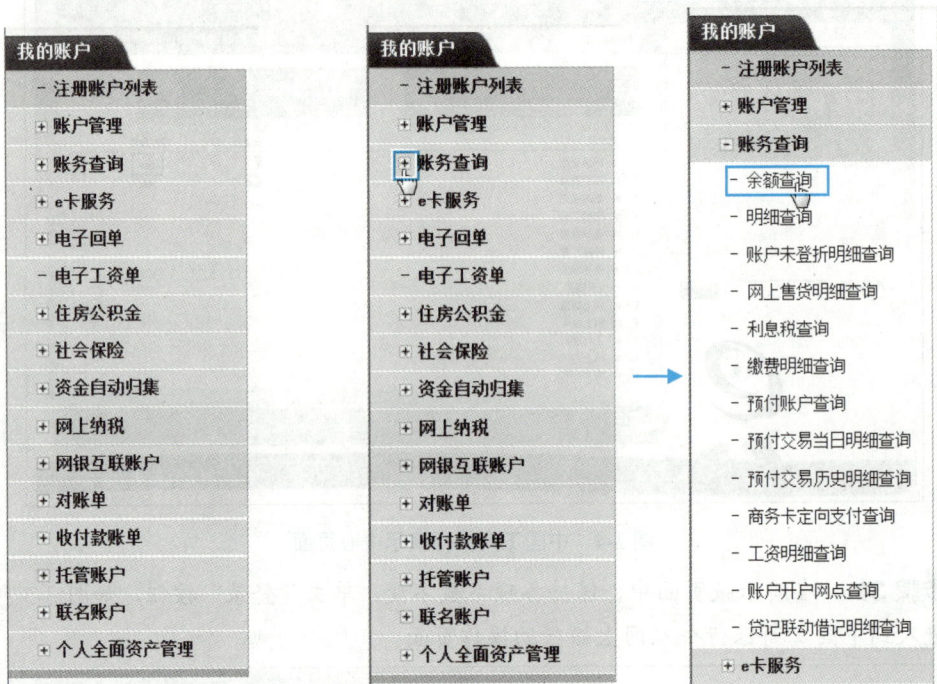

图 3-6 "我的账户"列表区　　　　　图 3-7 选择业务功能

步骤 3▶ 在页面右侧的"余额查询—本人注册账户"区域会显示待操作的各个账户，单击"余额"按钮，可查看对应账户的余额，如图 3-8 所示。

开户地区	卡（账户）类型	卡（账）号	状态	币种	当前余额	可用余额	操作
北京	e时代卡	6222020200008695588					
	活期	0200010001031295588	有效	人民币	10.00	10.00	余额 明细 注册账户转账 存定期
北京	灵通卡	6222000200105495588					余额 明细 注册账户转账 存定期

图 3-8 查看账户的余额

3. 查询明细

步骤 1▶ 单击页面左侧"账务查询"功能列表中的"明细查询"按钮，然后单击页面右侧"明细查询"区域中的"查询"按钮，如图 3-9 所示。

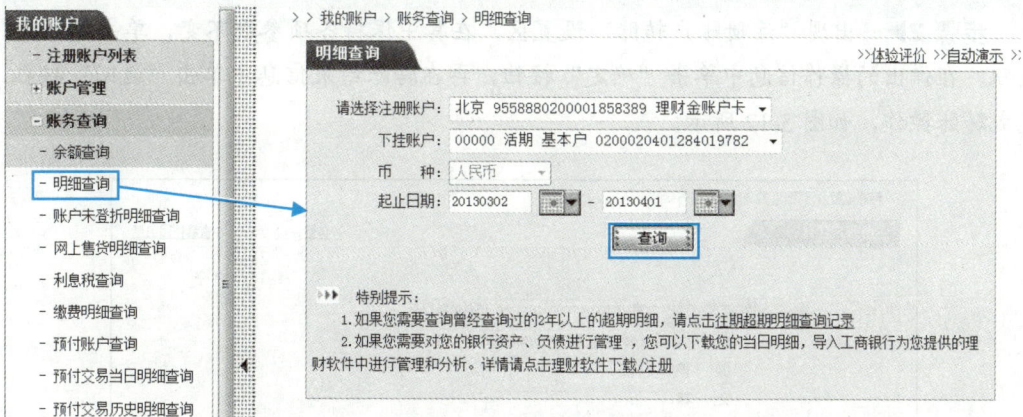

图 3-9　执行明细查询

步骤 2　在页面右侧的下方区域会显示查询账户的交易明细，如图 3-10 所示。

图 3-10　明细查询结果

4. 账户转账

步骤 1　单击页面上方的"转账汇款"按钮，在页面右侧显示转账汇款栏目信息，单击与"注册账户转账"相对应的"操作"栏下的"转账"按钮，如图 3-11 所示。

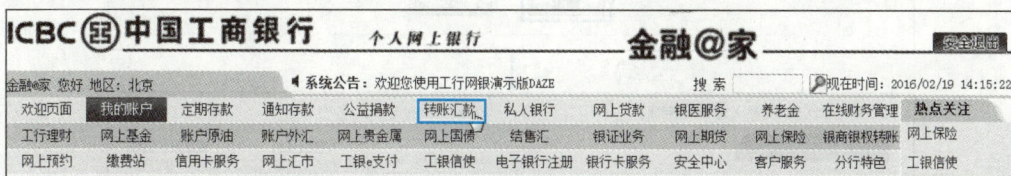

图 3-11　转账汇款栏目页面

步骤 2▶　出现"注册账户转账"设置区，在其中保持各项参数不变，单击"提交"按钮，在弹出的操作信息中单击"确定"按钮，再在转账结果信息中单击"返回"按钮，完成转账操作，如图 3-12 所示。

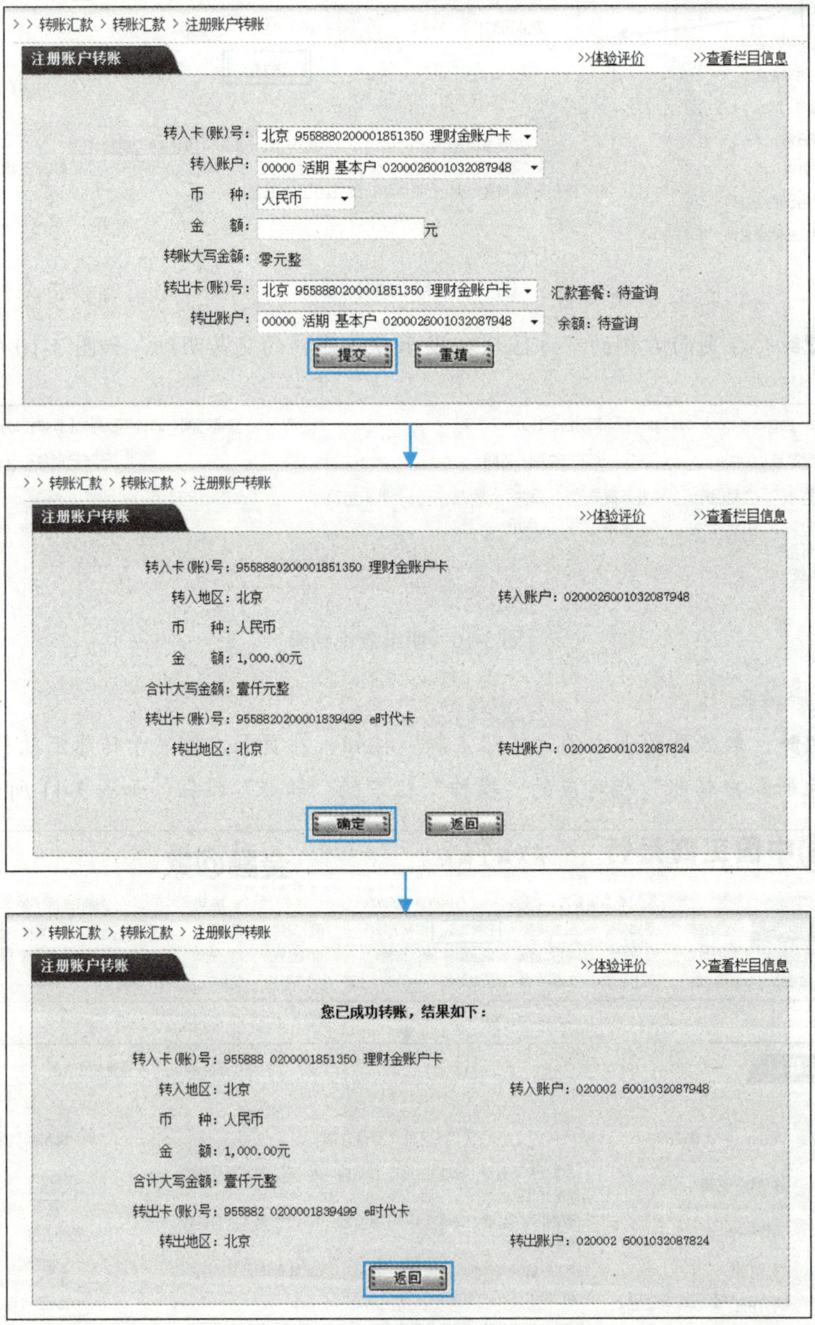

图 3-12　转账操作

任务二　查看中国邮政储蓄网上银行的金融服务

任务描述

网上银行为通过互联网获得各种产品与服务的客户提供电子结算手段。随着市场对网上银行需求的不断扩大，网上银行提供的金融服务也在不断创新和丰富。

越来越多的银行想通过网上银行业务获取更多的客户，占领电子商务的新领域。但受网络技术变革、金融监管自由化和不确定的法律、法规环境等多种因素的综合影响，网上银行在传统银行业所承受的一般风险的基础上带来了新的风险，给银行业的监管和风险防范提出了更大的挑战。

本任务将以查看中国邮政储蓄网上银行的金融服务为例，带领大家熟悉网上银行的主要业务。

相关知识

一、网上银行的业务

（一）个人业务

个人业务是指银行为个人客户提供的网上银行金融服务，主要包括账户查询、转账汇款、缴费支付、信用卡、个人贷款、投资理财等。以中国银行为例，其网上银行的个人业务见表3-2。

表3-2　中国银行网上银行个人业务统计

业务功能	功能子项
信息查询	余额查询、明细查询、电子现金账户
转账汇款	行内转账汇款、国内跨行汇款、跨境汇款、定向汇款、收款人管理、转账记录、预约管理、密码汇款
存款管理	定期存款、通知存款
贷款管理	个人贷款查询、逾期信息查询、剩余还款计划查询、提前还款测算
公共服务缴费	自助缴费、预付卡充值
信用卡管理	信用卡查询、信用卡还款、信用卡分期付款、信用卡附属卡管理、信用卡功能设定
电子支付	电子支付、理财直付、协议支付、银联跨行无卡支付
个人设定	个人资料管理、密码修改、交易限额设置、安全工具设置

业务功能	功能子项
中银理财	中银理财计划Ⅰ、中银理财计划Ⅱ、网上专属理财
基金	基金账户、买入、定期定额申购、定期定额赎回、卖出、交易状况
证券期货	B股银证转账、第三方存管、银期转账
保险	持有保险查询

（二）企业业务

企业业务是指银行为企业提供的网上银行金融服务，主要包括账户管理、付款业务、收款业务、投资理财、贷款业务、客户服务等。仍以中国银行为例，其网上银行的企业业务见表 3-3。

表 3-3　中国银行网上银行企业业务统计

业务功能	功能子项
账户查询	账户实时余额、当日交易、历史余额、历史交易、网银汇入汇款
汇划即时通	批量委托、授权模式定制、全程跟踪转账交易状态、到账时间查询、实时 Email 付款通知、预约付款、定向支付、交易数据下载；客户留言互动、个性化页面定制、定期提醒密码更新
报关即时通	税费通知查询、指定缴款单位、分级授权审批、异地支付、银行代取税费单、银行代核单、退款自动返息、相关法规查询
定向账户支付	授权模式定制、操作权限严格控制、全程跟踪转账交易状态、到账时间查询、实时 Email 付款通知、预约付款、交易数据下载、客户留言互动、定期提醒密码更新、个性化页面定制
期货 e 支付	汇划即时通、对公账户查询
境外账户管理	境外账户资金汇划、批量委托、授权模式定制、预约付款、客户留言互动、个性化页面定制
代发工资/代理报销	批量委托、授权模式定制、预约支付
集团理财	账户信息查询、账户信息汇总、归集下属公司资金、统一对外支付款项、定制自动归集时间和金额、定时自动补足下属公司备款、限定资金体内流动、集团内外付款分权限控制
银企对接	付款结果查询、到账时间查询、电子化的业务对账、收款人管理

（三）业务申请流程

1. 个人业务申请流程

以中国工商银行为例，其网上银行的个人业务申请流程如图 3-13 所示。

客户提供本人有效身份证件和所需注册的工行本地银行卡或存折，提交申请资料

↓

网点审核客户资料

↓

客户确认签字，然后开通

↓

安装安全控件和证书驱动

↓

正常使用个人银行

图 3-13　中国工商银行网上银行的个人业务申请流程

2．企业业务申请流程

以中国工商银行为例，其网上银行的企业业务申请流程如图 3-14 所示。

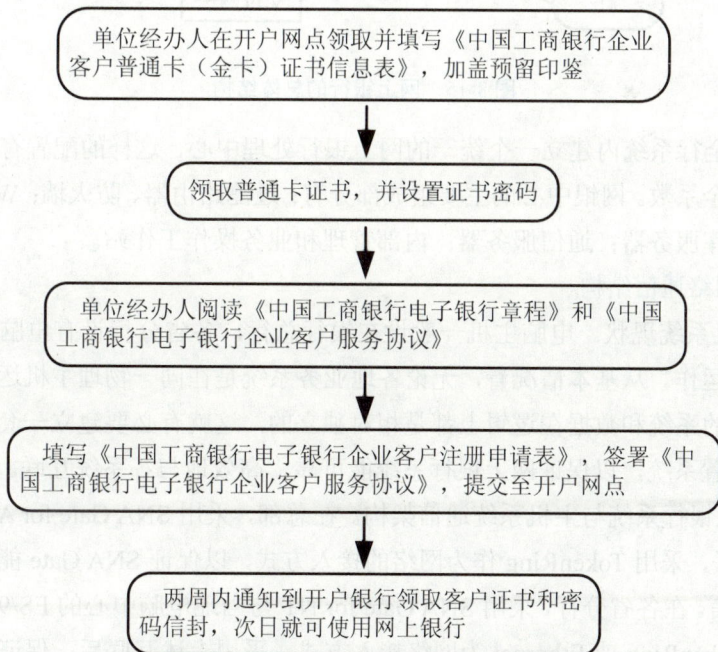

单位经办人在开户网点领取并填写《中国工商银行企业客户普通卡（金卡）证书信息表》，加盖预留印鉴

↓

领取普通卡证书，并设置证书密码

↓

单位经办人阅读《中国工商银行电子银行章程》和《中国工商银行电子银行企业客户服务协议》

↓

填写《中国工商银行电子银行企业客户注册申请表》，签署《中国工商银行电子银行企业客户服务协议》，提交至开户网点

↓

两周内通知到开户银行领取客户证书和密码信封，次日就可使用网上银行

图 3-14　中国工商银行网上银行的企业业务申请流程

二、网上银行的建设架构

网上银行的建设架构是指根据银行的业务需求和其现有的 IT 系统，为基于 CFCA 证书安全体系的网上银行而建设的架构。

（一）系统总体架构

1. 系统总体结构

网上银行系统采取客户、网银中心、业务系统 3 层体系结构，提供信息服务、客户服务、账务查询和支付转账功能，其中信息服务和客户服务由总行指定部门在全行范围规划、运作和管理，网银中心具体实现账务查询和实时交易功能，总行、分行实现业务主机系统与网银中心的实时连接。网上银行的总体结构如图 3-15 所示。

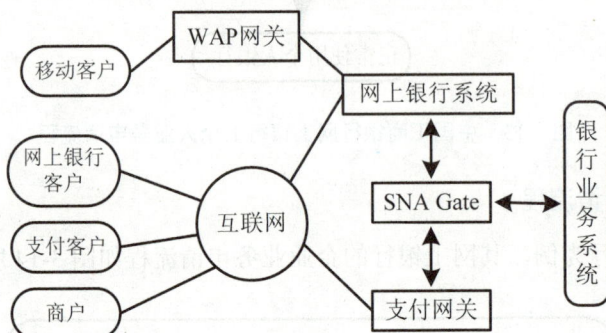

图 3-15　网上银行的总体结构

首先，在全行系统内建立一个统一的网上银行处理中心，这样的配置有利于提高管理效率和系统安全系数。网银中心的主要组成部分有：过滤路由器、防火墙；Web/Application 服务器；数据库服务器；通信服务器；内部管理和业务操作工作站。

2. 系统网络通信结构

（1）主机系统现状。电脑主机一般设在银行总行，各省分行设有电脑中心，处理不同地区的业务运作。从基本情况看，无论各地业务系统是在同一物理主机运行，还是异地运行，其运行的系统和数据在逻辑上都是相对独立的，这就有必要建立一套运行稳定、效率高的通信前置系统，以保证网上银行系统能可靠、高效地与各系统互联。

（2）网上银行系统与主机系统通信架构。在总部，采用 SNA Gate for AIX 与 ES/9000 及 AS/400 互联，采用 TokenRing 作为网络的接入方式，以保证 SNA Gate 能与各系统进行可靠、高速通信。在各省分行，采用 SNA Gate for NT 与当地电脑中心的 ES/9000 或 AS/400 互联，采用 TokenRing 或 Ethernet 为网络接入方式。采用上述互联后，保证了 NetBank 的通信模块能与银行各分行系统的通信，也保证了网上银行系统以一致的通信方式和交易流报文格式与所有主机系统通信。

（3）网上银行系统多主机、多系统连接方法。由于网上银行系统需要与多主机、多系统通信，这就有必要选择一种通信分流的策略，以保证交易请求发向合适的系统。可能的策略有：以账号为中心的路由策略；以客户为中心的路由策略。

（二）NetBank 网上银行系统软件结构

1. 会话管理

NetBank 的会话（Session）管理建立在应用服务器和 NetBank 自身的 Session 管理上。客户的交易请求通过 HTTPS 协议调用指定的 JSP 程序进入网上银行系统，应用服务器为每一个新建的连接建立一个 Session，分配一个 Session Key，并将这个 Session Key 以 Cookie 的方式传递给客户，客户提交下次请求时，将这个 Session Key 提交到应用服务器上，应用服务器判断此 Session Key 是否为有效值，并且判断客户两次提交请求的间隔时间是否超过指定的时间间隔（此时间间隔可以由应用程序指定），若 Session Key 无效或间隔时间超出，则中断与客户的连接，拒绝进行下一步的服务。若应用服务器通过此项检查，则进入 NetBank 自身的 Session 管理程序。

NetBank 在客户登录成功后，会记录客户登录的基本信息，并据此生成 NetBank 专用的 Session Key，通过 Cookie 的方式传递给客户，客户的交易请求通过应用服务器的检查后，还需检查 NetBank 专用的 Session Key 是否与客户基本信息相符，若相符才能进行下一步操作，否则将中断与客户的连接，拒绝进行下一步服务。

2. 安全管理

客户的所有交易请求均需经过安全检查才能进行下一步操作，安全检查包括密码核验、Session 合法性检查、关键客户的客户端 CA 检查等。

- **密码核验**：即客户登录网上银行时需要输入用户名和密码，只有通过此项检查才能进行下一步服务。
- **Session 合法性检查**：内容见"1. 会话管理"部分。
- **关键客户的客户端 CA 检查**：NetBank 提供对客户端 CA 证书的读取，不仅可以在系统网络级应用 CA 证书，还可以在应用程序级使用 CA 证书，可以实时提取证书中的内容进行校验。

3. 交易分类

客户的交易请求分两类：一类请求的响应数据直接从本地数据库读取，Session 管理器通过数据库连接读取数据，并调用指定的 JSP 格式输出结果给客户；另一类请求需调用通信模块，通过通信服务器启动后台业务主机的相应程序，并等待主机实时返回结果，Session 管理器调用指定的 JSP 格式输出给客户。

（三）支付网关

这里提到的支付网关不是基于 SET 协议的支付网关，而是建立在 SSL 协议基础之上的支付网关。支付网关的建设目的是提供银行客户在网上的实时支付功能，此客户可以不是网上银行的客户，只需拥有银行的活期账户（或其他同类性质的卡户）即可，能够更加广泛地为银行客户服务。

1. 银行支付网关的建设原则和前提

➤ 客户不需要事先与银行签约，也不需要客户端证书即可使用支付功能。

➤ 客户在网上通过账号和密码来确认身份。

➤ 商户必须在网上银行系统所连入的一个电脑中心开设结算户。

➤ 客户的支付信息不通过商户转发，直接发送到支付网关。

➤ 支付网关实时将客户的成功支付信息发送给商户，若通过互联网转发，要求商户拥有 CA 证书。

➤ 对网上银行系统做相应的改造，支持商户到网上银行查询客户的支付结果。

➤ 支付网关所支持的付费卡或账户的种类要由银行的业务系统决定，由于网上支付的特殊性，要求业务系统支持支付退款功能。

2. 客户操作流程

① 客户浏览商户网站，选购商品，生成订单。

② 客户选择银行付费，由银行支付网关生成付费页面，包括已购买的商品信息、付费账号和密码的输入域。

③ 客户输入银行的账号和密码后确认。

④ 等待返回结果，若付费成功，则等待商户发货，否则交易失败（如付款账户余额不足等）。

3. 支付处理流程和实现方法

① 根据客户所选择的商品生成订单，包括商户号、订单号、金额。

② 客户提交付款请求时，将商户号、订单号、金额作为参数传递给支付网关，由支付网关产生付款页面，此时的通信协议采用 HTTPS。

③ 客户输入账号和密码后，支付网关根据账号信息将支付请求发至所属电脑中心。

④ 银行业务系统接收支付请求，进行相应的业务处理，将结果返回至支付网关。

⑤ 支付网关接收业务系统的处理结果。

⑥ 若由于客户余额不足等原因，业务系统返回处理失败，支付网关直接返回客户失败信息。若业务系统处理成功，支付网关负责将支付结果以 HTTPS 方式通知商户。

⑦ 商户接收到支付成功请求后，返回接收成功信息给支付网关，并发货给客户。

⑧ 若支付网关接收到商户返回的成功信息，则将成功支付信息传送给客户；若支付网关未收到商户返回的成功信息，则通知客户银行已做支付，但客户需要查询商户网页以确认订单状态。

⑨ 日终时，商户与开设结算账户的电脑中心进行流水核对，对已支付但未得到商户确认的交易进行退款处理，具体方法要与银行的电脑人员讨论后决定。

三、网上银行的风险与监管

随着互联网的发展，传统的、封闭的网上银行金融服务与网络的连接越来越紧密，网上银行逐渐向开放式发展，这一现状不但给银行带来新的机遇，同时其面临的风险也随之提高。网上银行面临的风险通常有系统运行故障、银行信息泄露、网络故障、计算机黑客入侵、网络病毒传染等。这些风险不仅给交易双方带来巨大的经济损失，也破坏了金融体系的安全稳定。因此，加强对网上银行风险识别的风险管理，已成为网上银行发展的重要课题。

（一）网上银行面临的主要风险

1. 法律风险

网上银行的法律风险是指由于银行的经营方式违反、不遵从法律或法规而造成的与期望的法律目标相违背所导致的不良后果。法律风险使网上银行面临罚款、赔偿、合同失效的风险。目前，网上银行正处于起步阶段，相关的法律、法规及配套体系尚未完善，这样使得网上银行与客户之间容易陷入法律纠纷中。因此，客户在网上银行办理金融业务时，容易面临较大的法律风险。

2. 技术风险

网上银行是在网络信息技术的基础上运行的银行服务形态，开展网上银行金融业务必须选择一种成熟的技术，不完善技术的运用将对原有银行的网络安全造成极大威胁。磁盘破坏、病毒传染、黑客入侵等都将扰乱或中断网上银行正常、健康的服务，给银行带来经济损失，影响客户对银行的信任程度。

3. 业务风险

业务风险主要是指系统可靠性与完成性的缺点、客户的错误使用、业务人员的操作不当、银行业务系统设计或维护不当等问题而导致的风险。

（二）网上银行的监管

网上银行的监管指的是通过法律、管理条例和先进的技术手段对网上银行的风险实施限制和控制的行为。随着互联网的发展，银行业务经营所涉及的地域限制和行业限制被进一步打破，网上银行作为一种全新模式的商务活动，其运作机制无疑会对现行监管制度带来冲击。所以，对网上银行的监管就成了较为重要的课题。

1. 网上银行监管的目的

（1）维护网上银行和网络金融体系的安全。

（2）使客户了解网络金融系统及与网络金融产品相关的风险，保持其对网络金融市场的信心，保护其自身利益。

（3）维护并促进银行业公平、有效的竞争。

（4）防止金融犯罪，并保证中央银行货币政策的顺利实施。

2．我国网上银行监管的措施

（1）建立强制信息披露制度。目前，网络信息技术的发展速度非常迅猛，而以互联网技术为基础的网上银行也显示出了诸多新型特性，这些特性加大了监管当局对银行审查的难度，导致客户难以全面、真实地了解网上银行的经营情况。所以为了保护客户的自身利益，约束和规范网上银行的行为，建立公平的竞争环境，建立强制性信息披露制度就显得尤为重要。制度要遵循"公开、公平、公正"的原则，定期在网站上向社会发布经注册会计师审计过的经营活动和财务状况信息，不断提高信息披露的质量。

（2）加强网上银行风险法律监管的国际合作。网络的全球化导致了以网络为基础的网上银行金融业务及相关法律问题的国际化。在网络时代，对跨境金融服务的网上银行进行监管，需要各个国家加强金融交流与合作，建立专门机构了解各国相关法律，吸取国际上法律监管的最新成果。对于可能出现的国际司法管辖权冲突，需要求金融监管部门积极同国际组织（如巴塞尔银行监管委员会）或有关国家的金融监管当局及时进行交流，以维护国际间网上银行业务的平稳发展，最终建立一个灵活的国际网上银行监管法律体系。

任务实施

步骤 1▶ 客户到中国邮政储蓄银行营业网点开通网上银行后，用 IE 浏览器登录中国邮政储蓄银行网站（网址为 http://www.psbc.com），如图 3-16 所示。

图 3-16　中国邮政储蓄银行网站主页

步骤 2▶　单击页面左上方的 个人网上银行登录 按钮，进入到个人网上银行登录页面，在其中输入已注册网上银行功能的用户名或证件号码、密码和验证码，单击"登录"按钮，如图 3-17 所示，即可登录个人网上银行。

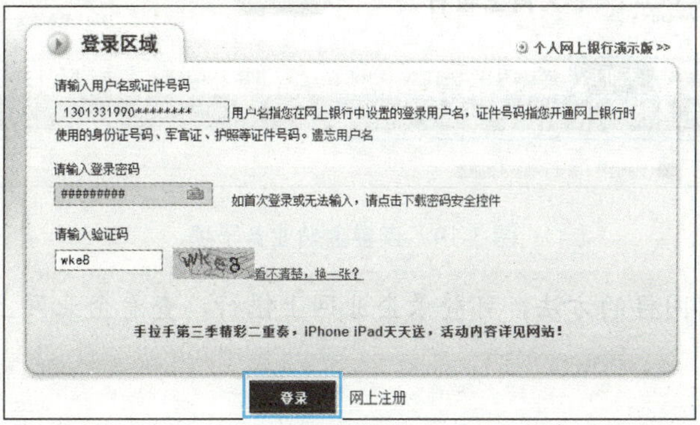

图 3-17　个人网上银行登录页面

💡 **提　示**

首次登录中国邮政储蓄银行网上银行时，需下载并安装密码安全控件，否则将无法登录。用户可通过单击登录页面密码编辑框右侧的"下载密码安全控件"按钮，来完成安全控件的下载与安装。

步骤 3▶　此时，在页面导航栏可查看银行的几大类金融业务，包括我的账户、转账汇款、生活服务、信用卡、网上支付、投资理财、外汇通、个人贷款、申请开办、安全中心和客户服务，如图 3-18 所示。

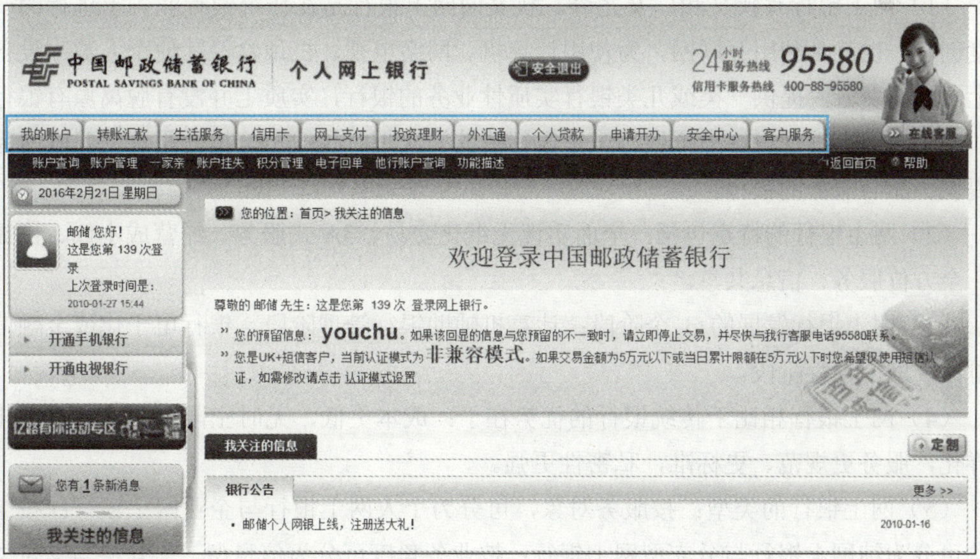

图 3-18　个人网上银行页面

步骤 4▶ 单击金融业务按钮"信用卡"，可在导航栏下方看到该金融业务的子项，如图 3-19 所示。同理，可单击其他金融业务按钮，查看对应的业务子项。

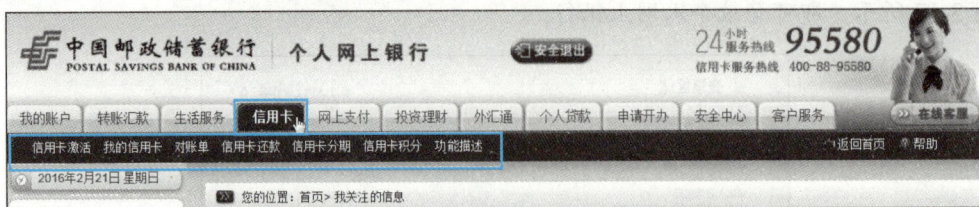

图 3-19 查看金融业务子项

步骤 5▶ 利用同样的方法，可登录企业网上银行，查看企业网上银行的金融业务。

💡 **提 示**

首次访问中国邮政储蓄银行企业网上银行，需先安装 CFCA 根证书，否则无法登录。另外，企业网上银行分为"企业网上银行查询版"和"企业网上银行专业版"，企业只申请了查询版功能，则进入"企业网上银行查询版"；如果企业申请了专业版功能，需先安装 USB KEY 管理工具，然后才能进入"企业网上银行专业版"。

项目小结

本项目主要介绍了网上银行的基础知识。学完本项目，读者应重点掌握以下内容：

（1）网上银行有狭义和广义之分。狭义的网上银行是在传统银行业务上进行的一种制度创新，也就是利用互联网，为使用计算机、网络电视、机顶盒及其他个人数字设备连接上网的消费者，提供一类或几类银行实质性业务的银行，实质上并没有脱离原有银行形态。广义的网上银行也称虚拟银行，是银行业的一次划时代改革，指的是利用互联网为客户提供产品与服务的银行。

（2）网上银行的特点包括：全面实现无纸化交易、3A 式服务、经营成本低、快捷高效、全方位服务、信息共享。

（3）网上银行发展的 3 个阶段：计算机辅助银行管理阶段、银行电子化或金融信息化阶段、网上银行阶段。

（4）网上银行相比于传统银行的优势在于：成本更低，无时空限制，产品个性化、多样化，服务更规范、更标准，私密性更强。

（5）网上银行的类型：按服务对象，可分为个人网上银行与企业网上银行；按组织架构可分为纯网上银行与分支型网上银行；按业务角度可分为信息型、交互型与支付型网上银行。

（6）网上银行的基本功能包括：展示功能与发布信息、受理客户咨询与投诉业务、账务查询与管理、申请和挂失、网上支付功能。

（7）网上银行的业务包括个人业务和企业业务。个人业务是指银行为个人客户提供的网上银行金融服务；企业业务是指银行为企业提供的网上银行金融服务。

（8）网上银行的建设架构主要涉及系统总体架构、NetBank 网上银行系统软件结构、支付网关 3 个方面。

（9）网上银行面临的主要风险包括：法律风险、技术风险、业务风险。

（10）我国网上银行监管的措施包括：建立强制信息披露制度、加强网上银行风险法律监管的国际合作。

项目习题

一、填空题

1．"AAA"银行中的"AAA"代表的是＿＿＿＿＿＿＿、＿＿＿＿＿＿＿、＿＿＿＿＿＿＿。

2．网上银行业务是一种全新的服务模式，其特点包括＿＿＿＿＿＿＿、＿＿＿＿＿＿＿、＿＿＿＿＿＿＿、＿＿＿＿＿＿＿、＿＿＿＿＿＿＿、＿＿＿＿＿＿＿。

3．个人网上银行是指银行通过互联网，为个人客户提供＿＿＿＿＿、＿＿＿＿＿、＿＿＿＿＿、＿＿＿＿＿等金融服务的网上银行服务。

4．企业网上银行是指通过互联网或专线网络，为企业提供＿＿＿＿＿、＿＿＿＿＿、＿＿＿＿＿等金融服务的渠道，根据功能、介质和服务对象的不同可分为＿＿＿＿＿和＿＿＿＿＿。

5．我国网上银行监管的措施有＿＿＿＿＿＿＿＿＿＿＿＿和＿＿＿＿＿＿＿＿＿＿＿＿。

二、选择题

1．（　　）主要适用于个人与家庭的日常消费支付与转账。
    A．传统银行　　　　　　　　B．个人网上银行
    C．纯网上银行　　　　　　　D．交互型网上银行

2．下列哪项不属于企业网上银行可以办理的业务？（　　）。
    A．财务查询　　　　　　　　B．内部转账
    C．集团理财　　　　　　　　D．信用卡管理

3. 网上银行面临的主要风险不包括（　　）。

    A. 法律风险   B. 技术风险

    C. 人员风险   D. 业务风险

4. 网上银行的弊端主要体现在（　　）。

    A. 查询   B. 转账

    C. 现金收付   D. 网上支付

5. 网上银行的基本功能不包括（　　）。

    A. 受理客户咨询与投诉业务

    B. 网上支付功能

    C. 金融创新

    D. 服务方式创新

三、简答题

1. 简述网上银行的产生原因和发展阶段。
2. 网上银行与传统银行的区别有哪些？
3. 相对于传统银行，网上银行的优势有哪些？
4. 按照不同的标准，网上银行可分为哪几种不同的类型？
5. 以国内某个商业银行为例，说出其网上银行的个人业务有哪些？
6. 结合我国发展现状，简述网上银行所面临的风险有哪些？

项目实训　网上自助注册开通个人网上银行

在线自助申请开通中国银行个人网上银行，具体步骤如下：

（1）持有一张中国银行长城电子借记卡或信用卡（包括中银系列产品及长城系列产品），登录中国银行指定门户网站（http://www.boc.cn）。

（2）单击"个人客户网银登录"或"个人贵宾网银登录"按钮，进入登录页面，然后单击右侧的"在线开通查询版网银"按钮。

（3）根据提示完成在线注册操作流程即可，如图3-20所示。

提 示

客户完成在线注册操作流程后，网银功能即时开通使用。在线开通网银后，客户仅可以使用网上银行的查询功能，无法使用转账、缴费、投资等涉及到账户资金变动的网银功能。如需使用转账等功能，需到营业网点申请开通。

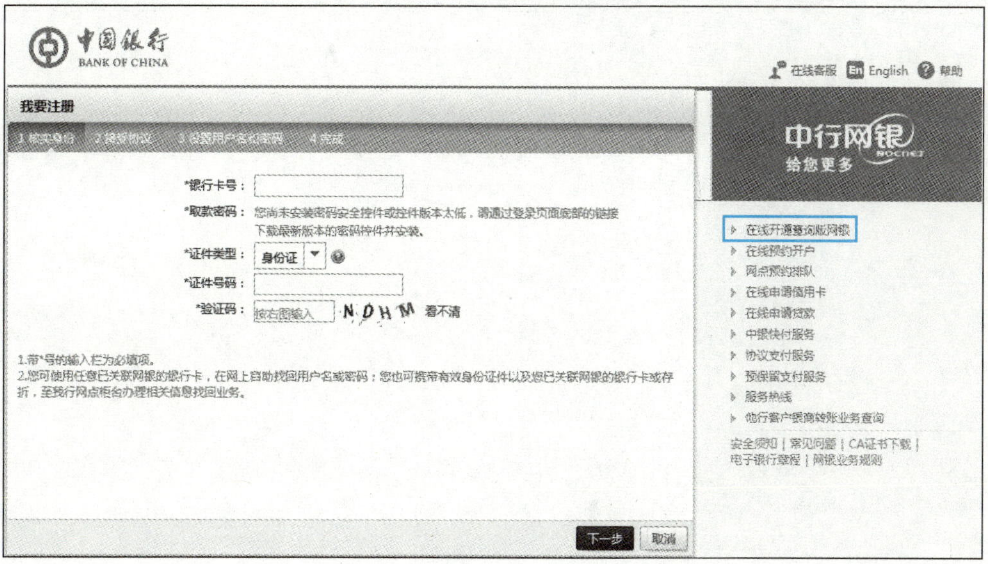

图 3-20　在线开通查询版网银

网上支付

★ 掌握网上支付的概念和参与主体；
★ 了解网上支付的方式和基本流程；
★ 掌握网上支付系统的功能和类型；
★ 了解网上支付的优势与挑战。

引导案例　京东网上商城

根据第三方市场研究公司艾瑞咨询的数据，京东是中国最大的自营式电商企业，2015年第一季度在中国自营式 B2C 电商市场的占有率为 56.3%。2014 年，京东市场交易额达到 2 602 亿元，净收入达到 1 150 亿元。2015 年第二季度，京东市场交易额达到 1 145 亿元，同比增长 82%；净收入达到 459 亿元，同比增长 61%。

目前，京东集团旗下设有京东商城、京东金融、拍拍、京东智能、京东到家及海外事业部。2014 年 5 月，京东在美国纳斯达克证券交易所正式挂牌上市，是中国第一个成功赴美上市的大型综合型电商平台，并跻身全球前十大互联网公司排行榜。2015 年 7 月，京东因其高成长性入选纳斯达克 100 指数和纳斯达克 100 平均加权指数，成为纳斯达克 100 指数中仅有的两家中国互联网公司之一。

京东致力于为消费者提供愉悦的在线购物体验。它以内容丰富、人性化的网站（www.jd.com）和移动客户端为平台，以富有竞争力的价格，快速可靠的配送方式，灵活多样的支付方式，为广大消费者提供具有丰富品类及卓越品质的商品和服务。消费者在网上挑选完商品后，选择"网上支付"方式，足不出户进行付款，即可轻松完成购物全过程。

京东提供丰富优质的商品，具体包括：计算机、手机、家电、汽车配件、服装与鞋类、奢侈品（如手提包、手表与珠宝等）、家居与家庭用品、化妆品、食品、营养品、书籍、电子图书、音乐、电影、母婴用品、玩具、体育与健身器材及虚拟商品（如国内机票、酒店预订等）。

京东是一家技术驱动的公司，从成立伊始就投入巨资开发完善可靠并不断升级以电商应用服务为核心的自有技术平台，增强公司的技术实力，以便更好地提升内部运营效率，并为合作伙伴提供卓越服务。

任务一　从 12306 网站订购火车票

任务描述

随着网络信息技术和电子商务技术的迅猛发展，网上支付的市场规模也在迅速扩大。网上支付作为一种新兴的电子支付形式，突破了时空的限制，节省了时间和成本，逐渐被越来越多的企业和消费者所采用。那么，究竟什么是网上支付，它支付的方式和流程又是什么呢？本任务将以从 12306 网站订购火车票为例，带领大家学习网上支付的方法。

相关知识

一、网上支付概述

（一）网上支付的概念

网上支付指的是以金融电子化网络为基础，以商用电子工具和各类交易卡为媒介，采用现代计算机技术和通信技术为手段，通过互联网将货币的相关信息以电子信息形式进行传递的在线资金流通和支付形式。也就是说，网上支付是交易双方在安全的虚拟网络环境下进行的资金转移或交换。

网上支付是电子商务的重要组成部分和关键因素，人们只有真正认识并建立可行的网上支付系统，才能真正开展电子商务活动，所以它也是电子商务发展的基础条件，电子商务因此得到蓬勃发展。全面、深入地运用网上支付技术，将显著地提升企业的核心竞争力、提高业务增长点，是发展的一种必然趋势。

网上支付与传统支付的区别，主要体现在以下几个方面：

（1）在支付方式上。网上支付以互联网为基础，计算机为依托，采用先进的网络信息技术，以数字化的方式来完成信息传输；传统支付则是通过现金、票据等流转的方式来实现支付。

（2）在身份认证上。网上支付在互联网上使用 CA 提供的数字证书验证用户身份；传统支付需在现场使用密码或签名来验证持卡人身份。

（3）在支付环境上。网上支付是在开放的网络系统平台中进行；传统支付是在较为封闭的系统环境中进行。

（4）在付款授权方式上。网上银行使用数字签名进行授权，不需要人工确认；传统支付需在现场手写签名，通过该方式授权商家进行扣款。

（5）在信息传递渠道上。网上银行使用互联网进行支付，需在互联网与银行专用网之间设置支付网关，以保证交易的安全进行；传统支付使用商务专用网，相比于网上支付安全性略高。

（二）网上支付的参与主体

网上支付的过程涉及到客户、商家、银行、金融机构等部门之间的互动，所以网上支付体系可以说是一个集购物流程、支付与结算工具、安全技术、认证体系、信用体系，以及现在的金融体系于一体的综合性大系统。网上支付体系的基本构成如图 4-1 所示。

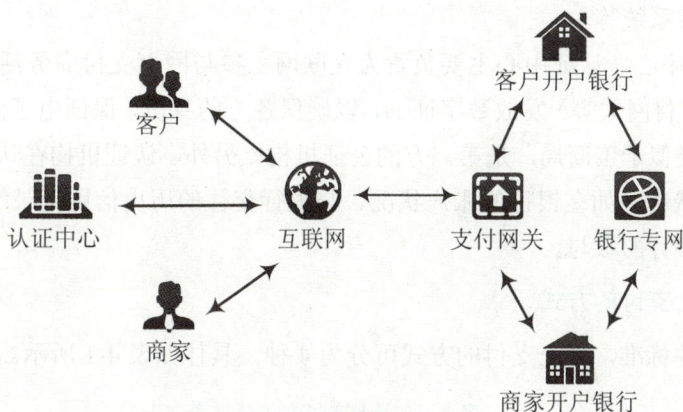

图 4-1　网上支付体系的构成

网上支付体系共涉及 7 个参与主体，下面对其进行具体讲解。

（1）客户。客户是网上支付时涉及交易关系中具有偿还义务的一方，也就是与商家有交易关系并存在未清偿的债权、债务关系（一般是债务）的一方。在交易接近尾声时，促使支付体系顺利完成的关键就是客户用自己的支付工具（如信用卡、电子钱包等）发起支付指令。

（2）商家。商家与客户相对应，在网上支付时涉及交易关系中拥有索偿权的一方，也就是拥有债权的商品交易的一方。网上交易完成时，商家可以根据客户发起的支付指令向金融体系请求获取相应数额的货币。

（3）客户开户银行。在银行卡支付体系中，客户开户银行也被称为发卡行。它是指客户在其中拥有账户的银行，客户所拥有的支付工具是由开户银行提供的。此外，开户银行除了提供支付工具以外，也提供一种银行信用，即保证支付工具的兑付。

（4）商家开户银行。它是指商家在其中拥有资金账户的银行。商家接到客户的支付指令后，将支付指令提交给其开户行，并由开户行进行支付授权的请求及行间的清算等工作。在整个支付过程中，商家的账户是资金流向的目的地。此外，商家的开户行是依据商家提供的合法账单（客户的支付指令）来工作的，因此又称为收单行。

（5）支付网关。支付网关是连接互联网和银行内部专用网的一组服务器，网上支付的电子信息必须经过它的处理才能进入安全的银行内部支付结算系统，进而完成安全支付的授权和获取。它的主要作用是完成互联网和银行专用网两者之间的通信、协议转换，进而进行数据加密、解密，以防止银行内部网络被恶意攻击，泄露客户支付信息。因此，支付网关的建设对整个网上支付结算和银行安全起到至关重要的作用。

（6）银行专网。银行专网是指银行内部与银行之间进行通信的网络，它不对外开放，具有较高的安全性。银行专网为电子商务的发展提供了条件，是网上支付互联网平台的一部分，主要包括中国国家现代化支付系统、人民银行电子联行系统、工商银行电子汇兑系统、银行卡授权系统等。

（7）认证中心。认证中心主要负责为互联网上参与网上支付商务活动的各方（包括客户、商家与支付网关等）发放数字证书，以确保各方的身份，保证电子商务支付的安全。它的作用有点类似于工商局，是第三方的公证机构。另外，认证机构在认证时，必须确认参与者的资信状况（如在银行的账户状况、与银行交往的历史信用记录等），因此，认证过程也离不开银行的参与。

（三）网上支付的方式

按照不同的标准，网上支付的方式可分为 4 种，具体如表 4-1 所示。

表 4-1　网上支付方式分类表

分类标准	分　类
按开展电子商务的实体性质分类	B2C 型网上支付方式与 B2B 型网上支付方式
按支付数据流的内容性质分类	指令传递型网上支付方式与电子现金传递型网上支付方式
按网上支付金额的规模分类	微支付、消费者级网上支付和商业级网上支付
按支付中介分类	网上银行支付和第三方支付

1. B2C 型网上支付方式与 B2B 型网上支付方式

（1）B2C 型网上支付方式。该方式一般为企业与个人、政府部门与个人进行网络交易时采用的网上支付方式，其包括信用卡网上支付、电子现金网上支付、电子钱包网上支付、个人网上银行等。该方式的特点是适用于小金额的网络交易支付结算，应用灵活，操作简单，风险系数低。

（2）B2B 型网上支付方式。该方式一般为企业与企业、企业与政府进行网络交易时采用的网上支付方式，其包括电子支票网上支付、电子汇兑系统、国际电子支付系统 SWIFT 与 CHIPS、企业网上银行等。该方式的特点是适用于较大金额的网上交易支付结算。

2. 指令传递型网上支付方式与电子现金传递型网上支付方式

（1）指令传递型网上支付方式。网上支付的支付指令是一串指令数据流，是启动支付与结算的电子化命令。利用该方式进行支付与结算的用户只需向金融银行发送支付指令，银行就会将货币转拨出去，完成转账业务，不需要用户自己动手，更不需要用户真正拥有货币。指令传递型网上支付方式包括银行网上转拨指令方式（电子支票、网上银行等）和信用卡支付方式。该方式是现有电子支付基础设施和手段的加强版。

（2）电子现金传递型网上支付方式。该方式是指客户利用银行发行的电子现金在网上直接传输交换，发挥类似纸币的等价物职能，以实现即时、安全可靠的在线支付目的。其原理是，客户从银行账户中提取一定数量的电子现金，并且把它保存在一张智能卡或电子钱包中，当进行支付结算时，客户就能在互联网上直接将电子现金以相应的数额转拨给另一方。电子现金传递型网上支付方式的优点在于客户利用电子现金支付结算时，无需银行的直接参与，既提高了交易与支付效率，又保护了客户的个人隐私。

3. 微支付、消费者级网上支付和商业级网上支付

（1）微支付。该方式主要应用于特别小金额的网上交易支付结算，如在网站上下载一段音乐、下载一个视频片段、下载试用版软件等，所涉及的支付费用往往只要几分钱、几元钱。随着互联网的普及，微支付被越来越多的企业所运用，特别是在普通用户中进行电子商务业务的推广活动。

（2）消费者级网上支付。消费者级网上支付是指满足个体消费者、企业或政府部门在交易中的一般性支付需要的网上支付服务系统，也被称为小额零售支付系统，支付金额较小，如购买办公用品、下载一个收费软件等。

（3）商业级网上支付。商业级网上支付是指满足一般企业部门之间的电子商务业务支付需要的网上支付服务系统，也被称为大额资金转账系统，支付金额远远高于消费者级网上支付的金额。它的支付结算在整个社会上使用率最高，是一个国家网上支付系统的主要支柱。

4. 网上银行支付和第三方支付

（1）网上银行支付。网上银行支付是指直接登录网上银行进行支付的方式，具有稳定易用、安全可靠的特点

（2）第三方支付。第三方支付就是利用已经与各大银行签约，并具备一定实力和信誉保障的第三方独立机构设立的交易平台进行支付的方式。客户选购商品后，使用第三方平台提供的账户进行货款支付，由第三方通知卖家货款到达并提醒发货。等客户收到商品后，就通知第三方机构付款给卖家，最后由第三方将货款转至卖家账户。由于第三方支付可以将多种银行卡支付方式整合到一个界面上，交易结算中可与各银行对接，这样免去了企业和客户去各个银行办卡和开通网上银行的时间，使网上交易更加快捷、便利。目前，常用的第三方支付有支付宝、财付通、快钱等。

（四）网上支付的基本流程

以互联网为平台的网上支付基本流程如图4-2所示。

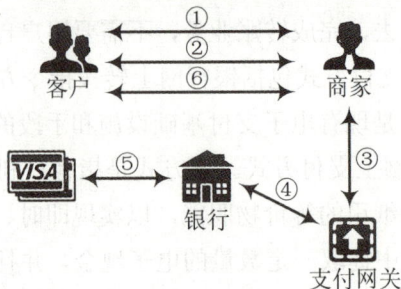

图4-2　网上支付基本流程

① 客户通过浏览器注册并登录购物网站，在网上浏览所需商品，选定商品并决定购买后，填写网络订单（如购买物品种类、收货地址、联系方式、发货日期等），选择相应的网上支付结算工具，并且得到银行的授权使用。

② 客户核对相关订单信息，并对支付信息进行加密，然后在网上提交订单。

③ 商家服务器对客户的订单信息进行检查、确认，无误后把经过加密的客户支付信息转发给支付网关，直到银行专网的银行后台业务服务器确认，以求得到支付资金授权。

④ 银行验证确认后，通过由支付网关建立起来的加密通道，将确认及支付结算信息返回到商家服务器，并回送支付授权请求，以求授权环境更安全。

⑤ 银行得到客户传来的进一步授权结算信息后，把资金从客户账号转拨至商家银行账号，然后借助银行专网进行结算，将支付结算信息分别发送给商家、客户。

⑥ 商家服务器收到银行发来的结算成功信息后，给客户发送网络付款成功信息和发货通知。

至此完成网上支付与结算的基本流程。商家可借助网络查询自己的资金信息，客户可借助网络查询自己的资金余额信息、商品物流信息及核对后续的信息。

二、网上支付系统

（一）网上支付系统的功能

➤ **认证功能**：使用数字签名和数字证书等手段实现对交易过程中各方的认证。

➤ **数据加密功能**：使用安全的加密技术对支付信息进行加密，保证数据传输的保密性与完整性。

➤ **保证信息完整性功能**：使用数字摘要算法来判断电子信息是否完整，以及确认电子支付的真实性。

➤ **认定功能**：当交易双方出现异议、纠纷时，保证对业务的不可否认性。支付系统必须在交易过程中生成或提供足够充分的证据来迅速辨别纠纷中的是非。

➤ **能够处理贸易业务的多边支付问题**：网上业务的支付需涉及客户、商家和银行等多方，而商家和客户不能互相读取其订单或支付信息，所以为保证支付的顺利进行，可利用双重签名来确认多方的支付信息。

（二）网上支付系统的类型

基于网上支付的工具不同，可将网上支付系统划分为3大基本类型，即电子信用卡网上支付系统、电子现金网上支付系统、电子支票网上支付系统。

1. 电子信用卡网上支付系统

电子信用卡是将传统信用卡的功能延伸至互联网，通过各种支持信用卡网上结算的协议来实现支付结算。目前，电子信用卡网上支付系统作为网上支付工具使用的频率较高、速度也较快。

电子信用卡网上支付系统主要分两种模式：一种是实时处理模式，即支付方式主要依赖 SET 协议或 SSL 协议进行，如招行的"一网通"；另一种是非实时处理模式，即通过 Email 将客户的信用卡信息传送给发卡授权机构的方式，如 First Virtual Holding。

2. 电子现金网上支付系统

电子现金又被称为电子货币、数字货币，它是一种以数字形式流通的货币，采用表示现金的加密序列数代表现实中各种金额的币值，来进行网上支付结算。其与纸质现金的功能完全相同，是一种储值型的支付工具，具有方便快捷的特点。

3. 电子支票网上支付系统

电子支票是客户向收款人签发的、无条件的数字化支付指令。它可以通过互联网或无线接入设备来完成传统支票的所有功能，具有降低成本、提高效益的特点。

任务实施

步骤 1▶ 用 IE 浏览器登录铁路客户服务中心网站（http://www.12306.cn），单击页面左侧的"购票"按钮，如图 4-3 所示。

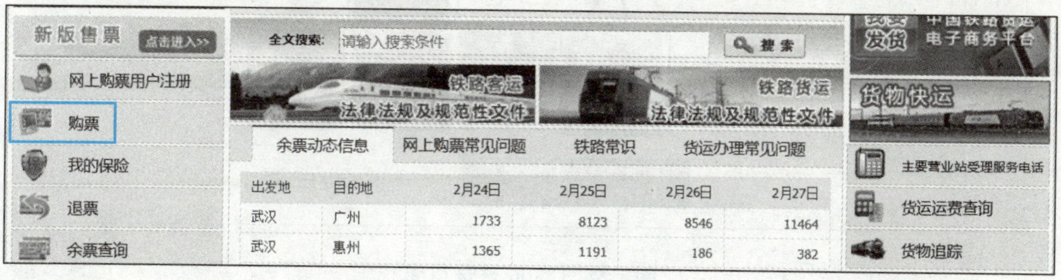

图 4-3　12306 网站主页

步骤 2▶　进入车票预订页面，在其中单击最上方的"登录"按钮，如图 4-4 所示，进入 12306 登录页面。

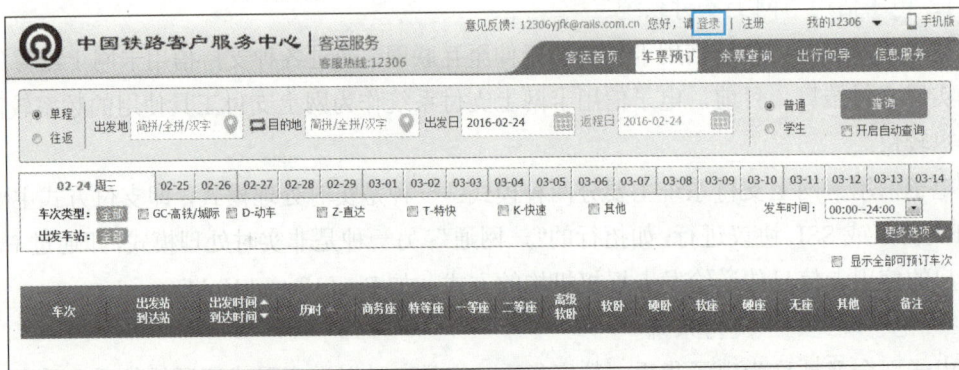

图 4-4　车票预订页面

步骤 3▶　在登录页面中输入已注册的用户名、密码和验证码，单击"登录"按钮，如图 4-5 所示，即可登录 12306 网站。

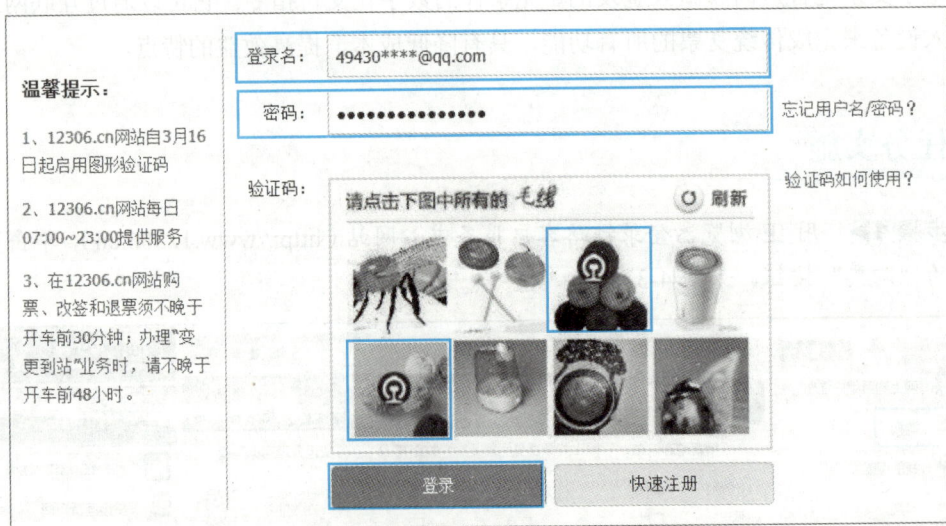

图 4-5　12306 登录页面

步骤 4▶　此时页面出现"系统消息"提示框，表示登录成功，如图 4-6 所示。

图 4-6　成功登录

步骤 5 　单击页面导航栏中的"车票预订"按钮，进入车票预订页面，在其中设置出发地、目的地、出发日等信息后，单击"查询"按钮，如图 4-7 所示，显示相关车次信息。

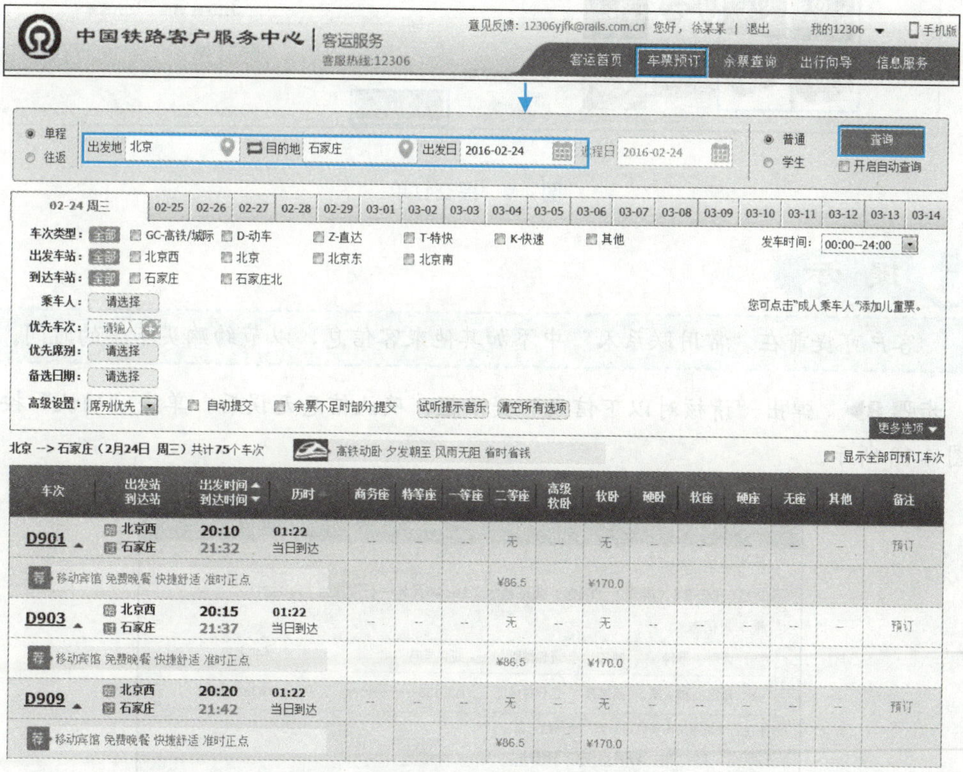

图 4-7　查询车次信息

步骤 6 　向下拖动页面查看车次信息，选好合适的车次后，如选择 T49，单击其右侧对应的"预订"按钮，进行预订，如图 4-8 所示。

图 4-8　预订车票

步骤 7▶　进入信息填写页面，在"乘客信息"设置区中选择乘客、席别和验证码，完成后单击"提交订单"按钮，如图 4-9 所示。

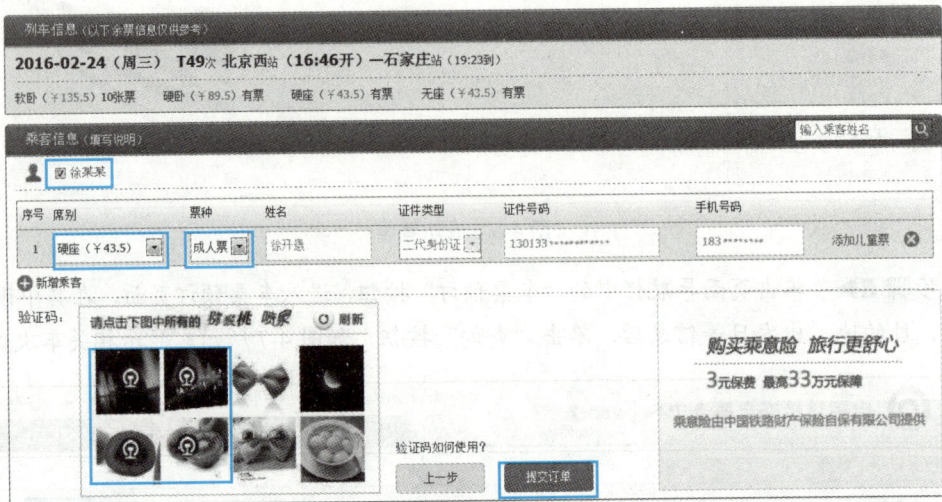

图 4-9　提交订单

提　示

客户可提前在"常用联系人"中添加其他乘客信息，以节约购买车票的时间。

步骤 8▶　弹出"请核对以下信息"提示框，确认信息无误后，单击"确认"按钮，如图 4-10 所示。

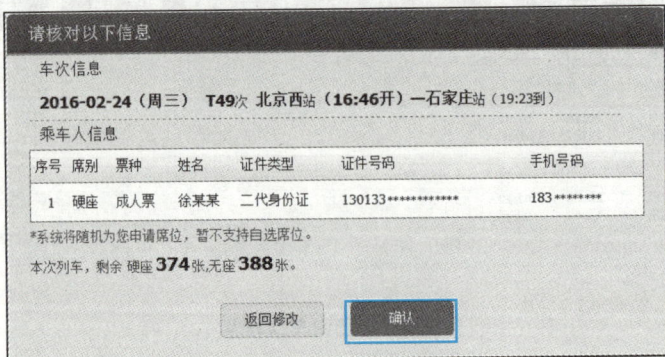

图 4-10　提示框

步骤 9▶　在页面中弹出“订单信息”提示框，单击其中的“网上支付”按钮，如图 4-11 所示，对已预定车票进行支付。

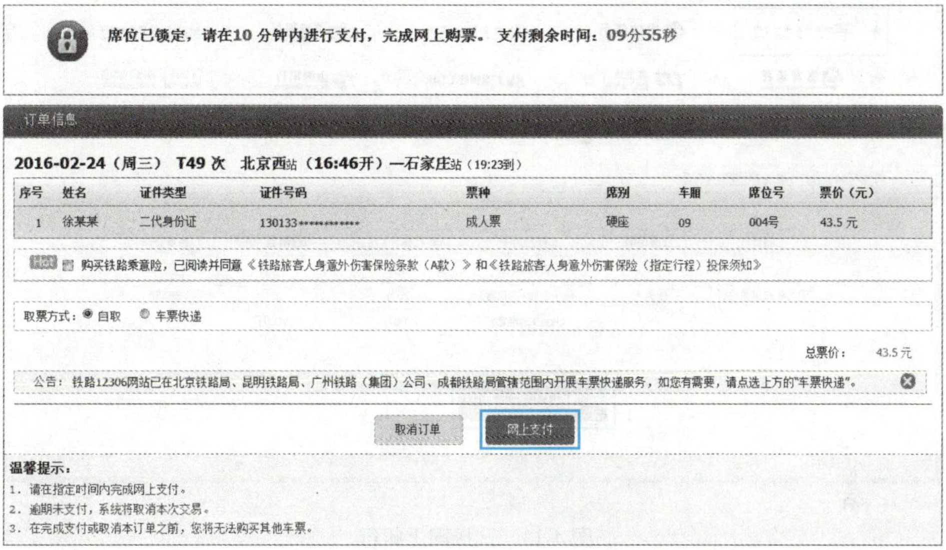

席位已锁定，请在10 分钟内进行支付，完成网上购票。 支付剩余时间：09分55秒
订单信息
2016-02-24（周三） T49 次 北京西站（16:46开）—石家庄站（19:23到）
序号 姓名 证件类型 证件号码 票种 席别 车厢 席位号 票价（元）
1 徐某某 二代身份证 130133************ 成人票 硬座 09 004号 43.5 元
购买铁路乘意险，已阅读并同意《铁路旅客人身意外伤害保险条款（A款）》和《铁路旅客人身意外伤害保险（指定行程）投保须知》
取票方式：自取 车票快递
总票价： 43.5 元
公告：铁路12306网站已在北京铁路局、昆明铁路局、广州铁路（集团）公司、成都铁路局管辖范围内开展车票快递服务，如您有需要，请点选上方的“车票快递”。
取消订单
网上支付
温馨提示：
1. 请在指定时间内完成网上支付。
2. 逾期未支付，系统将取消本次交易。
3. 在完成支付或取消本订单之前，您将无法购买其他车票。

图 4-11　网上支付

步骤 10▶　在支付方式页面中单击各银行按钮可选择对应的网上银行，本例单击“中国银联”按钮，如图 4-12 所示。

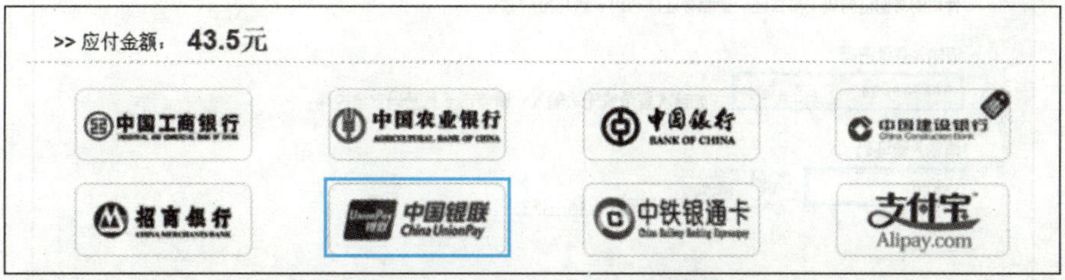

>> 应付金额：43.5元
中国工商银行
中国农业银行
中国银行 BANK OF CHINA
中国建设银行
招商银行
中国银联 China UnionPay
中铁银通卡
支付宝 Alipay.com

图 4-12　选择支付方式

步骤 11▶　在弹出的页面中单击“网银支付”选项卡，在弹出的选项区中单击“中国邮政储蓄银行”单选钮，再单击“到网上银行支付”按钮，如图 4-13 所示。

步骤 12▶　进入中国邮政储蓄银行网上银行登录页面，输入用户名或证件号码、密码和验证码，单击“登录”按钮，如图 4-14 所示。

图 4-13   选择网上银行

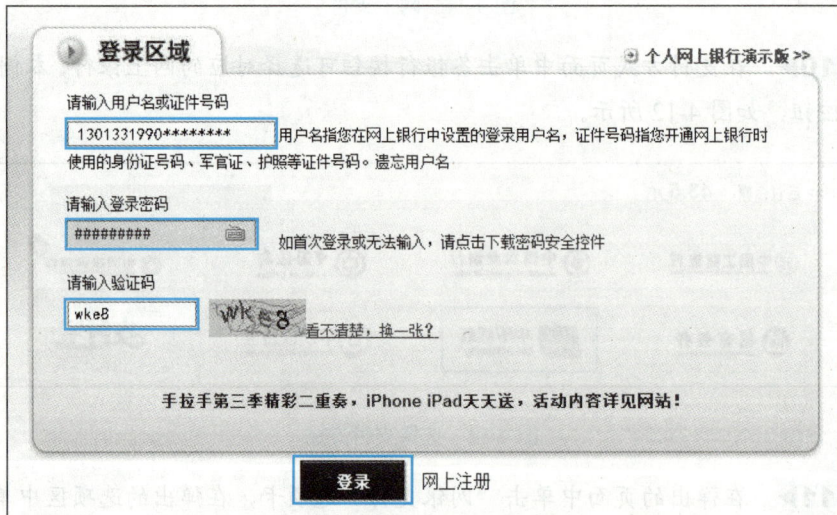

图 4-14   登录网上银行

步骤13▶   在弹出的"专业版支付"设置区中选择付款账号，然后单击"确认付款"按钮，如图 4-15 所示。

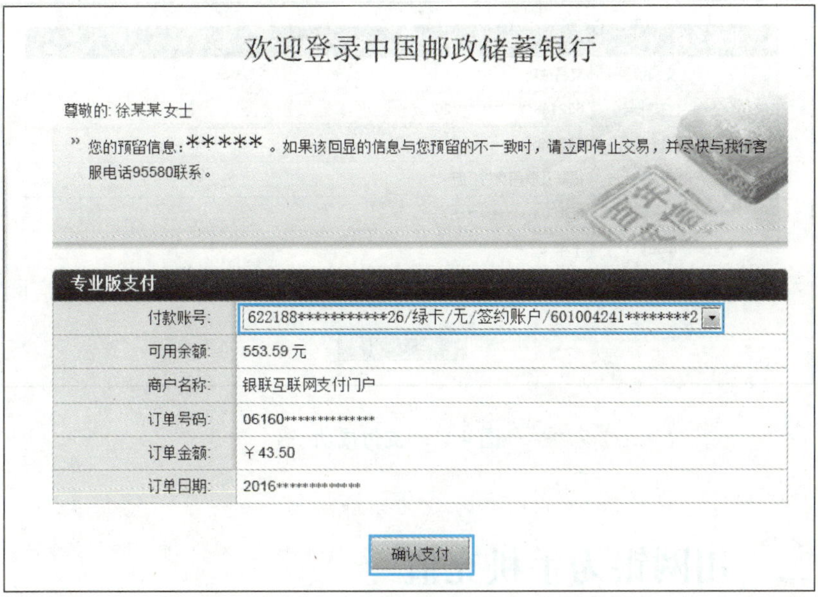

图 4-15　选择付款账号

步骤 14▶　单击设置区中的"获取密码"按钮，当手机接收到信息后，将信息内的密码输入到编辑框中，然后单击"确认支付"按钮，如图 4-16 所示。

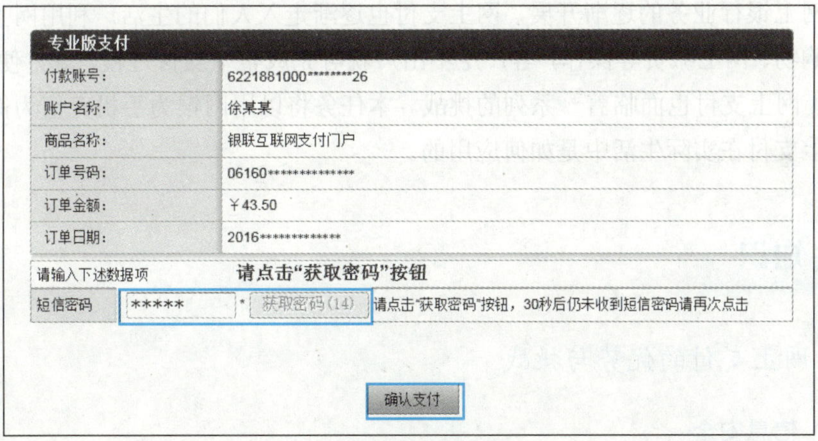

图 4-16　确认付款

步骤 15▶　系统弹出如图 4-17 所示的页面，表示支付成功。单击"返回商户页面"按钮，可返回 12306 页面查看订单信息。

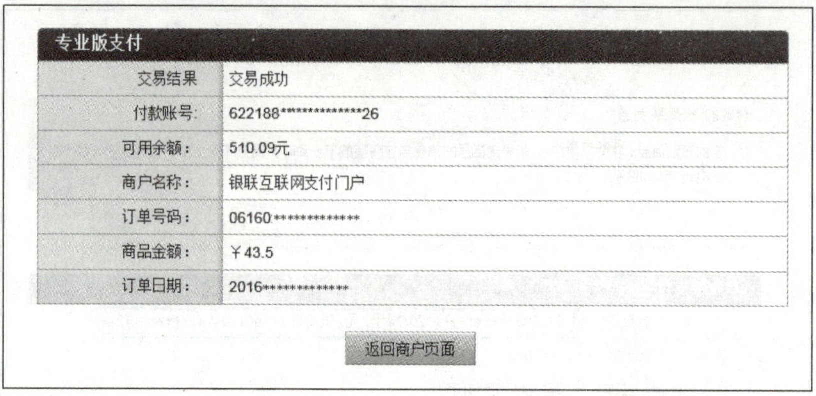

专业版支付	
交易结果	交易成功
付款账号:	622188*************26
可用余额:	510.09元
商户名称:	银联互联网支付门户
订单号码:	06160************
商品金额:	￥43.5
订单日期:	2016************

返回商户页面

图 4-17　支付成功

任务二　用网银为手机充值

任务描述

随着网上银行业务的逐渐开展，网上支付也逐渐走入人们的生活。利用网上支付，可进行网上购物、网上缴费等操作，客户足不出户就可完成整个支付过程，既方便，又经济。与此同时，网上支付也面临着一系列的挑战。本任务将以用网银为手机充值为例，带领大家学习网上支付在实际生活中是如何应用的。

相关知识

一、网上支付的优势与挑战

（一）信息安全

目前，网上支付已经成为现代化支付系统的发展趋势，它与传统的支付模式相比，省略了交易中繁琐的票据、手续、沟通等操作，主要以互联网为基础完成货币支付或资金转移，大大节省了客户的时间，具有很强的方便性、快捷性。

但是，网上支付具有便捷优势的同时，也带来了一定的风险，这种风险主要是来自第三方支付机构及银行的安全系统。网上支付需要一个完善的技术平台的管理机制，这需要投入大量的高科技技术。网上支付安全的主要影响因素是网络建设、数据安全问题和国家管理体制问题，其中数据安全问题最突出，如黑客攻击、窃取商业机密、篡改信息及破坏信息的完整性和真实性等。因此，为了保障网上支付的安全性，需完善网络基础设施建设并采用技术手段制定网络安全技术标准规范。

（二）信用风险

由于网上支付是通过虚拟的网络进行的，交易双方不能面对面洽谈，所以真实性不容易考察和验证。网上交易活动最后能否完成，在很大程度上取决于参与买卖的双方、第三方支付平台的诚信程度。在交易中，卖方信用风险表现在收款后提供虚假的产品、服务或非法经营；买家信用风险体现在资金的来源是否合法，是否为持卡人操作，或利用虚假身份交易；第三方支付平台的风险表现在客户把资金打入第三方账户中，资金会在第三方支付平台上沉淀，有可能被越权调用，所以交易多方都存在诚信问题。

（三）政策风险

网上支付在促进银行向现代化、网络化发展的同时，对目前的制度、标准和法规也提出了挑战。为了适应发展的新情况，政府及中央银行迅速调整了新方针，及时修止了金融等方面的政策和法规，如电子票据的合法性、认证中心 CA 的管理方法、电子签名的有效性、商业银行新型业务的市场准入等有关政策法规，以此规范和保障网上支付的顺利运作。

二、网上支付的典型应用

（一）网上购物

目前，网上的购物商场大致分为 3 类：第 1 类是电子商店，即提供网上购物或服务的经营者，通过自己的网站直接对客户出售商品或提供服务，如苏宁易购、海尔商城；第 2 类是电子商场，指许多提供不同商品或服务的商家集中到一个网站中，客户可在该网站购买由不同商家提供的商品或服务，如淘宝网、京东；第 3 类是网上商城，即在银行的网站上开设的商城，客户可在其中购买商品或服务，如招商银行的网上商城。

下面以中国邮政储蓄银行的网上商城为例，介绍网上支付的典型应用。

步骤 1▶ 用 IE 浏览器打开中国邮政储蓄银行网站首页（http://www.psbc.com），单击页面左侧的"邮乐购物商城"按钮，如图 4-18 所示。

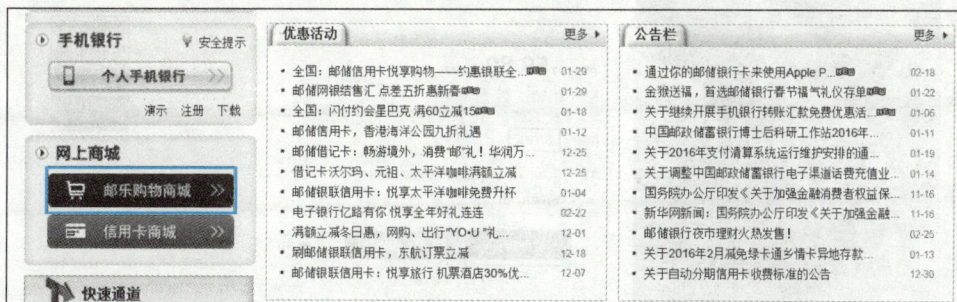

图 4-18 进入中国邮政储蓄银行网站首页

步骤2▶ 进入"邮乐"网上商城页面，单击页面最上方的"请登录"按钮，如图 4-19 所示。

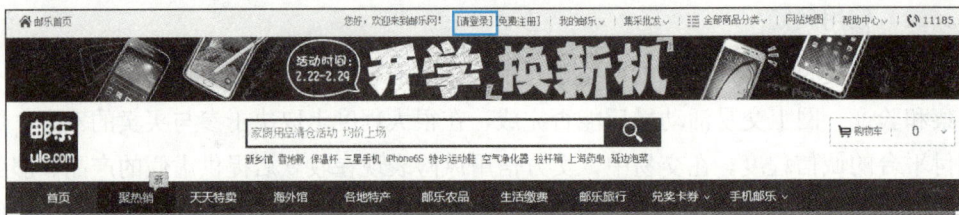

图 4-19 "邮乐"网上商城页面

步骤3▶ 进入登录页面，在其中输入已注册的邮箱地址或手机号码、密码，单击"立即登录"按钮，如图 4-20 所示，登录"邮乐"网上商城。

图 4-20 登录商城

步骤4▶ 在网站中搜索所需的商品，确定购买后单击"立即购买"按钮，如图 4-21 所示。

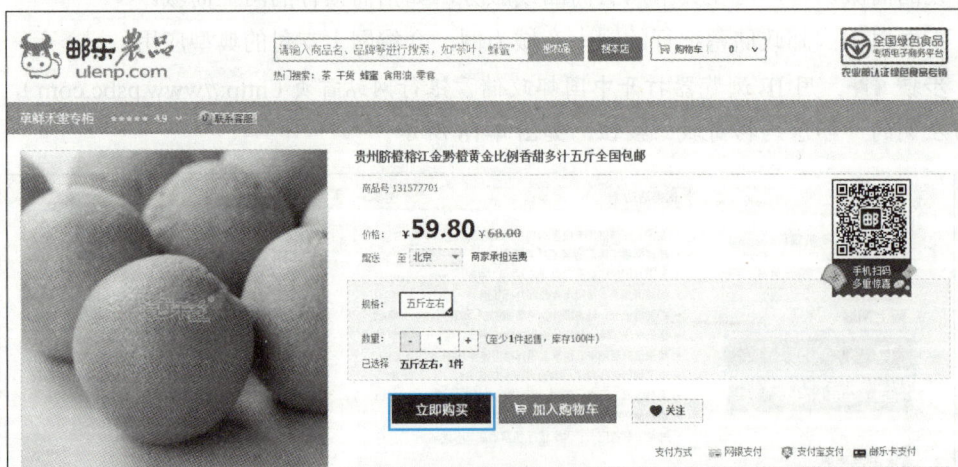

图 4-21 选购商品

步骤 5▶　在弹出的页面中填写收货人信息，完成后单击"确认地址"按钮，如图 4-22 所示。

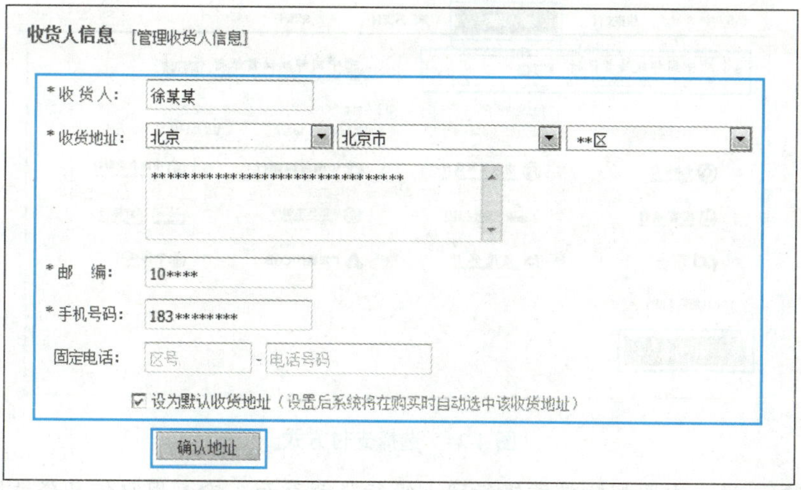

图 4-22　填写收货人信息

步骤 6▶　其他信息核对无误后，单击"提交订单"按钮，如图 4-23 所示，将订单提交给商家。

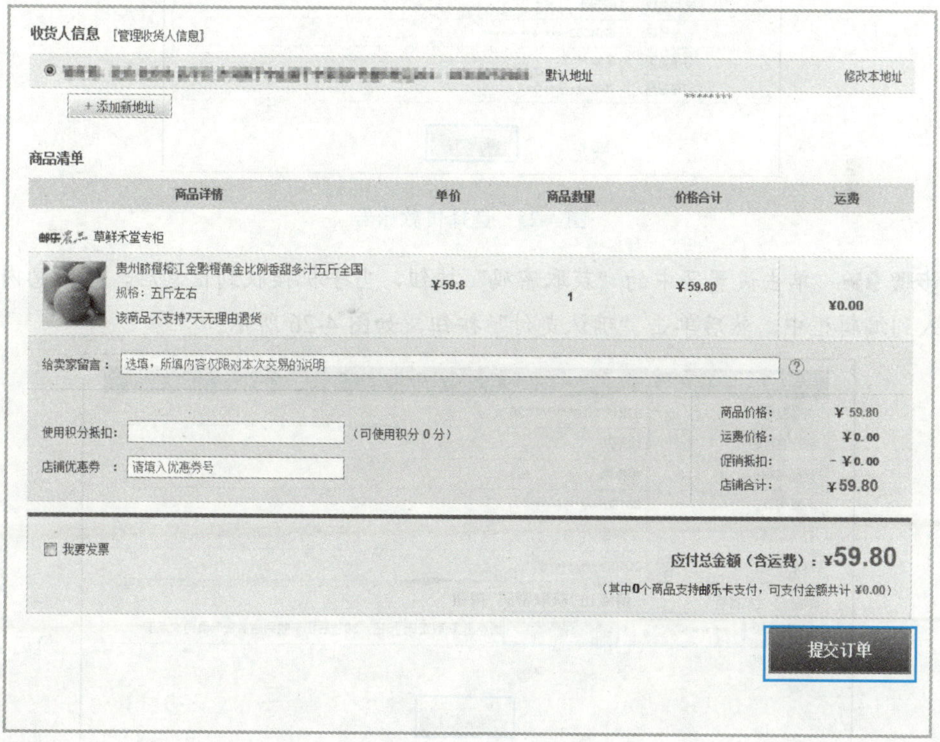

图 4-23　提交订单

步骤7▶ 在打开的页面中选择"个人网银"选项卡，在选项区中选择"中国邮政储蓄银行借记卡"，然后单击"立即付款"按钮，如图4-24所示。

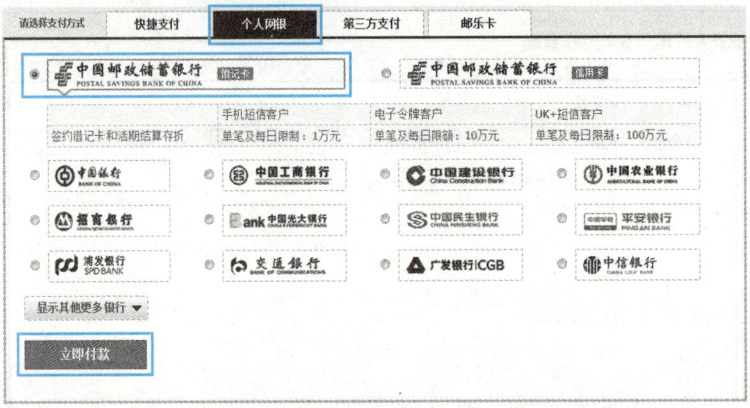

图4-24　选择支付方式

步骤8▶ 进入中国邮政储蓄银行网上银行登录页面，输入用户信息登录网银。在弹出的"专业版支付"设置区中选择付款账号，然后单击"确认支付"按钮，如图4-25所示。

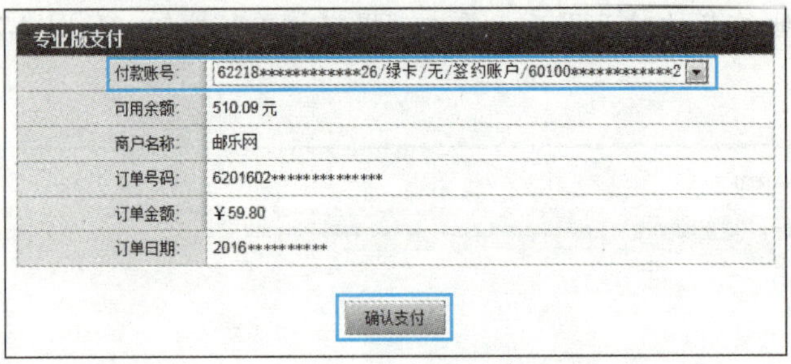

图4-25　选择付款账号

步骤9▶ 单击设置区中的"获取密码"按钮，当手机接收到信息后，将信息内的密码输入到编辑框中，然后单击"确认支付"按钮，如图4-26所示。

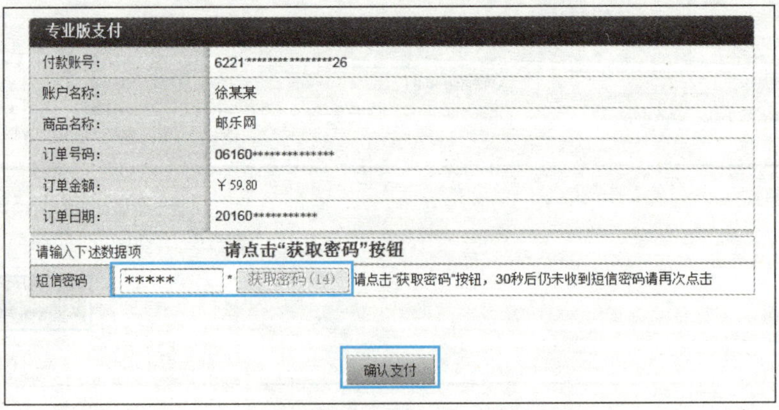

图4-26　确认付款

步骤 10▶ 系统弹出如图 4-27 所示的页面，表示支付成功。单击"返回商户页面"按钮，可返回"邮乐网"查看订单信息。

专业版支付	
交易结果	交易成功
付款账号:	6221881****************
可用余额:	450.29元
商户名称:	邮乐网
订单号码:	6201602*************
商品金额:	￥59.8
订单日期:	20160*********

返回商户页面

图 4-27 支付成功

（二）网上缴费

随着网络信息技术的不断发展，人们在网上的活动已不仅仅局限于网上购物，还有更多领域的支付业务被开发出来，如缴付手机费，学费，水、电、燃气费，宽带费，有线电视费，固话费，物业费等。这些网上支付的应用在很大程度上方便了人们的生活，节约了人们的时间，提高了人们办理业务的效率。

网上缴费支付时的基本流程为：① 进入银行网站；② 查找缴费项目，通过单击进入缴费页面；③ 输入详细用户及缴费信息，并确认网上支付；④ 登录个人网上银行，选择银行卡后进行付款，期间需进行手机信息密码验证。

关于网上缴费的具体支付操作，用户可参考本任务的任务实施。

（三）自助转账

利用网上银行，客户可轻松办理银行基本金融业务和服务，如账户查询、转账汇款、账户挂失等，而无需前往营业网点办理，既节约了时间，又提高了效率。

下面以中国邮政储蓄银行为例，介绍在网上自助转账的具体操作。

步骤 1▶ 用 IE 浏览器登录中国邮政储蓄银行个人网上银行，单击导航栏中的"转账汇款"按钮，然后单击其子选项中的"行内转账"按钮，如图 4-28 所示。

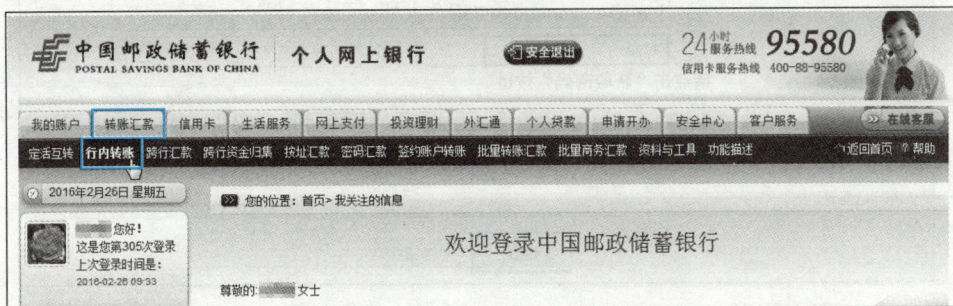

图 4-28 执行转账操作

步骤2▶ 在弹出的"行内转账"设置区中填写转账信息，完成后单击"提交"按钮，如图4-29所示。

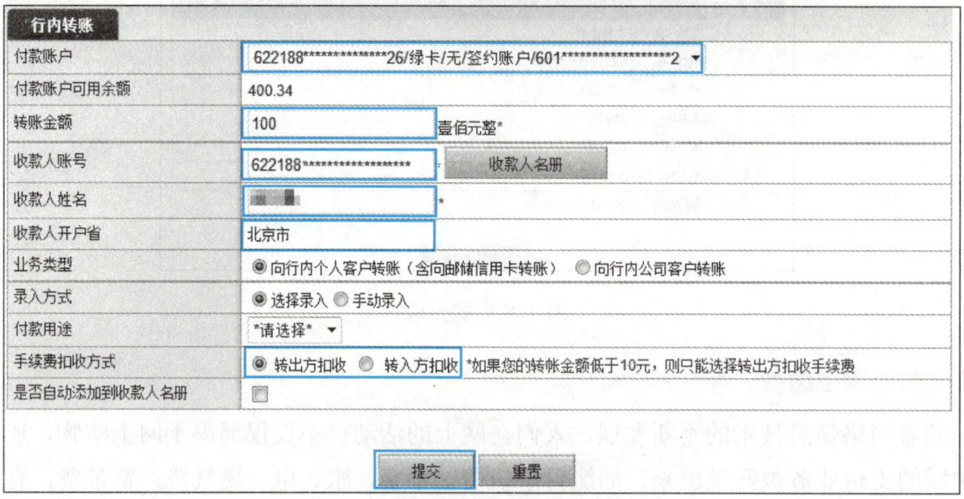

图4-29 填写转账信息

步骤3▶ 在弹出的"行内转账确认"设置区中填写验证码，然后单击"获取密码"按钮，当手机接收到信息后，将信息内的密码输入到编辑框中，单击"确认"按钮，如图4-30所示。

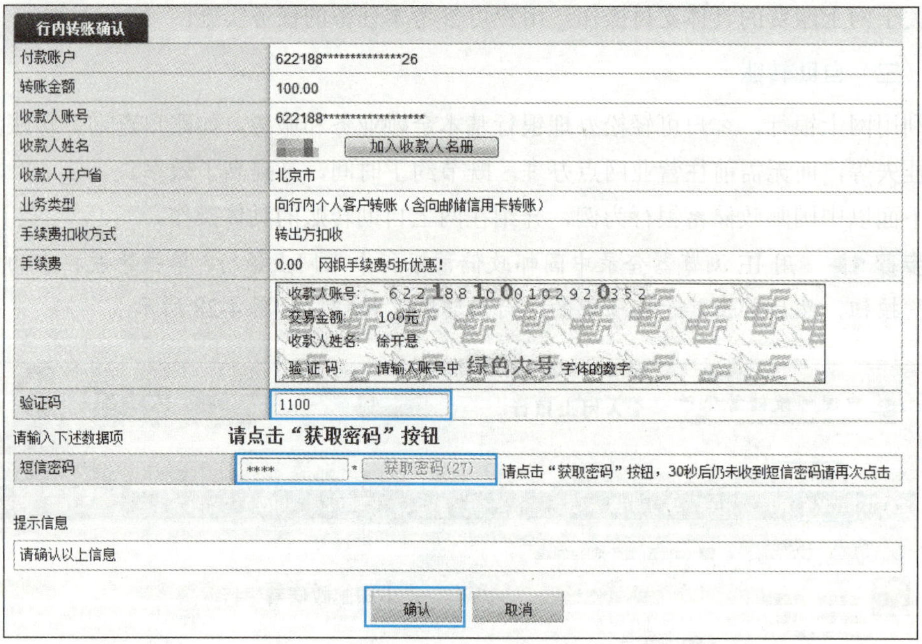

图4-30 确认转账

步骤4▶ 系统弹出如图 4-31 所示的页面，表示转账成功。单击"打印"或"下载"按钮，可对此页面进行打印或下载。

行内转账成功	
您的行内转账交易受理成功！请查询对方收款账户到账情况，确认交易结果。	
网银流水号：	01017********
付款账户	622188*************
转账金额	100.00
异地转账手续费	0.00
付款总金	100.00
手续费扣收方式	转出方扣收
收款人账号	622188**************
收款人名称	
收款人账号类型	个人户
付款用途	

返回　打印　下载

图 4-31 转账成功

任务实施

步骤1▶ 用 IE 浏览器打开中国邮政储蓄银行网站首页，在页面左下方的"快速通道"选项区中单击"生活服务"按钮，如图 4-32 所示。

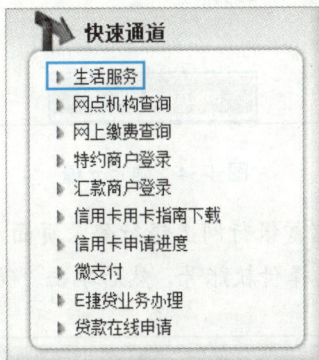

快速通道
- ▶ 生活服务
- ▶ 网点机构查询
- ▶ 网上缴费查询
- ▶ 特约商户登录
- ▶ 汇款商户登录
- ▶ 信用卡用卡指南下载
- ▶ 信用卡申请进度
- ▶ 微支付
- ▶ E捷贷业务办理
- ▶ 贷款在线申请

图 4-32 单击"生活服务"按钮

步骤2▶ 进入充值页面，然后单击"手机充值"选项卡，在选项区中输入手机号码和充值金额，完成后单击"下一步"按钮，如图 4-33 所示。

图 4-33 "手机充值"选项区

步骤 3▶ 在弹出的选项区中单击"确定充值 去网银付款"按钮，如图 4-34 所示。

图 4-34 确定充值

步骤 4▶ 进入中国邮政储蓄银行网上银行登录页面，输入用户信息登录网银。在弹出的"专业版支付"设置区中选择付款账号，然后单击"确认支付"按钮，如图 4-35 所示。

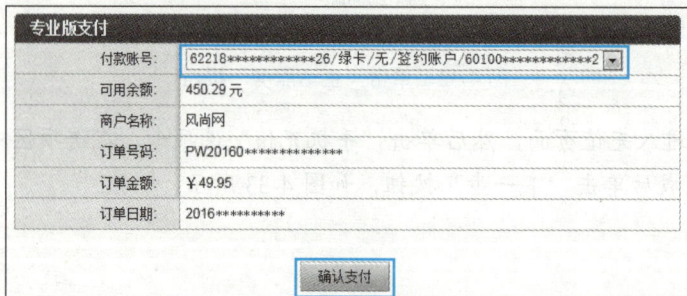

图 4-35 选择付款账号

步骤 5▶ 单击设置区中的"获取密码"按钮，当手机接收到信息后，将信息内的密码输入到编辑框中，然后单击"确认支付"按钮，如图 4-36 所示。

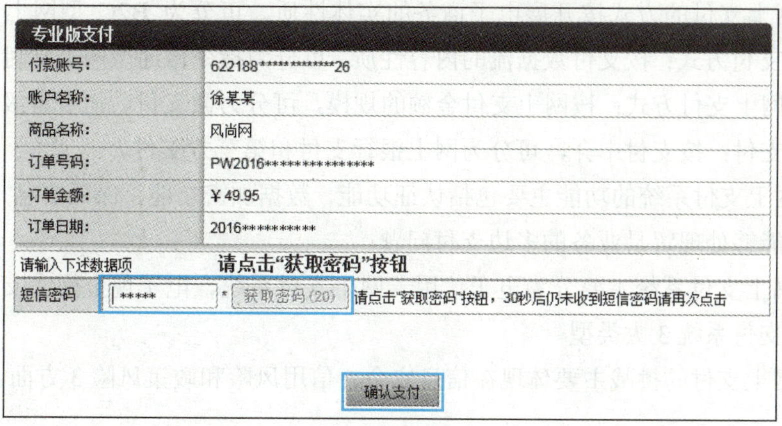

专业版支付	
付款账号：	622188*************26
账户名称：	徐某某
商品名称：	风尚网
订单号码：	PW2016*************
订单金额：	￥49.95
订单日期：	2016*********
请输入下述数据项	**请点击"获取密码"按钮**
短信密码	***** * 获取密码(20) 请点击"获取密码"按钮，30秒后仍未收到短信密码请再次点击

确认支付

图 4-36 确认付款

步骤 6▶ 系统弹出如图 4-37 所示的页面，表示支付成功。单击"返回商户页面"按钮，可查看订单信息。

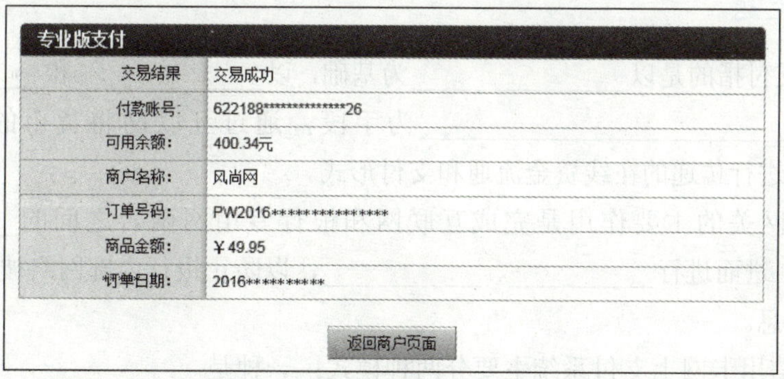

专业版支付	
交易结果	交易成功
付款账号：	622188**************26
可用余额：	400.34元
商户名称：	风尚网
订单号码：	PW2016*************
商品金额：	￥49.95
订单日期：	2016*********

返回商户页面

图 4-37 支付成功

项目小结

本项目主要介绍了网上支付的基础知识及典型应用。学完本项目，读者应重点掌握以下内容：

（1）网上支付是交易双方在安全的虚拟网络环境下进行的资金转移或交换。

（2）网上支付与传统支付的区别主要体现在支付方式、身份认证、支付环境、付款授权方式和信息传递渠道方面。

（3）网上支付体系共涉及 7 个参与主体，分别是客户、商家、客户开户银行、商家开户银行、支付网关、银行专网和认证中心。

（4）网上支付的方式按开展电子商务的实体性质，可分为 B2C 型网上支付方式与 B2B 型网上支付方式；按支付数据流的内容性质，可分为指令传递型网上支付方式与电子现金传递型网上支付方式；按网上支付金额的规模，可分为微支付、消费者级网上支付和商业级网上支付；按支付中介，可分为网上银行支付和第三方支付。

（5）网上支付系统的功能主要包括认证功能、数据加密功能、保证信息完整性功能、认定功能、能够处理贸易业务的多边支付问题。

（6）网上支付系统主要分为电子信用卡网上支付系统、电子现金网上支付系统和电子支票网上支付系统 3 大类型。

（7）网上支付的挑战主要体现在信息安全、信用风险和政策风险 3 方面。

项目习题

一、填空题

1. 网上支付指的是以_____为基础，以_____和_____为媒介，采用_____为手段，通过互联网将货币的相关信息以_____进行传递的在线资金流通和支付形式。

2. 支付网关的主要作用是完成互联网和银行专用网两者之间的_____、_____，进而进行_____、_____，以防止银行内部网络被恶意攻击，泄露客户支付信息。

3. 电子信用卡网上支付系统主要分两种模式：一种是_____；另一种是_____。

4. 电子现金又被称为_____、_____，它是一种_____货币，将表示现金的加密序列数代表现实中各种金额的市值，来进行网上支付结算。

5. 支付环境中，网上支付是在_____网络系统平台中进行；传统支付是在_____系统环境中进行。

二、选择题

1. 以下描述中不符合网上支付的是（　　　）。
   A. 以互联网为基础　　　　　B. 以计算机为依托
   C. 用数字化的方式　　　　　D. 是现金、票据的流转

2. 发卡行是指（　　）在其中拥有账户的银行。

    A. 客户　　　　　　　　　　　　B. 商家

    C. 网上银行　　　　　　　　　　D. 商家开户银行

3. 以下方式不属于 B2C 型网上支付的是（　　）。

    A. 信用卡网上支付　　　　　　　B. 电子现金网上支付

    C. 电子钱包网上支付　　　　　　D. 电子支票网上支付

4. （　　）应用于特别小金额的网络交易支付结算。

    A. 网上银行支付　　　　　　　　B. 商业级网上支付

    C. 微支付　　　　　　　　　　　D. 消费者级网上支付

5. 目前网上支付的挑战不包括（　　）方面。

    A. 信息安全　　　　　　　　　　B. 硬件设备

    C. 信用风险　　　　　　　　　　D. 政策风险

三、简答题

1. 网上支付的参与主体有哪些？请对其进行简述。

2. 什么是网上银行支付和第三方支付？

3. 网上支付系统的功能有哪些？

4. 结合我国经济现状，简述网上支付存在的优势与挑战。

项目实训　水电煤自助缴费

在中国建设银行网上银行自助缴纳水费。

实施步骤如下：

（1）登录中国建设银行指定门户网站 http://www.ccb.com，并进入缴费页面。

（2）选择缴费项目，如水费，进入缴费流程页面。

（3）填写缴费信息，包括省份、城市、收费单位、缴费单据号、缴费年月。

（4）核对页面显示的缴费信息无误后，单击"确定"按钮。

（5）登录个人网上银行进行付款。

（6）选择网上银行客户付款或账号付款，验证安全工具通过后完成付款。

项目五　移动支付

学习目标

★　了解移动支付的概念、类型、使用的方法及发展现状；
★　掌握移动支付的流程和运营模式；
★　了解移动支付的产业链构成和业务类型；
★　了解近场移动支付的技术基础和技术方案；
★　了解远程移动支付的技术基础和技术方案。

引导案例　Apple Pay 来了

"以后出门真的只要一个手机就够了。"一秒支付成功，指纹验证拿货走人，惊人的成交速度给用户留下了深刻印象。2016 年 2 月 18 日，Apple Pay 正式亮相中国市场。今后，通过苹果手机、平板电脑、手表等产品，用户可直接刷 POS 机，而无需打开相应的支付 APP 软件。我国也成为全球第五个、亚洲第一个上线该服务的国家。

目前，国内已有近 20 家主要商业银行支持 Apple Pay 服务。民生银行相关负责人介绍说，凡是持有已开通支持 Apple Pay 服务银行发行的带有银联标识的借记卡或信用卡客户，只需将自己的银行卡添加至 iPhone、Apple Watch 及 iPad 上，就可以通过这些移动设备使用该卡直接进行线下支付或线上 APP 支付，其日常消费支付将变得更加方便快捷。

Apple Pay 的设置方法非常简单，进入 iPhone、iPad 等移动设备的 Wallet APP，点击"添加信用卡或借记卡"，可以通过扫描银行卡自动添加或者手动输入卡片详细信息予以添加。进入卡片验证环节后，以民生银行卡为例，该行借记卡客户可以通过短信验证码进行验证，信用卡客户除了短信验证码验证外，还可拨打该行信用卡服务热线激活卡片。激活成功后，客户便可看到银行卡可用于 Apple Pay 的提示了。在线下消费支付时，只要将 iPhone 靠近支持银联闪付非接触式读卡器，并将其手指放在 Touch ID 上，通过指纹进行验证即可快速完成支付。如果客户在 APP 中购物消费需要支付时，在 iPhone 和 iPad 上，结账非常简单，只要选择 Apple Pay，并将其手指放在 Touch ID 上就好了；如果需要卡密码，再输入一下即可完成支付。

同时，中国银联宣布，即日起银联云闪付正式开通支持 Apple Pay 服务，中国境内的持卡人可以轻松将银联卡添加到 iPhone、Apple Watch 及 iPad 上，在"银联云闪付"线下商户及线上 APP 更加便捷安全地支付。在实体商户内，只需认准银联云闪付标识，即可在包括家乐福、麦当劳、肯德基等在内的超市、餐厅、咖啡厅等日常消费场所方便地支付。

任务一 用美团 APP 订餐

任务描述

作为近年来兴起的一种新型支付方式，移动支付（Mobile Payment）正处于飞速发展阶段，其内容也在不断变化、更新和丰富。本任务将通过使用美团手机客户端订外卖，带领大家认识一下移动支付。

相关知识

一、移动支付概述

随着智能手机、平板电脑、个人数字助理（PDA）等手持式电子设备的广泛应用和普及，移动商务在人们的生活中扮演着越来越重要的角色。与此同时，移动支付也引起了社会的广泛关注。移动支付是随着无线网、信息技术的快速发展而出现的新型商务支付方式，目前还处于发展阶段，在内容和形式上也在不断丰富和完善。

（一）移动支付的定义

移动支付也称手机支付，就是允许用户使用其移动终端（通常是手机）对所消费的商品或服务进行账务支付的一种服务方式。单位或个人通过移动设备、互联网或者近距离传感直接或间接向银行金融机构发送支付指令产生货币支付与资金转移行为，从而实现移动支付功能。移动支付将终端设备、互联网、应用提供商及金融机构相融合，为用户提供货币支付、缴费等金融业务。

国外著名移动支付论坛（Mobile Payment Forum）给出的移动支付的定义为：移动支付也称手机支付，是指交易双方为了某种货物或服务，使用移动终端设备为载体，通过移动通信网络实现的商业交易。移动支付所使用的移动终端可以是手机、PDA、移动 PC 等。

中国人民银行也对移动支付进行了定义：移动支付是指单位、个人直接或授权他人通过移动通信终端或设备，如手机、掌上电脑、笔记本电脑等，发出支付指令，实现货币支付与资金转移的行为。

综上可知，移动支付就是指交易双方为了某种商品或者业务，通过移动设备（手机、移动 PC、PDA 等）进行商业付款和交易。移动支付充分结合了银行卡和手机钱包的各种优点，摒弃了各方缺陷，使得货币交易电子化的进程得以发展和完善，为各类第三方电子支付企业提供了更广阔、更多样的业务方式。

（二）移动支付的特点

移动支付属于电子支付方式的一种，因此具有电子支付的特征，但因其与移动通信技术、无线射频技术、互联网技术相互融合，又具有自己的特征。移动支付和移动商务的主要特点就是移动性，它涉及大量移动信息的传递、交易和处理，需要相应移动计算技术的支持，即相关的无线互联技术，如蓝牙技术、无线局域网技术、无线应用协议等，能提供时尚、安全、随时随地的支付服务。与其他电子支付手段相比，移动支付具有以下特点。

1. 便捷性

相对常规的支付工具来说，以手机为主的移动终端具有更强的用户黏性，携带更方便，支付更便利。用户随身携带移动设备，消除了距离和地域的限制，可以随时随地获取所需要的服务、应用和信息，并完成整个支付与结算过程。中国的手机用户是互联网用户的 3 倍，移动支付终端普及率高，使支付更加方便。另外，移动支付还具有无需兑付零钱、快捷、多功能、全天候服务等特性。

2. 安全性

作为电子商务重要的支付方式，移动支付直接涉及用户和运营商的资金安全，所以，支付安全是其面临的关键问题之一。中国社会调查所就我国电子支付企业用户满意度进行的抽样调查结果显示，消费者最关注的仍是电子支付的安全性。

移动设备用户对隐私性的要求要远高于 PC 用户，高隐私性决定了移动互联网终端应用的特点——在共享数据时既要保障认证客户的有效性，又要保证信息的安全性。这明显区别于互联网公开、透明、开放的特点。在互联网上，个人电脑用户信息是可以被搜集的；而移动设备用户显然不需要让他人知道甚至共享自己设备上的信息，移动设备的隐私性保障了支付的安全。

3. 灵活性

移动终端极好的随身性和移动性，可以使消费者摆脱营业厅的特定地域限制。用户只要申请了移动支付功能，便可足不出户完成整个支付与结算过程，避免了毫无价值的排队等候，降低了交易时间成本，有利于调整价值链，优化产业资源布局。移动支付不仅可以为移动运营商带来增值收益，也可以为金融系统带来中间业务收入。

4. 实时性

移动通信终端与互联网平台的交互取代了传统的人工操作，使移动支付不再仅仅受限于相关金融企业和商家的营业时间，实现了 7×24 小时不受时间限制的服务。用户可以随时随地使用移动互联网查询账户余额、交易记录、实时转账、修改密码、购物消费等。

5．集成性

移动支付不仅为用户提供了移动电子商务的远程支付功能，还可以通过与终端读写器近距离识别进行信息交互。运营商可以将移动通信卡、公交卡、地铁卡、银行卡等各类信息整合到以手机为平台的载体中进行集成管理，并搭建与之配套的网络体系，从而为用户提供十分方便的支付及身份认证渠道。

图 5-1 显示了移动支付在衣食住行等各个领域的应用。

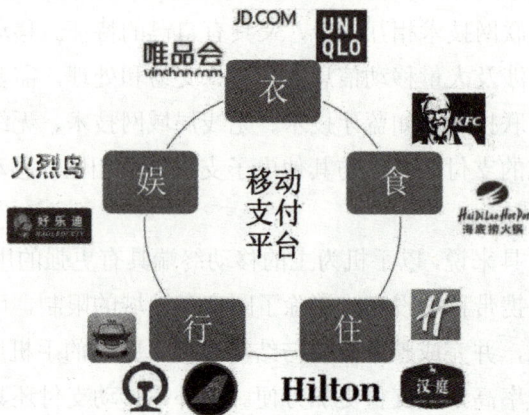

图 5-1　移动支付应用领域

（三）移动支付的类型

按照不同的标准，移动支付可以分为不同的类型。了解和掌握移动支付的分类，是掌握移动支付基本应用的前提，根据不同标准对移动支付进行的分类如表 5-1 所示。

表 5-1　根据不同标准对移动支付进行的分类

分类标准	分　类
按照用户支付额度的大小分类	微支付和宏支付
按完成支付所依托的技术条件分类	近场支付和远程支付
按支付账户的性质分类	银行卡支付、第三方支付账户支付、通信代收费账户支付
按支付的结算模式分类	即时支付和担保支付
按用户账户的存放模式分类	在线支付和离线支付

1．微支付和宏支付

根据移动支付论坛的定义，微支付是指交易额少于 10 美元的支付行为，通常是指购买移动内容业务，例如游戏、视频下载等；宏支付是指交易金额较大的支付行为，例如在线购物或近距离支付（微支付方式同样也包括近距离支付，例如交停车费等）。二者最大的区别在于安全要求级别不同。对于宏支付方式来说，通过可靠的金融机构进行交易鉴权是非常必要的；而对于微支付来说，使用移动网络本身的 SIM 卡鉴权机制就可以了。

2. 近场支付和远程支付

- 近场支付是指通过具有近距离无线通讯技术的移动终端实现本地化通讯进行货币资金转移的支付方式。
- 远程支付是指通过移动网络，利用短信、GPRS 等空中接口，与后台支付系统建立连接，实现各种转账、消费等支付功能。

3. 银行卡支付、第三方支付账户支付、通信代收费账户支付

银行卡支付就是直接采用银行的借记卡或贷记卡账户进行支付的形式。

第三方支付账户支付是指为用户提供与银行或金融机构支付结算系统接口的通道服务，实现资金转移和支付结算功能的一种支付服务。第三方支付机构作为双方交易的支付结算服务的中间商，需要提供支付服务通道，并通过第三方支付平台实现交易和资金转移结算安排的功能。

随着智能移动终端的高速发展和普及，以及金融脱媒趋势的日益强化，传统金融受到前所未有的冲击，以 P2P、众筹模式、第三方支付为核心的互联网金融新兴产业正在逐渐形成。

提 示

所谓"金融脱媒"，是指在金融管制的情况下，资金供给绕开商业银行体系，直接输送给需求方和融资者，完成资金的体外循环。随着经济金融化、金融市场化进程的加快，商业银行作为主要金融中介的重要地位在相对降低。金融脱媒是经济发展的必然趋势。

通信代收费账户是移动运营商为其用户提供的一种小额支付账户，用户在互联网上购买电子书、歌曲、视频、软件、游戏等虚拟产品时，通过手机发送短信等方式进行后台认证，并将账单记录在用户的通信费账单中，月底进行合单收取。

4. 即时支付和担保支付

即时支付是指支付服务提供商将交易资金从买家的账户即时划拨到卖家账户。一般应用于"一手交钱一手交货"的业务场景（如商场购物），或应用于信誉度很高的 B2C 及 B2B 电子商务，如首信、YeePay、云网等。

担保支付是指支付服务提供商先接收买家的货款，但并不马上支付给卖家，而是通知卖家货款已冻结，卖家发货；买家收到货物并确认后，支付服务提供商将货款划拨到卖家账户。支付服务商不仅负责资本的划拨，同时还要为不信任的买卖双方提供信用担保。担保支付业务为开展基于互联网的电子商务提供了基础，特别是对于没有信誉度的 C2C 交易及信誉度不高的 B2C 交易。目前在这方面做得比较成功的是支付宝。

5. 在线支付和离线支付

➤ 在线支付是指用户账户存放在支付提供商的支付平台，用户消费时，直接在支付平台的用户账户中扣款。

➤ 离线支付是指用户账户存放在智能卡中，用户消费时，直接通过 POS 机在用户智能卡的账户中扣款。

（四）移动支付使用的方法

移动支付最常使用的方法有短信支付、扫码支付、指纹支付和声波支付。

1. 短信支付

短信支付是手机支付的最早应用，它将用户手机 SIM 卡与用户本人的银行卡账号建立一种一一对应的关系，用户通过发送短信的方式在系统短信指令的引导下完成交易支付请求。这种方式操作简单，并可以随时随地进行交易，强调了移动缴费和消费。

2. 扫码支付

扫码支付是一种基于账户体系搭建起来的新一代无线支付方案。在该支付方案下，商家可把账号、商品价格等交易信息汇编成一个二维码，并印刷在各种报纸、杂志、广告、图书等载体上发布。

用户通过手机客户端扫描二维码，便可实现与商家账户的支付结算。最后，商家根据支付交易信息中的用户收货、联系信息，就可以进行商品配送，完成交易。

3. 指纹支付

指纹支付即指纹消费，是采用目前已成熟的指纹系统进行消费认证，即顾客使用指纹注册，通过指纹识别即可完成消费支付。

4. 声波支付

声波支付是利用声波的传输，完成两个设备的近场识别。其具体过程是，在第三方支付产品的手机客户端里，内置有"声波支付"功能，用户打开此功能后，用手机麦克风对准收款方的麦克风，手机会播放一段"咻咻咻"的声音，然后售货机听到这段声波之后就会自动处理，用户在自己手机上输入密码，售货机就会"吐出"商品。

（五）移动支付的发展现状及趋势

知名科技媒体《商业内幕》旗下市场调研部门 BI Intelligence 于 2014 年发表的研究报告指出，2013 年，全球移动支付总量达到了 2 230 亿美元，这一数字已经达到了全球信用卡和借记卡交易总额的四分之一。从支付服务组织来看，银行在移动支付市场占据统治地位，非金融服务商占据市场份额比较小，但增长速度较快。

1. 我国移动支付的发展现状

最早在 1999 年，中国移动与中国工商银行、招商银行等金融部门合作，在广东等一些省市开始进行移动支付业务试点。

2011 年 4 月，中国联通组建了联通沃易付网络技术有限公司；2011 年 7 月，中国移动成立中国移动电子商务有限公司；2012 年 3 月，中国电信成立天翼电子商务有限公司。2011 年 12 月，三大运营商的移动支付子公司同时获得央行颁布的支付业务许可证，运营商在开发移动支付产品和推广上的积极性得到提升。

2011 年中国移动支付市场发展迅速，全年交易额达到 742 亿元，同比增长 67.8%；移动支付用户数同比增长 26.4%至 1.87 亿户。

2011 年之后移动互联网和移动电子商务的普及率提高，不仅为移动支付提供了广阔的商用平台，更培养了用户网上支付的消费习惯，是移动支付市场爆发的重要催化剂。

随着 3G 技术的兴起和发展，移动电子商务兴起，使手机成为更便捷的交易终端。最近几年，中国互联网高速发展，普及率不断提高，为电子商务的高速发展打下了最坚实的基础。随着网上商务活动的不断发展壮大，需要政策法规来规范网上市场的发展。

2014 年，第三方支付的移动支付市场仍是支付宝钱包一家独大，份额达到 79.26%，在应用内支付市场，支付宝也以 66.82%的份额领跑，表面风光，但其实两个市场都不稳固。微信和 QQ 的手机支付也正在快速成长。

2015 年第 2 季度，中国移动支付市场的总体交易额达 34 746 亿元人民币，中国互联网支付市场的总体交易规模为 32 888 亿元人民币，移动支付市场季度交易规模首次超过互联网支付市场季度交易规模。图 5-2 所示为 2014～2015 年中国互联网支付与移动支付交易规模对比图。

2014Q1-2015Q2中国互联网支付与移动支付交易规模对比

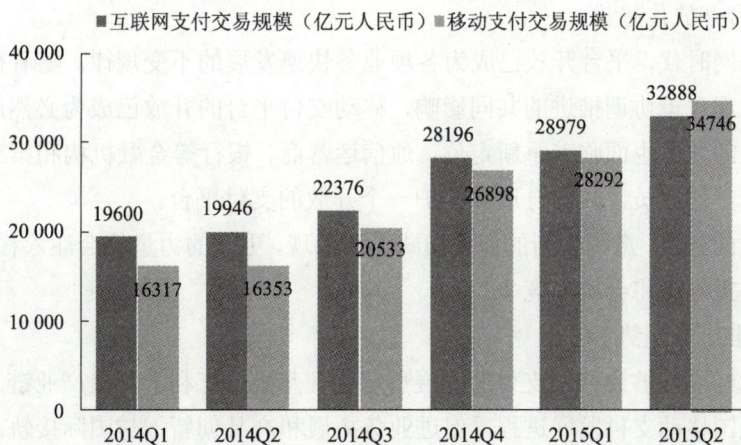

图 5-2 2014～2015 年中国互联网支付与移动支付交易规模对比图

2. 移动支付的发展趋势

4G 时代的到来，为移动支付的发展增加了新的助推力，未来移动支付的发展将呈现多样化趋势。

（1）全方位加速普及

随着智能终端的快速普及和功能升级，以及 4G 网络在各地区的全方位普及，我国超

113

7.3 亿城镇人口和超 6.3 亿农村人口将陆续享受到移动互联网带来的便利。与其他行业的发展趋势类似，移动支付行业也逐渐呈现出从一、二、三、四线城市逐渐辐射到乡、镇、村的过程。现在主流的移动支付参与者已经将渠道下沉列为未来主要的发展方向之一，预计未来移动支付行业在我国小城镇和乡村地区的渗透率将会更快速的增长。

（2）支付场景增多

未来几年，支付宝、财付通、拉卡拉等企业还是会继续抢占线下的支付场景，不管是打车、餐饮、商超，还是医疗、交通、金融等领域，越来越多的实体场景将能接受手机钱包的付款方式。扫码支付将比 NFC 更早在线下市场蔓延。未来，Google、三星等手机厂家也将纷纷进入中国的移动支付领域，NFC 近场支付将为线下移动支付的发展带来更多的想象空间。有理由预期，不远的将来，移动支付将逐步发展成可以替代银行卡和现金的支付方式。

（3）小额高频化趋势

2016 年春节，"抢红包"成功登陆直播 7 亿收视率的央视春晚，并成为观众互动的一个重要环节，这标志着"抢红包"背后的移动支付完成了量的积累，正式升级成为一个全民参与的社会现象。

抢红包让众多长尾用户"初识"和"初试"了移动支付，当部分用户自助或在亲朋帮助下完成注册、认证、绑卡等过程后，便形成了向移动支付用户的转化。支付宝、财付通等企业再趁热打铁跟进一些培养用户小额高频的使用习惯的营销活动，就真正将这部分长尾用户培养成了有效用户，这步将完成移动支付的质的飞跃。

（4）平台开放化趋势

移动互联网时代，平台开放已成为各项业务快速发展的不变规律。随着行业标准逐步统一和国家宏观政策协调推进的共同影响，移动支付平台的开放已成为必然趋势。移动支付产业链各方的角色也面临着重新定位，通信运营商、银行等金融机构和第三方支付企业将联合产业链其他成员，共同打造并维护一个开放的支付平台。

移动支付的开放，意味着新的商业模式不断涌现，更多的力量将会注入移动支付市场，移动支付服务提供商将会协作竞争。

（5）标准统一趋势

统一技术标准能够为移动支付的发展奠定物理基础，有利于营造产业链开放、合作的局面，推动我国移动支付发展进程，促进业务拓展和产品创新，与国际接轨。反之，若是缺乏统一标准，直接导致的结果就是移动支付市场比较混乱，支付的可靠性和安全性也无从保障。2012 年 11 月，中国人民银行、工信部、国标委的相关四局组织银行和三大电信运营商召开了移动支付工作研讨会，明确指出近场支付采用 13.56 MHz 标准。同年 12 月，人民银行发布移动支付技术标准，涵盖应用基础、安全保障、设备、支付应用、联网通用 5 大类 35 项标准，明确了各项系统性技术要求。由此可见，我国正在为移动支付技术标准的统一不断努力。

二、移动支付的流程与模式

（一）移动支付的流程

同一般的网络支付一样，移动支付也要涉及 4 个主要的环节：消费者、商家、发行方和收款方。其中，发行方和收款方都应该是金融机构，而两者之间的区别在于移动支付平台运营商需要对商家和消费者的身份进行确认才能完成交易。消费者从网上超市选好产品或服务后，发出购买指令，执行购买操作，商家去移动支付平台取得消费者信息，进行确认，由移动支付平台代收费用并告知商家可以交付产品或服务，从而形成完整的手机支付过程，具体流程如图 5-3 所示。

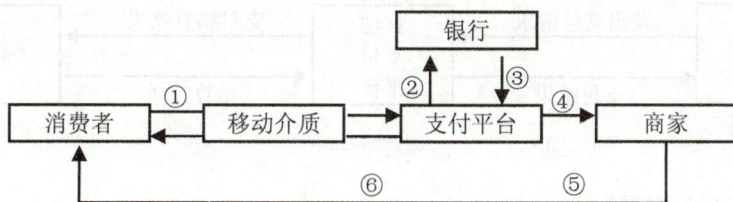

图 5-3　移动支付流程图

第一步：消费者通过移动介质（手机或平板等移动产品）选定商品或服务，并提出支付请求，支付请求通过移动介质传输到移动支付平台。

第二步：移动支付平台接受支付请求，并将移动支付请求信息的姓名、卡号等资料发送到银行端进行验证。

第三步：银行端对支付信息进行验证，成功之后对消费者的银行卡进行扣款，并返回支付成功信息到移动支付平台。

第四步：移动支付平台收到支付成功信息之后，发送支付成功凭证给商家。

第五步：商家收到支付成功凭证之后，可以为消费者提供商品或服务。

第六步：移动支付平台返回支付凭证给消费者。

（二）移动支付的运营模式

移动支付的运营模式主要有 3 种：以金融机构为主导的运营模式、以移动运营商为主导的运营模式、以第三方支付服务提供商为主导的运营模式。

1. 以金融机构为主导的运营模式

以金融机构为主导的运营模式实际上是传统支付的延伸，在这种模式下，银行独立提供移动支付服务，消费者和银行之间利用手机借助移动运营商的通信网络传递支付信息。移动运营商不参与运营管理，只负责提供信息通道。金融机构的盈利来源主要是从商家获得每笔交易的服务佣金，同时，移动运营商也可以收取来自消费者的通信费和来自金融机构的专网使用或租赁费，具体如图 5-4 所示。

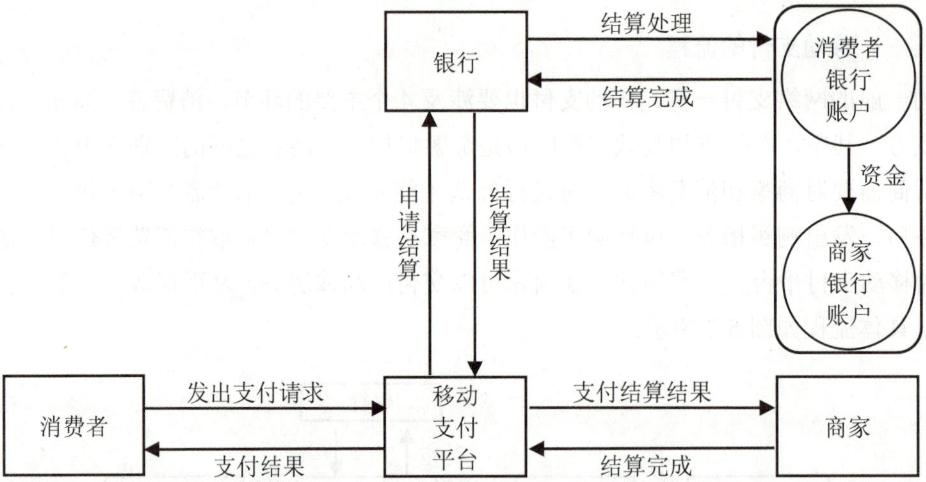

图 5-4　以金融机构为主导的运营模式

（1）以银行为主导

银行通过与移动运营商搭建专线等通信线路实现互联，将银行账户与手机账户绑定，用户使用银行账户进行移动支付。银行为用户提供交易平台和付款途径，移动运营商为银行和用户提供信息通道，不参与支付过程。目前我国多数提供手机银行业务的银行都是自己运营移动支付平台。以银行为主导的运营模式存在以下一些问题。

➢ 各银行只能为本行用户提供相关服务，技术规范和业务规范的统一及由此带来的各银行间的互通性成为主要问题，移动支付业务在各银行之间不能互联互通。

➢ 各银行都要自己购置设备并自建计费与认证系统，因而会造成较大的资源浪费。

（2）以银联为主体

作为国内银行卡信息交换网络的金融运营机构，银联所提供的移动支付平台接入服务是银行卡支付服务的延伸，与商业银行个性化的手机银行业务不同，它属于一种为所有商业银行向持卡人提供的统一和普适化的金融服务。

银联之所以在移动支付产业成为一个可信赖的合作伙伴，不仅仅是由于它覆盖全国的银行卡信息交换网络连接了国内所有商业银行，还由于其国家支持的背景。由银联来建立和运营移动支付平台，可以避免以移动运营商为主导的一些弊端，同时也能解决多个银行共同开展移动支付业务时带来的困扰和资源浪费，优化了整个产业。

2．以移动运营商为主导的运营模式

这种运营模式是在通信网络技术不断发展的基础上建立起来的。这种模式下，移动运营商会以用户的手机话费账户或开设专门账户作为移动支付账户，用户所发生的移动支付交易费用直接从话费账户或专门账户中扣除，用户需要事先在专门账户中存入现金才可以使用，具体如图 5-5 所示。

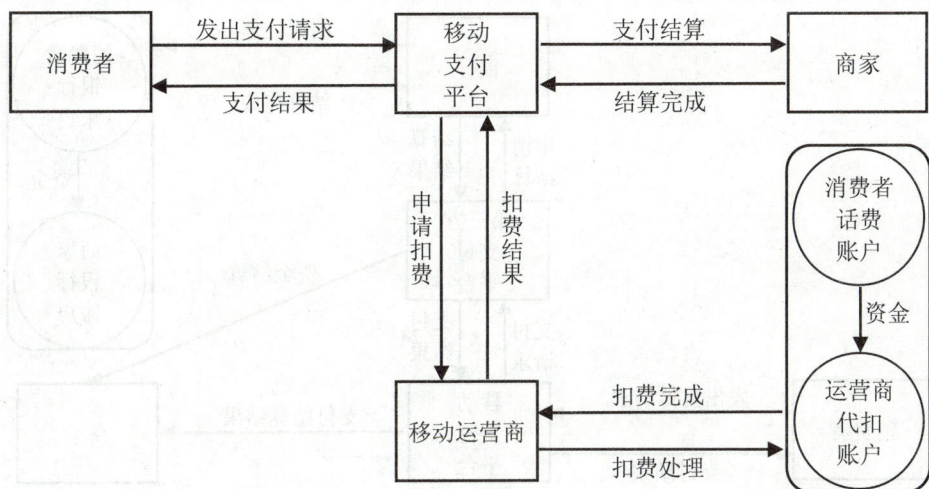

图 5-5　以移动运营商为主导的运营模式

在这种运营模式下，移动运营商的收益主要来源于两部分：一是商家给予的每笔交易的服务佣金；二是消费者的通信费，包括短信、WAP 浏览费等。

以移动运营商为主导的运营模式主要有以下特点：

（1）移动运营商直接与用户交流，不需要银行参与，技术实现简单。但是，用户每月的手机话费和移动支付费用很难区分，因此一般只能用于小额支付。

（2）移动运营商需要承担部分金融机构的责任，如果发生大额交易将与国家金融政策发生抵触；并且无法对非话费类业务出具发票，税务处理复杂。

（3）基于移动支付的特性，这种运营方式拥有庞大的手机用户群，并且计费和客户服务系统较为成熟，容易把握受众群、细分市场，支持多种手机业务收费模式，有效地开展移动多媒体广播业务。还可以将移动多媒体广播业务与原有的视频点播、内容（音乐）下载、彩信、彩铃等业务进行整合，向用户提供多样化的综合应用服务，提高用户忠诚度，并获得新的收入增长点。

3.　以第三方服务提供商为主导的运营模式

此处的第三方服务提供商是指独立于银行和移动运营商的第三方经济实体，也是连接移动运营商、银行和商家的桥梁及纽带。第三方服务提供商利用移动运营商的通信网络和银行金融机构的各种支付卡，进行支付的身份认证和支付确认，通过交易平台运营商，用户可以轻松实现跨银行的移动支付服务，如图 5-6 所示。

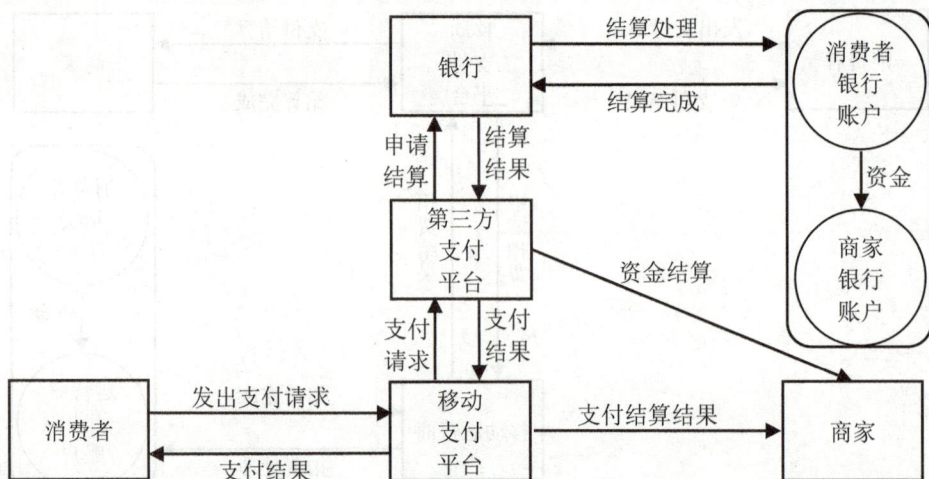

图 5-6　以第三方服务提供商为主导的运营模式

以第三方服务提供商为主导的运营模式具有以下特点：

➢ 银行、移动运营商、第三方服务提供商和商家之间分工明确、责任到位、关系简单。

➢ 第三方服务提供商发挥着"转接器"的作用，将银行、移动运营商等各利益群体之间错综复杂的关系简单化，将多对多的关系变为多对一的关系，从而大大提高了商务运作的效率。

➢ 用户有了多种选择，只要加入到第三方服务提供商，即可实现跨行支付交易。

➢ 第三方支付服务提供商简化了其他环节之间的关系，但也在无形之中为自己增加了处理各种关系的负担。

➢ 在市场推广能力、技术研发能力、资金运作能力等方面，都要求第三方支付服务提供商具有很强的行业号召力。

三、移动支付的产业链与业务类型

（一）移动支付的产业链

所谓产业链，是各产业部门之间基于一定技术经济关联，并依据特定逻辑关系和时空布局关系客观形成的链条式关联形态。移动支付的产业链是由移动运营商、应用提供商、移动设备提供商、金融机构、商家、第三方支付服务提供商、终端消费者等多个环节组成的链条，其目的是满足消费者对移动支付的基本服务和增值服务的需求。在移动支付产业链中，各个产业环节互为基础，相互依存，但又相互独立。只有建立并完善移动支付产业链，才能使产业链中的各个成员获得最大利益，实现共赢，并以此推动移动支付市场的健康发展。移动支付产业链的具体构成如图 5-7 所示。

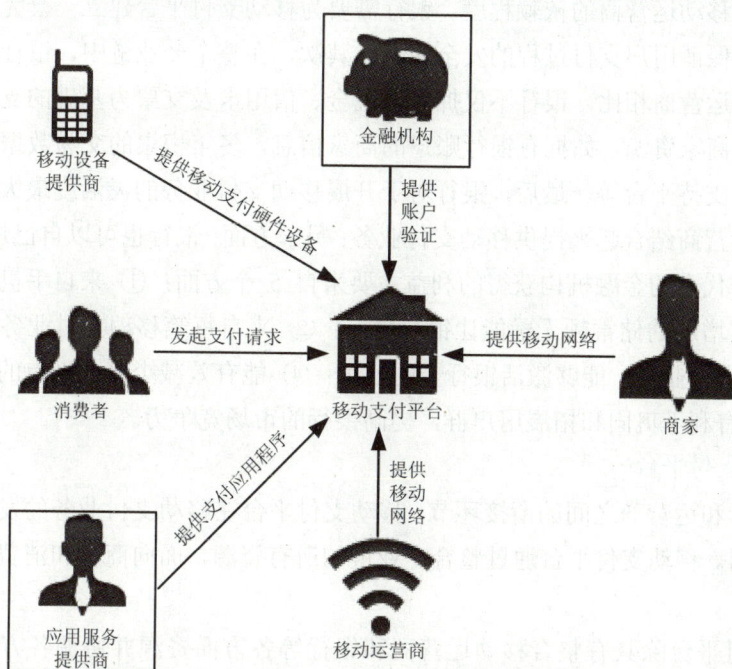

图 5-7　移动支付产业链构成

1. 移动运营商

移动运营商是整个产业链的核心，也是移动支付业务中最重要的角色之一。移动运营商的主要任务是搭建移动支付平台，为移动支付提供安全的通信渠道。可以说，移动运营商是连接用户、金融机构和服务提供商的重要桥梁，在推动移动支付业务的发展中起着关键性作用。具体可以从以下两方面进行解释。

一是，移动支付系统的通信方式正在向多样化发展，有语音、短信、GPRS、CDMA及基于 WAP 的方式等。

二是，随着移动支付系统的安全保障体系复杂化、多样化的发展，移动运营商需要为不同类别的移动支付业务提供不同的保密服务和安全等级。

在移动支付业务中，移动运营商主要从 4 个方面获得收益：第一，来自于服务提供商的佣金，佣金一般在 3%至 20%之间；第二，基于语音、短信、WAP 的移动支付业务可以给运营商带来数据流量收益；第三，移动支付业务可以刺激用户产生更多的数据业务需求，从而促进其他移动互联网业务的发展；第四，移动运营商可以利用移动支付稳定现有客户并吸纳新客户，提高企业竞争力。

2. 金融机构

作为与用户手机号码关联的银行账户的管理者，金融机构在移动支付产业链中占据着非常重要的地位。首先，银行作为移动支付业务中的主要结算方，用户对其依赖程度要远高于对商家和移动运营商的依赖程度。银行需要为移动支付平台建立一套完整、灵活的安全体系，从而保证用户支付过程的安全通畅。其次，在整个产业链中，银行拥有的资源比较多，与移动运营商相比，银行不仅拥有以现金、信用卡及支票为基础的支付系统，还拥有个人用户、商家资源，如拥有银行账户的商家信息，多年积累的交易数据清算经验和强大的数据处理支持平台等。最后，银行对于开展移动支付业务的灵活度最大，一方面银行可以和移动运营商结合起来提供移动支付业务；另一方面，银行也可以自己进行应用开发。

以银行为代表的金融机构获得的利益主要来自 5 个方面：① 来自手机银行账户上的预存金额，其增加的储蓄额无疑能让银行受益；② 来自每笔移动支付业务的利润分成；③ 通过移动支付业务，能够激活银行卡的使用；④ 能有效减少营业网点的建设，降低经营成本；⑤ 有利于巩固和拓展用户群，提高银行的市场竞争力。

3. 移动支付平台

作为银行和运营商之间的衔接环节，移动支付平台在移动支付业务的发展进程中发挥着重要的作用。移动支付平台通过整合产业链的所有资源，面向商家和消费者提供移动支付服务。

移动支付平台除具有整合移动运营商和银行等各方面资源并协调各方面关系的功能外，还能为手机用户提供丰富的移动支付业务，吸引用户为应用业务支付各种费用。

移动支付平台可以是独立的新兴企业，也可以是移动运营商、银行或信用卡组织建立的分支机构，还可以是直接由移动运营商、银行或信用卡组织提供移动支付服务。移动支付平台的收益来源主要有两方面：一是向移动运营商、银行和商家收取设备和技术使用许可费；二是从移动运营商处提取签约用户使用移动支付业务的佣金。

4. 移动设备提供商

随着移动通信由 3G 向 4G 的演进，移动设备厂商在向运营商提供移动通信系统设备的同时，还推出了包括移动支付业务在内的数据业务平台和业务解决方案，这为运营商提供移动支付业务奠定了基础。移动设备提供商主要为运营商提供空中接口、基础设施、路由器和交换机等网络设备，为运营商建设通信网络，提供足够的带宽，并确保采用不同技术制式的网络之间能够共存和补充，为网络正常运营提供必要的技术支持和保证。另外，设备提供商也给运营商和应用服务提供商提供运营支持系统和运营平台。

从终端的角度来看，如今，具有 STK 功能的 SIM 卡在日益普及，支持各种移动数据业务的手机也被终端厂商不断推向市场，这为移动支付业务的不断发展创造了条件。

对于商家而言，在商场和零售店部署移动支付系统，在一定程度上能减少支付的中间环节，降低经营、服务和管理成本，提高支付效率和客户满意度。

5. 应用服务提供商

应用服务提供商（Application Provider，AP）在移动支付产业链中的作用是开发和提供应用服务：一方面，通过网络运营商提供的业务平台接入其服务；另一方面，从内容提供商、其他第三方组织或个人获取内容，并在其应用服务中组合包装。

6. 商家

商家是与最终消费者发生交易的主体，移动支付平台为其提供了便利、灵活的支付渠道；同时移动支付服务提供商自身特有的客户群也帮助商家拓展了销售渠道。商家利用移动支付方式可以降低交易成本，提高服务质量。

> 💡 **提 示**
>
> 　　此处的商家可以是网站、商场、零售商、停车场、电影院等。由于各商家纷繁复杂的业务类型，它们需要能可靠支持各种产品或服务销售的移动支付业务解决方案。例如，用手机在自动售货机上购买食品，需要具有支持手机付费模块并可以销售食品的自动售货机。

7. 消费者

消费者是移动支付产业链的关键和末梢，是移动支付系统的使用者。整个移动支付产业链的发展离不开消费者，没有消费者就没有价值可言。从消费者的角度来说，移动支付系统最重要的功能是可以为消费活动提供简便快捷的操作界面、安全的保护机制和丰富多彩的应用程序。

从整体上看，可以把移动支付产业链分为应用层和规则制定层。应用层包括供应者和需求者，他们直接参与移动支付的交易过程；规则制定层包括移动支付相关法律法规制定者及技术提供者，他们虽不直接参与现实的交易过程，但对移动支付的发展起着至关重要的作用。

（二）移动支付的业务

移动支付业务是一项跨行业服务，是电子货币与移动通信业务相结合的产物。它不仅使人们随时随地享受银行服务，丰富了银行服务内涵，还为移动运营商提供了一种增值业务。

移动支付业务不仅能为移动运营商增加经济效益，还能带来品牌效益和社会效益，是极具潜力的、革命性的产业。移动支付业务可能实现跳跃式发展，并成为传统支付手段的一种有益补充。可以按照业务应用的类型、交易的商品类型和业务订购关系，对移动支付业务进行分类。

1. 按业务应用的类型分类

移动支付业务的应用范围非常广泛，包括购物、娱乐、信息、教育、旅行、通信、金融等多种行业及场合。

（1）公共事业费缴纳。包括电话费、上网费、交通罚款、有线电视费、燃气费和水电费等。这类业务虽然交易金额较小，但是用途专一，即使出现非法盗用情况，也不会造成太大经济损失，对系统安全性要求较低。

（2）购物类业务。主要指购买实物形态的商品，例如鲜花、书籍、衣物等，需要物流配送过程。

（3）购卡类业务。包括购买上网卡、电话卡和游戏卡等，目前已经形成一个巨大的市场。由于此类业务没有物流问题，非常适合采用移动支付。

提　示

卡类商品属于数字化信息，例如上网卡的卡号和密码，因为不是实物形态，所以不需要物流配送。

（4）付费类业务。包括停车费、地铁票、公园门票和自动售货等。这类业务多是实物形态当场交易，不需要物流配送过程。可以把这类业务按照普通的支付业务来对待，通过短信或语音接入方式完成。不过由于这些场合一般人流密集，为尽量提高业务处理速度，可以安装专门的 POS 机，采用移动终端近场通信（NFC）技术，实现类似于 IC 卡刷卡的方式，大大提高效率。

（5）彩票类业务。目前的彩票代理点极大限制了用户支付的场所和时间，而手机支付能很好地解决这一问题。彩票类业务投注金额虽小，但奖金金额可能很大，一旦出错可能造成严重后果，需要确保投注处理的准确性。这类业务目前用户数量大，很可能成为小额支付业务中的重要业务。

（6）报刊订阅。传统业务中，用户需要在特定时间到邮局订阅，而手机订阅可以不受时间、地点的限制，轻松完成订阅。

（7）票务类业务。随着电子票务的推广，手机充当着越来越重要的角色，包括购票和票务信息的获取。这类业务分为出票和检票两个步骤，出票后电子票据需要在移动终端保存，检票过程与付费类业务类似，也可以采用 IC 卡刷卡方式。

（8）端到端业务。这类业务的支付行为发生在两个支付用户之间，资金从一个用户账户转到另一个用户账户。

2. 按交易的商品类型分类

虽然在通过移动支付系统进行商品交易支付过程中，移动支付系统本身并不关心商品的形态，但是不同商品形态在交易过程中需要不同交易流程的支持。

（1）实物类商品交易。实物类商品交易分为实物商品远距离交易和实物商品近距离交易。对于实物商品远距离交易需要考虑物流等导致的交易时延；实物商品近距离交易即现场交易，买卖双方进行面对面的交易，对于商品的选择和检查均由买卖双方现场完成，移动支付系统只负责支付扣款，可以采用立即扣费，进行简单的扣费确认通知。

（2）数字产品交易。有形的数字产品是指基于数字技术的电子产品，如数码相机、数字电视机、数码摄像机、MP4 播放器等。无形数字产品是指 VCD 和 DVD 等可经过数字化并通过数字网络传输的产品。无形数字产品具备零边际成本，其传输渠道通常基于互联网络，物流费用基本为零，所以对于这类产品的交易，可以采用立即扣费和进行简单的扣费确认通知即可。

3. 按业务订购关系分类

根据移动支付业务开展过程中是否记录订购关系可分为按次支付和连续支付。

（1）按次支付。按次支付主要针对 CP/SP 提供的按次收费类型的商品或服务。用户提出支付请求后，移动支付平台只扣除本次费用，以后不再扣费，直到用户为购买其他商品或服务再次提出支付请求。按次支付业务的典型特征是，整个支付过程需要用户对本次消费行为进行确认。

（2）连续支付。连续支付主要是针对 CP/SP 提供的包月（或包年等）服务。用户首先对商品进行订购，并对订购行为进行确认。连续支付业务支持按时段进行收费，例如，对于按日、周、月、年定期收费的方式，CP/SP 需自行记录服务时段，订购服务的使用授权由 CP/SP 自己完成。移动支付业务需要记录用户的订购关系，确保支付过程的可信度。连续支付业务的典型特征是需要先建立订购关系，订购关系建立环节需要用户确认，支付时不再需要确认，只需要给用户发送通知信息即可。

任务实施

使用美团APP，可以定位附近的快餐店，并方便快捷地订购快餐。

步骤 1▶ 首先下载并安装美团手机客户端，然后打开美团APP，允许使用定位，这样可以确定附近餐厅。点击下方的"我的"按钮，打开个人信息设置页面，点击"美团钱包"，打开账户信息页面，再点击"银行卡"，如图5-8所示。

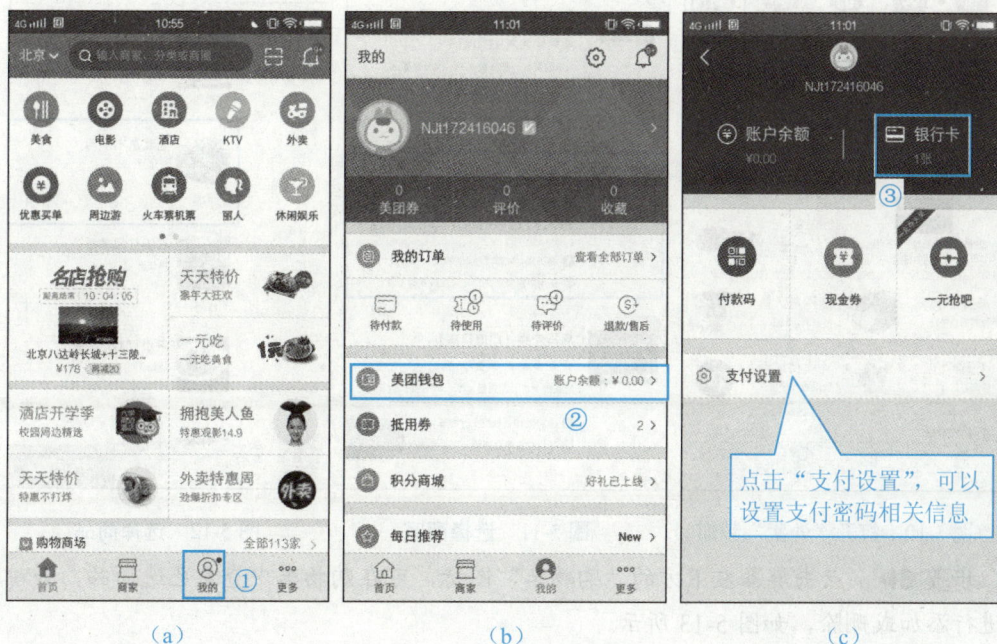

（a）　　　　　　　　　　　　（b）　　　　　　　　　　　　（c）

图 5-8　美团 APP 相关界面

步骤2▶ 在打开的银行卡信息界面中，点击"添加银行卡"，可根据后面的提示绑定一张银行卡，如图5-9所示。

图5-9 添加银行卡

步骤3▶ 绑定银行卡后回到美团首页，点击右上角的"外卖"，如图5-10所示，打开"外卖"频道。

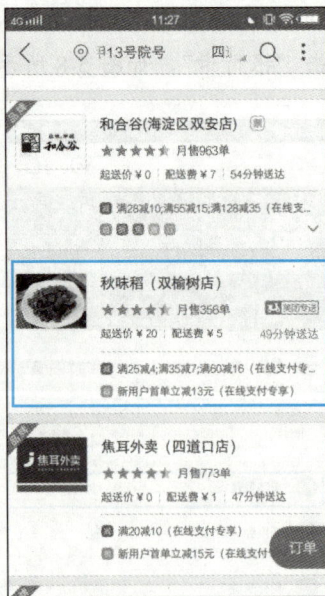

步骤4▶ 向下滑动显示附近商家，选择要订餐的餐厅，此处选择"秋味稻（双榆树店）"，如图5-11所示。

步骤5▶ 选择要订购的商品。点击相应商品右侧的加号按钮可将商品添加进购物车，此处选择"老北京木须肉"和"米饭"，如图5-12所示。

图5-10 打开"外卖"频道　　　　图5-11 选择商家　　　　图5-12 选择商品

步骤6▶ 点击屏幕左下方的"购物车"图标，可在购物车中查看已选商品，并对商品进行添加或删除，如图5-13所示。

步骤7▶ 点击"去结算"按钮，打开"提交订单"页面，设置电话、地址信息和支付方式，如图 5-14 所示。

步骤 8▶ 点击"提交订单"按钮，打开"支付订单"页面，选择支付方式并确认支付，如图 5-15 所示。

图 5-13 查看已选商品　　　图 5-14 提交订单　　　图 5-15 确认支付

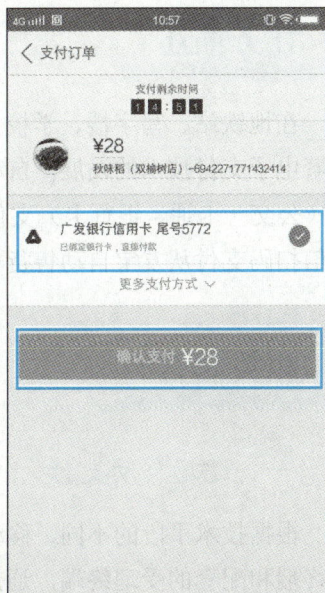

步骤 9▶ 打开输入支付密码页面，输入密码后显示支付成功和发红包页面，关闭"发红包"页面，可看到支付成功信息，如图 5-16 所示。

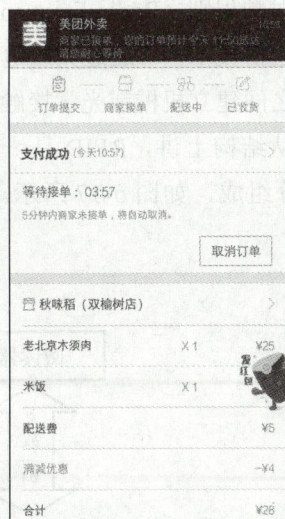

图 5-16 支付成功

步骤 10▶ 支付成功后，只需要静静等待外卖送达即可。

任务二 "扫一扫"自助买饮料

任务描述

在地铁站、写字楼、学校、医院、火车站这些地点，经常可以看到各种自动售货机。随着电子支付技术的发展，自动售货机也变得越来越智能，在现金支付的基础上增加了刷卡（公交一卡通、银行卡）支付、手机支付（微信/支付宝扫码）等功能。本任务将以通过微信扫码支付从友宝自动售货机购买饮料为例，带领大家学习移动支付的典型应用。

相关知识

一、近场移动支付

根据技术手段的不同，移动支付可分为近场支付和远程支付。近场支付是用户使用移动终端和配套的受理终端，通过 RFID、NFC、红外、蓝牙等近距离非接触式技术，实现对商品或服务的现场支付。

（一）技术基础

1. 射频识别技术

射频识别（Radio Frequency Identification，RFID）技术，又称无线射频识别，是一种无线通信技术，可通过无线电讯号识别特定目标并读写相关数据，而无需识别系统与特定目标之间建立机械或光学接触。

从结构上讲，RFID 是一种简单的无线系统，它由阅读器、应答器及应用软件系统3 部分组成，如图 5-17 所示。

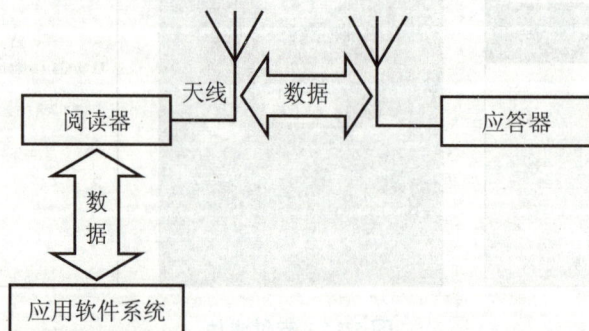

图 5-17　RFID 基本组成

RFID 的工作原理是阅读器发射一特定频率的无线电波能量给应答器，以驱动应答器电路将内部的数据送出，此时阅读器便依序接收解读数据，送给应用程序做相应的处理。

2. 近距离无线通讯技术

近距离无线通讯（Near Field Communication，NFC）技术是目前近场支付的主流技术，它是一种短距离的高频无线通讯技术，允许在多个电子设备之间进行非接触式点对点数据传输交换数据。

NFC 近场通信技术由非接触式射频识别（RFID）及互联互通技术整合演变而来，在单一芯片上结合感应式读卡器、感应式卡片和点对点功能，能在短距离内与兼容设备进行识别和数据交换。其最早由飞利浦、诺基亚、索尼主推，主要用于手机等手持设备中。使用这种手机支付方案的用户必须更换特制的手机。目前这项技术在日韩被广泛应用。手机用户凭着配置了支付功能的手机就可以行遍全国，他们的手机可以用作机场登机验证、大厦的门禁钥匙、交通一卡通、信用卡、支付卡等。

NFC 技术的基本功能是允许某种设备（通常是手机）在限定范围内从另一种设备或 NFC 标签中收集数据。

💡 **提　示**

> 从某种程度上讲，NFC 技术与蓝牙（Bluetooth）技术类似。但 NFC 技术无需对相连接的两款设备都加以设置，而只需通过简单的设备接触，就可建立起无线连接。

基于 NFC 技术的业务支持 3 种工作模式：卡模式、读卡器模式和点对点模式。

➤ **卡模式**：将具有 NFC 功能的设备模拟成一张非接触卡。如门禁卡、银行卡等。

➤ **读卡器模式**：即作为非接触式读卡器使用。如从海报或者展览信息电子标签上读取相关信息。

➤ **点对点模式**：即将两个具备 NFC 功能的设备链接，实现点对点数据传输。如下载音乐、交换图片或同步设备地址薄。因此通过 NFC，多个设备如数码相机、PDA、计算机和手机之间都可以交换资料或者服务。

💡 **提　示**

> 在卡模式下有一个极大的优点，就是卡片通过非接触读卡器 RF 域来供电，即便寄主设备（如手机）没电也可以正常工作。

NFC 具有成本低廉、方便易用和更富直观性等特点。未来，NFC 将会成为智能手机、平板这些移动设备的标配功能。此外，未来数字电视、耳机、手表、计步器、汽车中也都会加入 NFC 功能。

NFC 会加速物联网的形成，未来在工业生产、环境监控、智能交通、智能家居、智能医疗、健康监测等领域都会用到 NFC 技术。

3．红外通信技术

红外通信技术就是通过红外线实现两点间的近距离保密通信和信息转发的一种技术。由于红外通信不需要实体连接并且操作简单，被广泛应用于小型移动设备互换数据和电器设备的控制中，例如笔记本电脑、移动电话之间或与电脑之间进行数据交换等。

在红外通信技术发展早期，存在多个红外通信标准，不同标准之间的红外设备不能进行红外通信。为了使各种红外设备能够互联互通，1993 年，由 20 多个大厂商发起成立了红外数据协会（IrDA），统一了红外通信的标准，这就是目前被广泛使用的 IrDA 红外数据通信协议及规范。

IrDA 即红外数据协会，全称为 The Infrared Data Association，是 1993 年 6 月成立的一个国际性组织，专司制订和推进能共同使用的低成本红外数据互连标准，支持点对点的工作模式。由于标准的统一和应用的广泛，更多公司开始开发和生产 IrDA 模块，技术的进步也使得 IrDA 模块的集成度越来越高，体积越来越小。IrDA1.0 可支持最高 115.2 kbps 的通信速率，而 IrDA1.1 可以支持的通信速率达到 4 Mbps。

4．蓝牙技术

蓝牙技术是一种支持设备间短距离通信（一般是 10 m 之内）的无线通信技术，能在包括移动电话、PDA、无线耳机、笔记本电脑、相关外设等众多设备之间进行无线信息交换。

"蓝牙"（Bluetooth）原是一位在 10 世纪统一丹麦的国王，他将当时的瑞典、芬兰与丹麦统一起来。用他的名字来命名这种新的技术标准，含有将四分五裂的局面统一起来的意思。蓝牙技术使用高速跳频和时分多址等先进技术，在近距离内最廉价地将几台数字化设备（各种移动设备、固定通信设备、计算机及其终端设备、各种数字数据系统，如数字照相机、数字摄像机等，甚至各种家用电器、自动化设备）呈网状链接起来。蓝牙技术是网络中各种外围设备接口的统一桥梁，它消除了设备之间的连线，取而代之以无线连接。

通过芯片上的无线接收器，配有蓝牙技术的电子产品能够在十公尺的距离内彼此相通，传输速度可以达到每秒钟 1 兆字节。以往红外线接口的传输技术需要电子装置在视线之内的距离，而现在有了蓝牙技术，这样的麻烦也就免除了。

（二）技术方案

按照所使用的技术类型，近场移动支付技术方案主要包括双界面 SIM 卡方案、NFC 手机方案、eNFC 方案、2.4G RF-SIM/UIM 卡等几种方案。

1．双界面 SIM 卡方案

双界面 SIM 卡是一种多功能应用智能卡，支持接触与非接触两种工作接口，接触界面实现 SIM 功能，完成手机卡的通信功能；非接触界面通过加装外置天线来实现移动支付功能及各种非接触应用。

（1）实现方案

双界面 SIM 卡是通过在原有 SIM/UIM 上直接集成非接触式智能卡，并将天线内置在手机背板或叠放在电池上，通过 SIM/UIM 卡与外界界面以触点接触。它采用具有双界面通信功能的单一芯片，支持 TypeA 和 TypeB 两种通信协议。将这种双界面 SIM 卡插在手机卡槽中，即可实现通信和移动支付及各种非接触应用，其功能如图 5-18 所示。

接触式接口	GSM 应用（SIM）	支付、门禁等应用	非接触式接口
	多功能卡片操作系统（COS）		
	多功能智能卡芯片		

图 5-18 双界面 SIM 卡的功能

利用双界面 SIM 卡技术，可在无线通信网络及相应手机支付业务服务平台的支持下，开展各种基于手机的现场移动支付服务。使用双界面 SIM 的用户只需在相应的消费终端前挥一下，即可安全、轻松地完成支付过程。

（2）优缺点

双界面 SIM 卡具有安全性好和明显的技术优势。

➤ **安全性好**：双界面 SIM 卡通过个性化设置，可以具有个人身份识别信息和很高的安全系数，只有具备相同授权的读卡器才能读到卡上相关信息；并且卡内有持卡人的基本信息，读卡器要做出逻辑判断，判断该卡是否合法，并根据全线判断该卡是否可操作。

➤ **技术优势**：双界面 SIM 卡成本较低，只需要对手机进行简单修改，用户即可以直接查询交易明细和余额，并且稳定性较好。

除上述优点外，双界面 SIM 卡占用 C4 和 C8 触点，和国际标准应用于大容量 SIM 卡相冲突，需要对手机进行终端定制，并且天线接口与大容量 SIM 高速接口标准（ETSI TS102 600）冲突。

（3）应用

双界面 SIM 卡应用广泛，由于其以非接触方式交易，可用于人流量大的影院、公交车、校园一卡通等方面。一卡通应用可用于购水、电等；并且它使用灵活，可通过 SIM 卡提供的 OTA 功能进行卡端应用的更新，如查询钱包余额、查询交易记录等。目前该技术已较为成熟，并且商用价值极高。如"校园手机一卡通"，简单说就是以"手机"为主要载体，在应用消费、身份认证及个人信息查询等功能时的模式。这种管理模式取代了以前校园里的各种证件，如学生证、医疗证、出入证、借书证等，学生可以用手机在食堂内消费、在门禁点开门、在考勤机上刷手机考勤、用手机借书、预约做试验、机房上机等，真正实现了"一卡在手、走遍校园"。

2. NFC 手机方案

（1）实现方案

基于 NFC 技术的移动支付整体解决方案，完全基于手机终端实现，将 NFC 控制器、智能卡（安全芯片）、RF 天线完全整合在手机之中。该方案可实现信息交互、门禁、支付和信息读取等功能，如图 5-19 所示。

图 5-19　NFC 手机方案

➢ **信息交互**：将两台 NFC 手机轻轻触碰，即可近场感应自动识别并建立连接，进而利用直连技术实现大容量文件、通讯录、图片、音乐或视频的传输。

➢ **门禁**：配备 NFC 的智能手机正被赋予下一代门禁卡功能，能够识别 NFC 手机的读卡器正被越来越多用于建筑门禁系统、学生 ID 读卡器、追踪员工签到和出勤等。

➢ **支付**：提升现代购物体验，消费者将 NFC 手机在超市 POS 机、公交车载机上进行触碰，即可实现安全快捷的近场支付。

➢ **信息读取**：用户只需用 NFC 手机在 NFC 海报或广告的电子标签上轻轻一挥就可以立即获得产品或服务信息。

（2）技术特点

NFC 是一种轻松、安全、快捷的无线通信连接技术，NFC 手机方案具有以下特点：

➢ **多卡合一**：一张 NFC-SIM 卡汇集银行卡、信用卡、门禁卡、会员卡等，实现手机移动支付的社会化应用，一卡在手轻松无忧。

➢ **双向通信**：NFC 支持双向无线认证和通信，NFC 手机可模拟读卡器，进行读卡、写卡操作。

➢ **移动互联**：将 NFC 技术与第三代、第四代移动通信技术相结合，实现空中发卡、空中充值、空中圈存、卡信息查询，以及其他移动互联增值服务。

➢ **节约成本**：NFC 技术将智能 IC 转为手机中的应用，节省卡片成本。用户的发卡、充值等过程均通过客户端自助完成，管理者可减少相应的人力、设备投入。

3．eNFC 方案

eNFC（enhanced NFC）即增强型 NFC，是基于 SWP 协议对 NFC 进行改进的一种方案，与现有 NFC 技术标准完全兼容。

eNFC 方案为国际电信联盟（ITU）所推荐的方案，该方案将智能卡（安全芯片）集成在 SIM 卡中，以 SIM 卡为核心实现了业务逻辑层与射频 RF 层的分离，其中逻辑层由 SIM

卡管理，射频由内置于手机的 NFC 管理。采用该方案可以很容易将目前已经在 Java 卡上实现的行业应用部署在 SIM 卡上。

eNFC 技术构架以 SIM 卡控制，非接触应用运行在 SIM 卡上，eNFC 完全由 SIM 卡控制，并且 eNFC 只需要 SIM 卡提供一个管脚，不会浪费有限的硬件资源。NFC 手机使用 NFC 芯片和天线等模块完成与非接触受理终端之间的通信，并将信号通过 SIM 卡的管脚转入 SIM 卡中进行应用层的处理，在 SIM 卡中完成金融交易在应用层的处理，将处理结果传输至搜集的 NFC 通信模块，并反馈给受理设备。

由于 SIM 卡容量较大，且是移动用户必不可少的身份识别模块，可将重要信息（信用卡账号、员工卡号等）存储在 SIM 卡中。另外，SIM 卡与终端分离，用户更换手机不会影响移动支付业务的继续使用，灵活性较高。但 eNFC 技术还存在许多障碍，例如需要对手机进行定制、规范等，并且 NFC 模块和 SIM 卡之间需要高速传输，保证实时性和操作快捷性，而这种通信协议目前尚未标准化，最重要的一点是目前只有少数国外厂家掌握核心专利技术，产业链极不成熟，其商用还存在很大障碍。

4．2.4G RF-SIM/UIM 卡解决方案

（1）实现方案

2.4G RF-SIM/UIM 卡是集成了 2.4 GHz 频率的射频芯片的 SIM/UIM 卡，使用 2.4G RF-SIM/UIM 卡，通过距离控制算法等技术，不需要带天线，也不需要更换手机即可实现现场刷卡功能。2.4G RF-SIM/UIM 卡的硬件架构如图 5-20 所示。

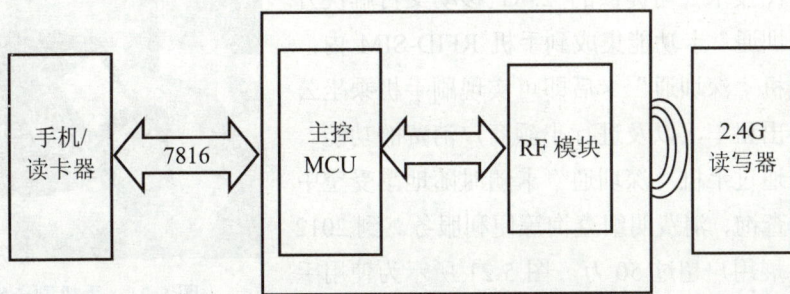

图 5-20　2.4G RF-SIM/UIM 卡的硬件架构

其中，主控芯片完成基础通信和存储射频应用的功能。它支持两种通信接口，与手机终端连接，遵循 ISO/IEC 7816 系列标准要求，实现通信业务处理及射频功能管理，与 2.4G RF 芯片通过内部接口连接，通过 2.4G RF 通道满足射频应用及其他应用的数据交互需求。

2.4G RF 芯片集成在 RF-UIM 卡套上，提供 2.4G 射频通信通道，负责将数字信号转换成 2.4G RF 信号，并通过 2.4G 天线发送给 2.4G 读写设备；同时 2.4G RF 芯片接收 2.4G 读写设备发出的 RF 信号，并将其转换为数字信号，与主控芯片进行通信。

（2）技术特点

2.4G 技术方案作为新兴的移动支付解决方案，具有以下特点：

➤ 采用高频技术，穿透性比较好，可适配市面 95%以上的手机终端。用户不需要换手机，只需要换卡，发展用户的门槛低，现阶段已具备规模推广的条件。

➤ 2.4G 技术主要基础专利掌握在国内厂商手中，原创厂家主要有厦门盛华电子科技有限公司和深圳国民技术股份有限公司，它是国内对移动支付领域一次重要的基础应用创新，如果规模应用，可以减少国外厂商对国内应用市场的专利控制。

➤ 前期 2.4G 方案空中接口协议没有统一，不同芯片厂家的产品之间不能互通和兼容；而且 2.4G 方案是新兴的技术方案，商用的行业少，受理环境缺乏，POS 机具需要重新布放或升级改造，这些因素影响均了 2.4G 方案的规模推广。不过，我国工业与信息化部正在对 2.4G 技术编制行业标准，目前已形成征求意见稿，标准化程度正在逐步提高；同时 2.4G 技术的商业应用也在逐步丰富。

（3）应用

中国电信采用厦门盛华的产品，从 2009 年开始应用 2.4G RF-UIM 卡大力发展针对校园和企业的"翼机通"应用。翼机通是中国电信面向校园和企事业单位，在手机中集成员工卡或校园卡，为用户提供门禁、考勤等后勤管理服务，以及内部消费服务等功能的信息化应用综合服务产品。截至 2011 年底，中国电信发展的 2.4G RF-UIM 卡用户已超过 200 万。

在公众应用领域，2.4G 技术也有了成功的案例，如手机"深圳通"。手机"深圳通"采用深圳国民技术公司提供的 2.4G 移动支付解决方案，将"深圳通"卡功能集成到手机 RFID-SIM 内，用户办理手机"深圳通"卡后即可实现刷手机乘坐公交、地铁、出租车，以及进行小额商户消费的功能。用户还可以通过手机"深圳通"卡随时随地享受空中充值、余额查询、消费明细查询等便利服务。到 2012 年 3 月，发展用户超过 50 万。图 5-21 所示为使用手机刷卡乘坐公交。

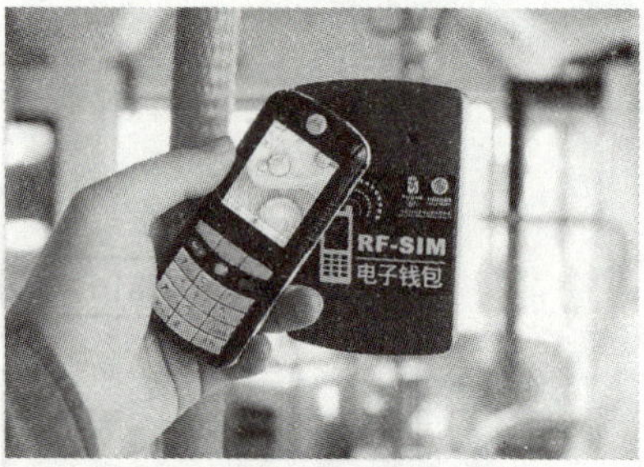

图 5-21　手机刷卡坐公交

二、远程移动支付

远程支付是指用户使用移动终端，通过短信、WAP、IVR 等方式远程连接到移动支付后台系统，实现账户查询、转账、信用卡还款、订单支付等功能。

（一）技术基础

1. 移动通信技术

移动通信技术（Mobile Communication）是移动体之间或移动体与固定体之间的通信，即通信双方至少有一方处于移动状态。移动体可以是人、汽车、火车、轮船等运动中的物体。移动通信技术具有移动性、噪声和干扰严重、系统和网络结构复杂、点播传播条件复杂、要求频带利用率高、设备性能好等特点。

移动通信系统由空间系统和地面系统两部分组成。它诞生于 20 世纪 80 年代，到 2020 年预计经过 4 代发展历程，分别是 1G，2G，3G，4G，我国目前正经历从 3G 到 4G 的转型。

第一代移动通信系统（1G）在 20 世纪 80 年代初提出，完成于 20 世纪 90 年代初，如 NMT 和 AMPS，NMT 于 1981 年投入运营。第一代移动通信系统是基于模拟传输的，其特点是业务量小、质量差、安全性差、没有加密和速度低。

第二代移动通信系统（2G）起源于 20 世纪 90 年代初期，是包括语音在内的全数字化系统，也就是风靡全球几十年的数字蜂窝通信系统，第一个商业运营的 2G 系统是 GSM（Global System for Mobile Communication）。

第三代移动通信系统（3G），也称 IMT 2000，其最基本的特征是智能信号处理技术，支持语音和多媒体数据通信，并可以提供前两代产品不能提供的各种宽带信息业务，例如高速数据、慢速图像与电视图像等。第三代移动通信系统的通信标准共有 WCDMA，CDMA 2000，TD-SCDMA 三大分支，共同组成一个 IMT 2000 家庭，成员间存在相互兼容的问题，因此已有的移动通信系统不是真正意义上的个人通信和全球通信；再者，3G 的频谱利用率还比较低，不能充分利用宝贵的频谱资源；第三，3G 支持的速率还不够高，如单载波只支持最大 2～fDps 的业务，等等。

4G 是第四代移动通信及其技术的简称，是集 3G 与 WLAN 于一体并能够传输高质量视频图像及图像传输质量与高清晰度电视不相上下的技术产品。4G 系统能够以 100 Mbps 的速度下载，比拨号上网快 2 000 倍，上传速度也能达到 20 Mbps，并能够满足几乎所有用户对于无线服务的要求。此外，4G 可以在 DSL 和有线电视调制解调器没有覆盖的地方部署，然后再扩展到整个地区。很明显，4G 有着不可比拟的优越性。

2. SMS 技术

SMS（Short Message Service）是最早的短消息业务，也是现在普及率最高的一种短消息业务。短消息服务器使移动电话（包括 Pocket PC Phone）能够使用 GSM 网络发送短消息，一个 SMS 消息最长可包括 160 个字符（偶数二进制）。

SMS 是一种存储和转发服务，也就是说，短消息并不是直接从发送人发送到接收人，而是始终通过 SMS 中心进行转发，如果接收人处于未连接状态（可能电话已关闭），则消息将在接收人再次连接时发送。SMS 具有消息发送确认的功能，这意味着 SMS 与寻呼不同，用户不是简单地发出短消息然后相信消息已发送成功，而是短消息发送人可以收到返回消息，通知他们短消息是否已经发送成功。

SMS 消息的发送和接收可以和 GSM 语音同步进行。SMS 消息按消息收费，因此要比通过基于 IP 的网络（例如，使用 GPRS〔通用分组无线业务〕）发送的数据昂贵得多（每字节）。要使用 SMS，用户需要预订支持 SMS 的移动网络，并且必须为该用户启用 SMS 的使用。用户需要有发送短消息或接收短消息的目的地。该目的地通常是其他的移动电话，但也可以是服务器。最后，用户还需要有支持 SMS 的移动电话，并需要了解如何使用其特定型号的移动电话发送或阅读短消息。SMS 还可以支持国内和国际漫游，使移动用户可以使用短信服务向全球任何其他使用 GSM 系统的移动用户发送短信息。另外，基于 GSM，CDMA，TDMA 的 PCS 网络也同样支持 SMS，可以说，SMS 是名副其实的全球性移动数据服务。SMS 系统框架和生命周期如图 5-22 所示。

图 5-22 中，1 为终端用户至支付服务商/金融服务商，终端用户通过短消息形式请求内容服务，如发送××到××来查询天气预报、新闻等；2 为支付服务商/金融服务商至商家，金融服务商收到请求内容后认证终端用户的合法性及账户余额，如用户合法则向商家请求内容，用户不合法则返回相应错误信息；3 为商家至支付服务商/金融服务商，商家收到支付服务商/金融服务商的请求内容后，认证支付服务商/金融服务商，如合法，则商家发送请求内容给支付服务商/金融服务商，如

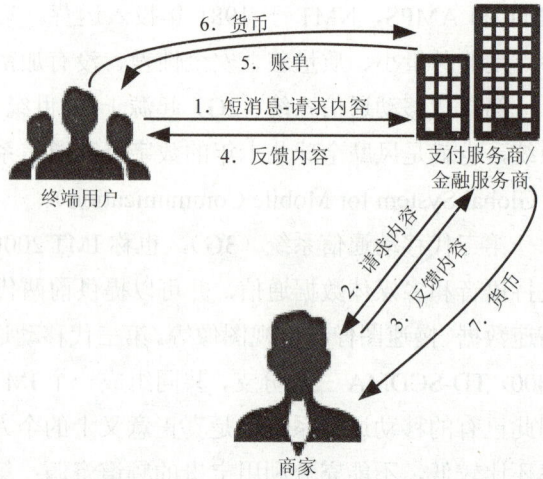

图 5-22　SMS 系统框架和生命周期

不合法，则返回相应错误信息；4 为支付服务商/金融服务商至终端用户，支付服务商/金融服务商把收到的内容转发给终端用户；5，6，7 为支付服务商/金融服务商从终端用户的账户中扣除相应费用转账给商家。

在 SMS 系统中，费用是从用户话费中扣除，账户的处理是由支付服务商/金融服务商来完成。通常，支付服务商/金融服务商是指移动运营商。SMS 系统一般不涉及银行，因为其更适合小额信息服务。

3. WAP 技术

WAP（Wireless Application Protocol）即无线应用协议，是在数字移动电话、因特网及其他个人数字助理机（PDA）与计算机应用之间进行通信的开放性全球标准。WAP 协议包括以下几层：① Wireless Application Environment（WAE）；② Wireless Session Protocol（WSP）；③ Wireless Transaction Protocol（WTP）；④ Wireless Transport Layer Security（WTLS）；⑤ Wireless Datagram Protocol（WDP）。其中，WAE 层含有微型浏览器、WML、WMLScript 的解释器等功能。WTLS 层为无线电子商务及无线加密传输数据时提供安全方面的基本功能。

WAP 技术将移动网络和因特网及企业局域网紧密联系起来，提供了一种与网络类型、运营商和终端设备都独立的、无地域限制的移动增值业务。通过该技术，客户无论何时，身在何地，通过 WAP 手机都可以享受无穷无尽的网上信息资源。

WAP 1.0 是基于 wml 语言编写的。WAP 2.0 是基于 XHTML 语言，支持 CSS，表现方式比 1.0 更为丰富，包括布局、颜色等各方面的差异。WAP 2.0 是为加强 WAP 的实用性而设计的，很好地迎合了市场需求，并且适应了当前更高带宽、更快的数据传输速度、更强大的接入能力和不同的屏幕规格大小等最新的行业发展趋势。

WAP 的系统框架图如图 5-23 所示。

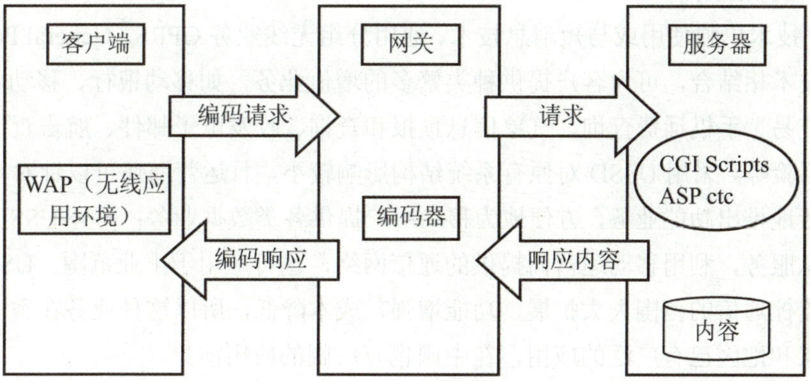

图 5-23 WAP 的系统框架图

由于 WAP 的设计采用了"瘦客户机器"的意思，将大部分处理功能都留给了网关，所以客户端无须实现太复杂的功能：

由图 5-23 可以看出，当 WAP 终端发送的请求在网关经协议转换后，再向内容服务器传送；而从内容服务器返回的信息，经网关编辑后，转换成较为紧凑的二进制格式，返回移动终端（即客户端）。WAP 网关用于连接无线通信网和 WWW 网，其中，客户端是无线通信网的一部分，服务器端是 WWW 网的一部分。WAP 网关实现的功能除上述协议转换盒、消息编解码这两个功能外，还具有以下功能：

➢ 将来自不同 Web 服务器上的数据聚合起来，并缓存经常使用的消息，减少对移动设备的应答时间。

➢ 提供与数据库的接口，以便使用来自无线网络的信息（如位置信息）来为某一用户动态定制 WML 页面。

基于 WAP 的移动支付系统的安全性建立在 WAP 基础上，目前该系统还存在以下缺点：

➢ 移动终端只能通过 B/S 方式访问因特网。WAP 分层协议底层中是无线 WDP 和 WTP 等传输层协议，底层应用层中的 WAP 微浏览器只能访问 WML 脚本，而不能访问主流的 HTML 脚本，也不能显示格式复杂的图形。

➢ WAP1.X 解决方案需要移动终端手机通过 WAP 网关才能访问因特网。WAP 网关的存在不可避免带来了新的安全隐患，例如中间人的攻击等。因此，直到 WAP 2.0 采用 TLS 之后才保证了端到端的安全性。

> WAP 解决方案不能访问终端设备本地存储区，需要运行于在线环境中。大量数据的交换增加了服务器负担，并增加了数据被窃听的可能。

4. USSD 技术

USSD（Unstructured Supplementary Service Data）即非结构化补充数据业务，是一种基于全球移动通信系统 GSM 网络的新型交互式数据业务，它是在 GSM 的短消息系统技术基础上推出的新业务。

USSD 技术单独使用或与短消息技术、通用分组无线业务 GPRS（General Packet Radio Service）技术相结合，可为客户提供种类繁多的增值业务，如移动银行、移动电子商务、金融股票交易、手机话费查询、气象信息预报和查询、收发电子邮件、航班查询、网上订票、民意测验等。采用 USSD 对原有系统结构影响较小，且运营商还可以针对本地网的具体情况灵活地推出功能业务，方便地为移动用户提供各类数据业务；另外 USSD 不仅可用于一些信息服务，利用移动运营商提供的通信网络，也可应用于工业范围。USSD 的应用可使工业监控通信的范围大大扩展，功能增强，成本降低，所以这种业务在香港特区、新加坡等国家和地区已有广泛的应用，在中国也有广阔的应用前景。

USSD 和 GPRS 适合不同的用户群。工业环境下，在通信量不大、每次通信量只有几 K 数据量的情况下使用 USSD 的费用较低廉；而 GPRS 传送带宽高，适用于信息量大的数据传输。目前市面上的手机大多支持 USSD 服务。在工业应用中，大多具有 SMS 和 GPRS 功能的通信模块或芯片也支持 USSD 服务。

USSD 具有以下特点：

> **快速**：在交互式应用中只需建立一次连接，大大减少了多次建立信令连接的迟延，往返一次的响应时间比短消息短，最短是短消息的 1/7。

> **便捷**：用户无须进行逐级菜单选择，直接输入 USSD 命令字符串即可。

> **支持漫游**：USSD 的每一条命令都要经过 HLR（Home Location Register，归属位置寄存器），所以用户漫游时，以基于 USSD 业务的同样方式运行。

> **功能强**：能以对话和信息业务菜单方式提供服务。

> **应用广泛**：USSD 可在目前所有的 GSM 手机上运行。

USSD 本身也具有命令字符串较难记忆的问题，但用户可将常用的 USSD 字符串存入手机电话本，以减少记忆和输入难度。

5. IVR 技术

IVR（Interactive Voice Response）即交互式语音应答，是一种功能强大的电话自动服务系统。它用预先录制或合成的语音进行自动应答，并为客户提供菜单导航，可以大大提高呼叫服务的质量并节省费用。客户只需用手机或电话拨打自助热线，即可感受 IVR 提供的语音服务，并根据提示进行操作。与我们日常生活联系最紧密的就是移动的客服电话 10086，及电信的客服电话 10000。在一体化呼叫中心平台中，IVR 首先是一个子系统，它与其他子系统协同实现一个呼叫中心平台的标准功能；其次它又是一个可以单独运行、维护和升级的独立系统，可以在只需要 IVR 的场合单独使用。

因特网电话中使用的 IVR 经历了从集中到分布的过程，分布式 IVR 采用加入智能网关的功能，使得原本需要远程发送的语音提示信息现在只需要在本地发送，这样不仅提高了服务质量，也减少了开销。

IVR 主要有以下功能。

➢ IVR 无须通过业务代表即可为企业处理大量的日常业务，并可提供每周 7 天，每天 24 小时的全天候服务。顾客通过按键或语音选择，向企业主机输入信息，在允许范围内访问各类企业数据库（通过 ODBC），自助得到多种服务，使业务代表有更多时间服务于有特别要求的顾客。

➢ IVR 可同时处理多路来话，且具有遇忙自动处理流程，可极大降低顾客听到忙音或中途放弃的概率，提高顾客满意度。

➢ IVR 系统可同时运行多个不同应用，例如它可同时为企业内部人员或企业客户提供完全相互独立的信息系统应用。当处理异路来话时，它通过询问一些相关信息，如内部 ID、供应商 ID、代理商 ID 等，就可以自动选择应该启动哪个应用系统。

➢ IVR 是呼叫中心整体流程的先导，也可以是主控者。顾客来电可以自由地在人工坐席和 IVR 之间转移，并在转移过程中携带顾客数据及相关信息。例如业务代表可以要求 IVR 验证顾客 ID，或播放咨询信息，并在结束后收回控制权。

➢ IVR 设计的宗旨就是从各个方面照顾好来电客户。在呼叫分配方面，既可按照最优算法自动分配，也可根据用户指示处理呼叫；在将来电最终转接到人工坐席之前，找出最适宜的路由转移呼叫，也就是找出最适宜的业务代表来接听电话。特定客户可安排专人接听；优先照顾重要客户，尽量缩短其等候时间。在容错方面，遇忙自动处理，以减少顾客不耐挂机，如遇线路故障自动报警等。

➢ IVR 的文本与语音合成（Text-to-speech Synthesis）技术以事先录制好的清晰、圆润的声音为顾客服务。IVR 的多语种支持可根据不同要求用不同语言播放语音提示或咨询信息。

IVR 可应用于多个行业。企业顾客可在任何时间打电话获取他们希望得到的信息，无须等到上班时间或联系某个固定负责人。IVR 利用先进的 CTI 技术使电话成为与企业或机构联系的桥梁，以满足企业或机构日益增长的提高运营效率的需要。

（二）技术方案

按照所使用的技术类型不同，远程移动支付技术方案主要包括短信支付、客户端（无卡）支付、智能卡支付和智能终端外设支付 4 种。

➢ **短信支付**：指用户通过编辑、发送短信完成的支付业务。

➢ **客户端（无卡）支付**：指用户通过移动互联网浏览器或客户端，经互联网与支付平台交互完成支付的业务。

> ➤ **智能卡支付**：指用户通过存储支付数据的智能卡进行安全认证的远程支付业务。此处的智能卡指集成了安全运算单元和安全存储的集成电路卡片，包括 SIM/UIM 卡、SD 卡、手机内置 SE 等形态。

> ➤ **移动终端外设支付**：指通过移动终端的外接设备完成刷卡支付的业务。

1. 短信支付技术

（1）实现方案

在短信支付交易过程中，包含支付信息的短信指令从用户的移动终端（一般指手机）发送到短信处理平台，通过识别、审核和交换后，支付信息被转发到移动支付接入平台与账户管理系统完成相关业务。

短信支付的技术架构很简单，主要通过短信处理平台与移动支付接入平台交互完成支付处理，如图 5-24 所示。

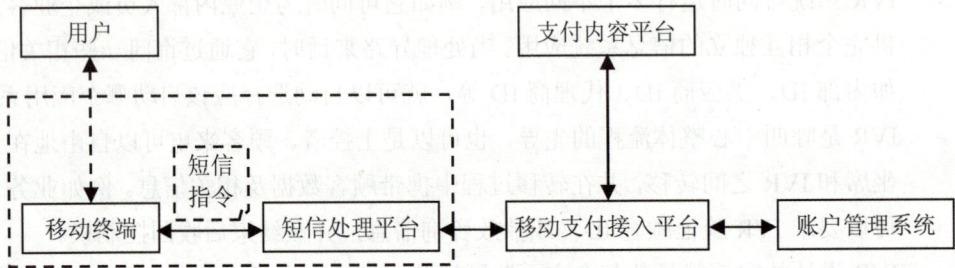

图 5-24　短信支付技术架构图

短信处理平台由移动运营商建立和管理，依约定的格式，在移动终端和移动支付接入平台之间进行短信转发。为保障短信支付的安全性，短信的传输应采用健壮的通信传输协议，保证传输可靠性，而且不能在一条短信中同时出现账号、密码等敏感数据。

（2）技术特点

短信支付的方案实现简单、方便快捷，使用门槛低；并且无须对现有的手机和通信网络环境做任何改造就能实现，业务实施成本低。短信支付方案的缺点是用户交互体验不够好，且无法保障短信的可靠传输，因此难以承载需要复杂交互的支付业务。

（3）典型业务

典型的短信支付业务有上海电信推出的手机缴费业务和肯尼亚电信运营商推出的 M-PESA 业务。

在上海电信推出的手机缴费业务中，用户首先将自己的手机号码与一个支付账户（比如付费宝）绑定，并针对要缴费的业务申请开通手机缴费功能。每月该业务账单生成后，系统向用户发送账单信息（包括条码号、金额等），用户可以编辑并发送短信到特定的支付服务接入号，发起手机缴费。

M-PESA 在肯尼亚当地的斯瓦希里语中，就是"移动货币"的意思，M-PESA 是肯尼亚电信运营商 Safaricom 推出的全球首个由移动运营商独立开发和运作、传统商业银行不参与运营的新型移动银行业务。M-PESA 是一种虚拟的电子货币，用户开通 M-PESA 业务后，只需要通过发送短信就可完成转账，并且汇款人和收款人都不要求拥有银行账户，收款人持收到的转账短信即可到 M-PESA 代理点兑换现金。

2. 客户端（无卡）支付技术

（1）实现方案

客户端（无卡）支付是指用户使用移动终端，由移动终端客户端软件接受用户的支付请求，并通过移动互联网将支付请求发送给后台服务器，由账户管理系统进行资金转移的操作，然后将操作结果通知给移动终端和服务提供方，完成支付的业务。整个过程在线完成，不需要其他现场受理终端的参与。

客户端支付的应用系统架构如图 5-25 所示。

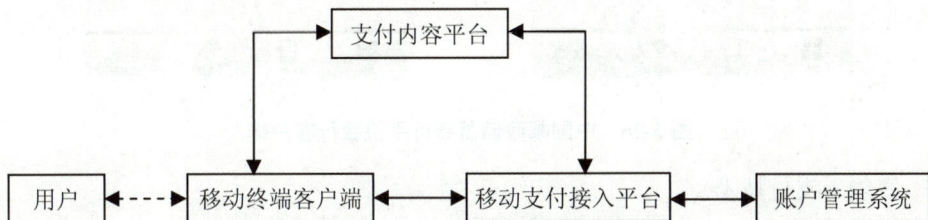

图 5-25　客户端支付应用系统架构图

（2）技术分类

客户端软件可分为浏览器和专用客户端两种，因此客户端支付也可分为浏览器支付和专用客户端支付两种技术形态。

➢ **浏览器支付**：指用户通过移动终端的浏览器连接移动互联网，与移动支付接入平台和支付内容平台进行交互完成支付的技术。浏览器支付无须安装客户端软件，可通过浏览器或双因子验证方式完成支付操作。

➢ **专用客户端支付**：指用户使用专用的移动终端客户端软件，连接移动互联网，与移动支付接入平台和支付内容平台进行交互完成支付的技术。专用客户端支付是专门针对某类支付业务设计的，功能强大，流程灵活，用户体验较好，并且可端到端加密。

（3）典型业务

典型的客户端支付业务有客户端版手机银行业务，如中国邮政储蓄银行推出的客户端版手机银行，如图 5-26 所示。中国邮政储蓄银行的用户可在 iPhone、Android 等智能手机或平板电脑中下载安装邮政银行的手机银行客户端，使用银行卡或信用卡账户登录后，办理银行账户查询、转账汇款、信用卡还款、充值缴费、申购/赎回基金及理财产品等多种金融业务，真正实现了"移动互联时代，银行随身带"。

图 5-26　中国邮政储蓄银行手机银行客户端

3．智能卡支付技术

（1）实现方案

智能卡支付是指用户通过存储支付数据的智能卡进行安全认证的远程支付。智能卡支付技术以具有安全芯片的智能卡作为银行卡、电子钱包、电子现金等支付账户的载体，提供基于 PBOC 规范流程的安全计算和存储，实现身份验证、交易数据保护、交易数据完整性和不可抵赖性的技术支持，从而保证支付交易的整体安全。

智能卡远程支付的应用系统架构如图 5-27 所示。

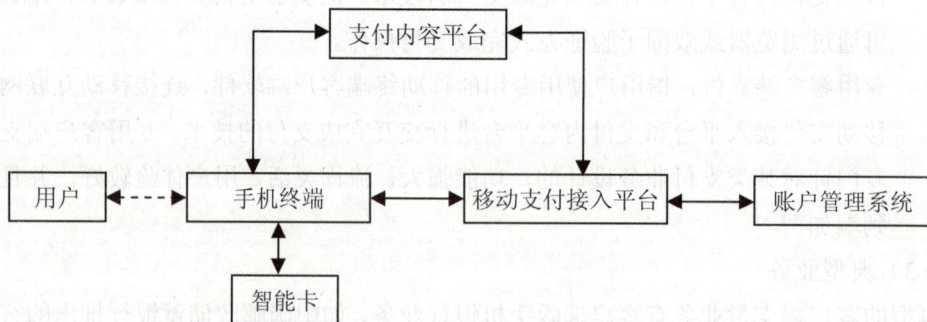

图 5-27　基于智能卡的远程支付系统架构

用户通过手机终端访问支付内容平台，选择相应商品并发起支付请求，订单生成后，通过手机终端与智能卡进行交互，读取并认证卡内的支付账户后，将交易请求发送至移动支付接入平台，并最终转发至账户管理系统完成支付交易授权。

智能卡支付具有安全、高效的特点，可全方位支持各类支付交易，不必使用"签约绑定"等额外安全手段，而且可以使用客户端，为用户带来良好的交互体验。

（2）典型业务

使用智能卡远程支付的典型业务有银联 UP Cards 业务和银联 SD 卡远程支付业务等。

CUPMobile 是中国银联 2005 年推出的移动支付应用平台，包括 UP Cash，UP Cards，UP Voucher 等移动支付业务。UP Cards 是银联标准卡的缩写，支持目前的银联标准卡（磁条）应用和 PBOC 2.0 借/贷记应用。UP Cards 通过把银行卡绑定到手机中嵌入的智能卡内，实现了和传统银行卡一样的使用接口，提高了支付的便利性和安全性，持卡人可以同时将多张银行卡的信息存储在手机上，在实际支付时可以方便地选择手机内存储的任何一张银行卡账户进行支付。

使用智能卡进行远程支付时，用户先选择要支付的业务，后台系统生成订单后，发送数据短信给手机智能卡，激活其中的 STK/UTK 支付菜单，用户在菜单中输入密码后，手机智能卡通过加密的数据短信发送银行卡磁条信息和支付密码到移动支付后台系统，后台系统验证通过后完成支付。

4．移动终端外设支付技术

（1）实现方案

移动终端外设支付技术是在移动支付的总体架构基础上，增加外接读卡器模块和移动终端客户端，用户通过移动终端发起支付请求，并通过移动终端的外接设备进行刷卡或账户访问操作，再由移动互联网与支付平台交互完成支付。

移动终端外设支付将移动终端改造为支付受理终端，大大拓展了银行卡等设备的受理环境，而且成本低，部署便捷，适合有收款需求的小型商户。但收单门槛降低的同时带来了安全隐患，例如存在非法商户恶意收集用户银行卡等账户信息的风险。对于个人用户而言，用户必须同时携带手机和外接读卡器，没有其他移动支付方式便捷。

（2）典型业务

典型的移动终端外设支付业务有国外的 Square 支付产品，如图 5-28 所示。

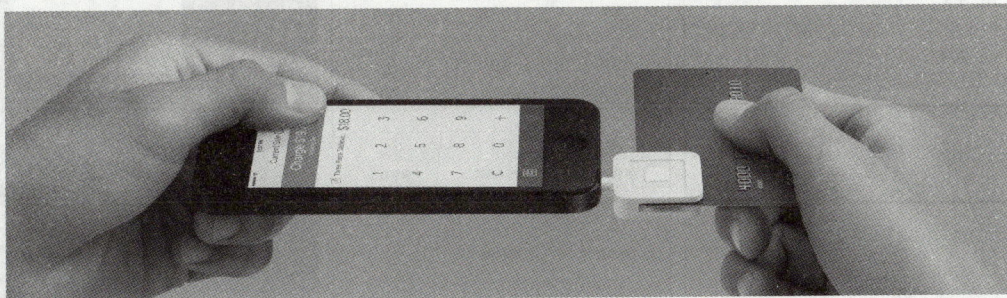

图 5-28　Square 支付产品

Square 公司的支付产品是一个带音频接口的外接读卡器，插入移动终端的音频接口后，用户可在读卡器上刷银行卡，读卡器将刷卡信息转换成音频信号，由安装在 iPhone 或 Android 移动终端上的 Square 客户端软件将音频再转换成数字信息，然后将支付应用和刷卡付款信息用加密的方式传输到服务器端，服务器端再返回刷卡是否成功的信息，完成刷卡支付。通过这种方式，将用户的移动终端变成一个刷卡 POS 终端，使得用户无须开通网银即可享受丰富的在线支付服务。

Square 产品的主要应用场合是商家收款。商家需要收款时，在手机支付界面中输入金额等订单信息和持卡人的手机号码，生成支付订单；用户（持卡人）确认订单信息，通过 Square 刷卡，并输入密码、银行卡卡号及密码信息，通过网络送到后台进行验证；验证成功后，后台系统向用户发送成功短信，完成支付。

目前国内应用这种支付技术的是北京拉卡拉网络技术有限公司推出的自主知识产权的个人刷卡终端——拉卡拉手机刷卡器，如图 5-29 所示。

图 5-29　拉卡拉手机刷卡器

任务实施

步骤 1▶　在手机上打开微信，然后按照图 5-30 所示为其绑定一张银行卡。

图 5-30　为微信绑定银行卡

步骤 2▶　找一台自动售货机，这里选择的是位于地铁站里的友宝自动售货机，如图5-31 所示。通过按一下饮料下方对应的按钮来选择想要购买的饮料，如图 5-32 所示。

图 5-31　自动售货机

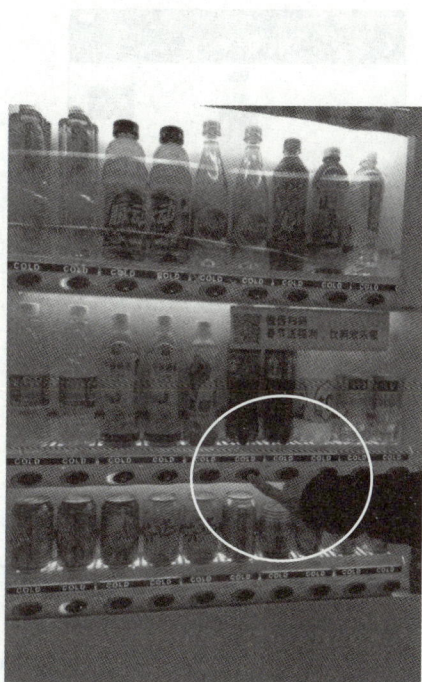

图 5-32　选择要购买的饮料

步骤 3▶　此时自动售货机右上角的显示屏上会显示刚才选择的商品信息，并要求用户根据提示完成支付。用手机微信的"扫一扫"功能，扫描自动售货机显示屏中出现的二维码，如图 5-33 所示。

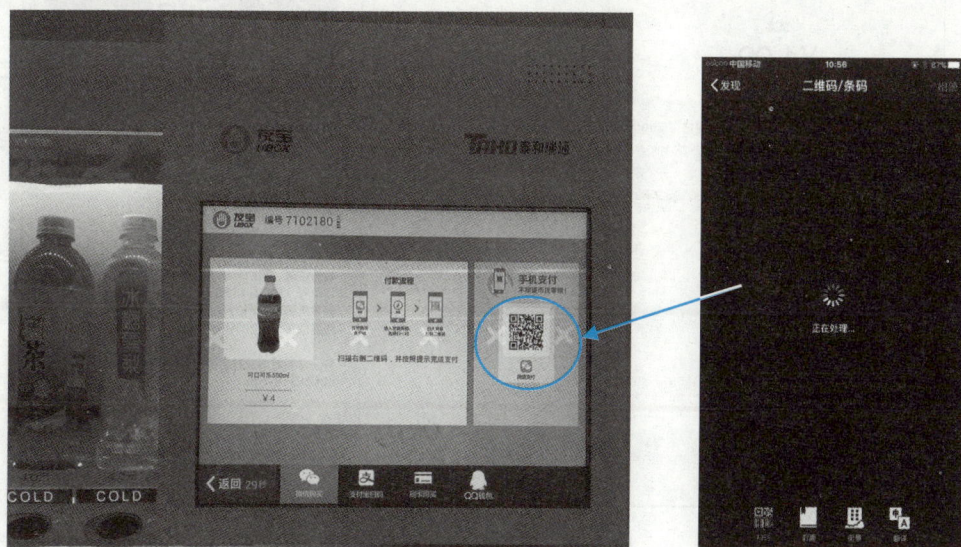

图 5-33　用微信扫描二维码

步骤 4▶ 手机微信上会出现商品信息和支付页面，点击"我要付款"按钮，在接下来出现的页面中输入支付密码，如图 5-34 所示。

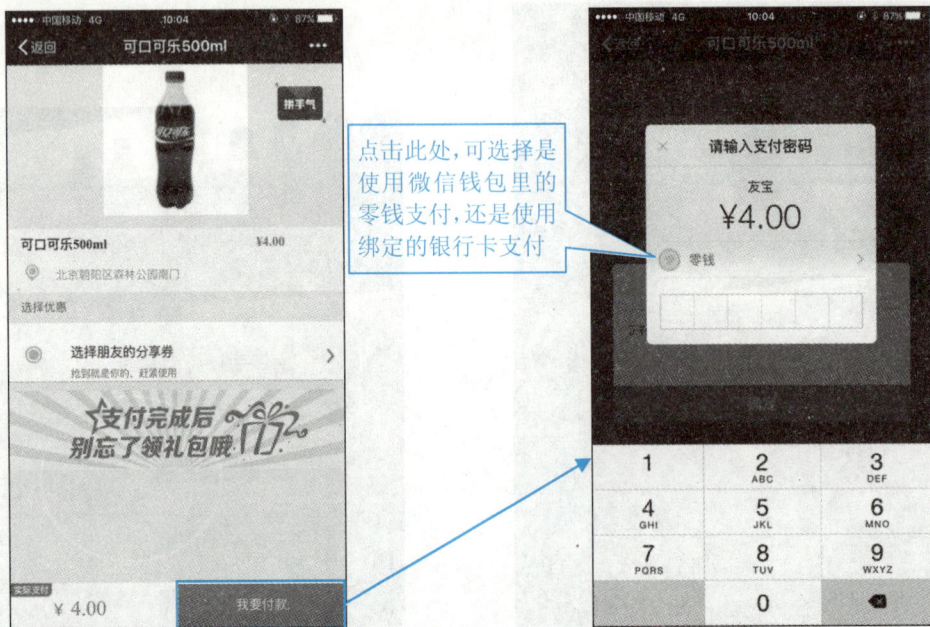

点击此处，可选择是使用微信钱包里的零钱支付，还是使用绑定的银行卡支付

图 5-34　微信支付过程

步骤 5▶ 此时手机微信上会出现支付成功页面，并收到购买成功信息，如图 5-35 所示。

图 5-35　支付和购买成功信息

步骤 6▶ 同时，自动售货机底部的取货口中会掉落已购买的饮料，掀开透明挡板，取出饮料即可，如图 5-36 所示。

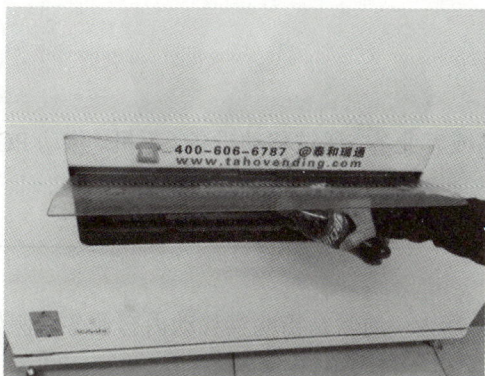

图 5-36 取出饮料

项目小结

本项目主要介绍了移动支付的相关知识。学完本项目，读者应重点掌握以下内容：

（1）移动支付是指交易双方为了某种商品或者业务，通过移动设备（手机、移动 PC、PDA 等）进行商业付款和交易。

（2）移动支付具有便捷性、安全性、灵活性、实时性、集成性等特点。

（3）按照不同的标准，移动支付可以分为不同的类型。按照用户支付额度的大小可分为微支付和宏支付；按完成支付所依托的技术条件可分为近场支付和远程支付；按支付账户的性质可分为银行卡支付、第三方支付账户支付、通信代收费账户支付；按支付的结算模式可分为即时支付和担保支付；按用户账户的存放模式可分为在线支付和离线支付。

（4）移动支付最常使用的方法有短信支付、扫码支付、指纹支付和声波支付。

（5）移动支付的运营模式主要有 3 种：以金融机构为主导的运营模式、以移动运营商为主导的运营模式、以第三方支付服务提供商为主导的运营模式。

（6）近场移动支付的技术基础包括射频识别（RFID）、近距离无线通信（NFC）、红外、蓝牙等。按照所使用的技术类型，近场移动支付技术方案主要包括双界面 SIM 卡方案、NFC 手机方案、eNFC 方案、2.4G RF-SIM/UIM 卡等几种方案。

（7）远程移动支付的技术基础包括移动通信技术、SMS 技术、WAP 技术、USSD 技术和 IVR 技术。按照所使用的技术类型不同，远程移动支付技术方案主要包括短信支付、客户端（无卡）支付、智能卡支付和智能终端外设支付 4 种技术方案。

项目习题

一、填空题

1. _____是指交易双方为了某种商品或者业务，通过移动设备（手机、移动 PC、PDA 等）进行商业付款和交易。

2. 与其他电子支付手段相比，移动支付具有_____、_____、灵活性、_____、集成性等特点。

3. 微支付是指交易额少于_____美元的支付行为，通常是指购买移动内容业务，例如游戏、视频下载等。

4. _____是指通过具有近距离无线通讯技术的移动终端实现本地化通讯进行货币资金转移的支付方式。

5. _____是指通过移动网络，利用短信、GPRS 等空中接口，与后台支付系统建立连接，实现各种转账、消费等支付功能。

6. 移动支付最常使用的方法有_____支付、_____支付、_____支付和_____支付。

7. 同一般的网络支付一样，移动支付也要涉及 4 个主要的环节：_____、商家、发行方和_____。

8. 移动支付的运营模式主要有 3 种：_____、以移动运营商为主导的运营模式、_____。

9. 移动支付业务是一项跨行业服务，是_____与移动通信业务相结合的产物。

10. _____技术，又称无线射频识别，是一种无线通信技术，可通过无线电讯号识别特定目标并读写相关数据，而无需识别系统与特定目标之间建立机械或光学接触。

11. 按照所使用的技术类型，近场移动支付技术方案主要包括_____方案、NFC 手机方案、_____方案、_____等几种方案。

12. _____即无线应用协议，是在数字移动电话、因特网及其他个人数字助理机（PDA）与计算机应用之间进行通信的开放性全球标准。

13. 按照所使用的技术类型不同，远程移动支付技术方案主要包括_____支付、客户端（无卡）支付、_____支付和_____支付 4 种技术方案。

二、选择题

1. 按照完成支付所依托的技术条件分类，移动支付可以分为（   ）。

    A．近场支付   B．担保支付

    C．即时支付   D．远程支付

2. 按照支付账户的性质进行分类，移动支付可以分为（   ）。

    A．银行卡支付   B．第三方支付账户支付

    C．通信代收费账户支付   D．在线支付

3. （   ）是指支付服务提供商将交易资金从买家的账户即时划拨到卖家账户。

    A．即时支付   B．担保支付

    C．在线支付   D．离线支付

4. （   ）是目前近场支付的主流技术，它是一种短距离的高频无线通讯技术，允许在多个电子设备之间进行非接触式点对点数据传输交换数据。

    A．射频识别技术   B．NFC 技术

    C．红外通信技术   D．蓝牙技术

5. （   ）是最早的短消息业务，也是现在普及率最高的一种短消息业务。

    A．SMS 射频识别技术   B．移动通信技术

    C．WAP 技术   D．USSD 技术

三、简答题

1. 简述我国移动支付的发展现状及趋势。

2. 简述移动支付产业链的构成。

项目实训 用手机在线选座购电影票

使用手机购买电影票，不仅方便快捷，还可以在线选座，大大方便了购票流程。下面以猫眼电影 APP 为例介绍在线选购电影票的一般方法。

（1）首先用手机下载并安装猫眼电影 APP，然后打开猫眼电影 APP（建议允许使用定位服务，这样 APP 会提供附近的影院）。

（2）直接使用手机号注册一个猫眼电影账号，并完成登录。

（3）首先选择一个电影院，然后选择日期，接着选择要观看的电影和场次，如图 5-37 所示。

（4）点击"选座购票"，打开选座页面，选择座位（红色标识的座位表示已被购买），

然后提交订单，如图 5-38 所示。

图 5-37　选择影院、日期、电影和场次　　　　　　图 5-38　选择座位

（5）显示影票信息，确认无误后点击"确认支付"，如图 5-39 所示。

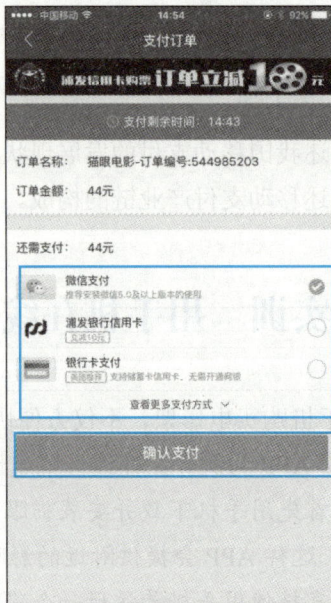

图 5-39　确认支付

（6）支付成功后，很快会收到验证码信息，携带手机到影院的自助取票机取票即可。取票时需手动输入手机尾号和验证码，也可通过扫描猫眼订单中的二维码快速完成取票。

第三方支付

★ 了解第三方支付的概念与发展现状；

★ 掌握第三方支付平台的作用与交易流程；

★ 掌握支付宝等主要第三方支付工具的使用方法。

引导案例 第三方支付的领头羊——支付宝

2003 年，阿里巴巴创设了淘宝网。淘宝网将自身定位在零售业，马云称"我的梦想是建立一个真正的零售帝国"，主要竞争对手是国美、百联这些零售巨头。与百货、超市等线下零售企业不同的是，淘宝网引入的是 C2C 的新型商业模式。C2C 模式不是传统上通过批发、代理、零售等一级一级的分销最终把商品送到消费者手中，而是直接连接个人与个人之间的电子商务。从商品流通过程来看，淘宝网去除了多级分销代理商等中间环节，大大缩短了商品从厂商到消费者的流程，可以实现更低的交易成本。

但是，由于淘宝网的特点是宽准入性，什么东西都可以进入这个市场，大量的假货充斥于淘宝，也发生了很多的诉讼案例。网上交易的买卖双方互不谋面，互联网注册用户的虚拟特征，决定了互联网无法像线下交易那样"一手交钱，一手交货"。卖家担心货到不付款，买家担心款到不送货等违约行为，而且存在商品换货难、退货难等诚信问题。这些情况在当时的网商中大量存在。这些问题所产生的交易成本大大抵消了商品流程缩短所节省的交易成本。

基于这种情况，淘宝首创了支付宝。

2003 年 10 月，淘宝网正式推出支付宝，为网络买家和卖家提供担保交易服务，解决交易中的诚信问题。运营了一段时间以后，淘宝网上使用支付宝交易的频率迅速上升。此时，支付宝还只是淘宝的一个部门。

2004 年 12 月，支付宝（中国）网络技术有限公司正式成立，支付宝被市场检验为一个有效的创新。随后，支付宝官网正式上线并开始独立运营。支付宝有效地解决了网络购物中的信任问题，支付宝的用户数和交易规模开始迅速增长。支付宝从第三方担保平台向互联网第三方支付平台转变，开始成为网商全行业的应用工具。亚马逊、当当网、凡客、一号店等一大批电商都和支付宝开展合作，除了京东商城和苏宁易购，中国 B2C 网站都支持用支付宝付款。

2011 年 9 月，支付宝日交易额突破 30.4 亿元，在交易额和交易笔数上已经超越 PayPal，成为全球最大的互联网第三方支付服务提供商。

2012 年，经过近 8 年的高速发展，支付宝已经发展成为一家拥有 4 000 名员工的公司，总部设在杭州，并在北京、上海、深圳、成都等地设有分公司，除淘宝网和天猫外，支持使用支付宝交易服务的商家已经达到 46 万家。

支付宝支付除应用于 B2B 和 C2C 等各类电子商务业态，也涉及 G2C（政府与公众之间的电子政务服务），全国超过 80 个城市可以使用支付宝缴纳水电煤气费。支付宝已经成为通用的支付手段。淘宝（包括天猫）业务在支付宝业务总量的占比从 2004 年的 90% 以上下降到 2012 年的不足 50%，同时支付宝继续开展阿里系之外的业务。

2013 年，阿里小微金融服务集团筹建，将支付宝、阿里小贷等业务板块纳入旗下，并经整合后划分为国内、国际、共享、创新金融 4 个事业群，以原有支付和网络小贷业务为基础，向互联网理财等更多业务领域拓展。

2014 年，阿里小微金融服务集团以蚂蚁金融服务集团的名义正式成立，旗下的业务包括支付宝、支付宝钱包、余额宝、招财宝、蚂蚁小贷和网商银行等。

2015 年，作为国内首批试点的 5 家民营银行之一，背靠阿里巴巴旗下蚂蚁金服的浙江网商银行正式开业。

2016 年，央视与支付宝在北京联合发布了春晚的互动新玩法——咻红包、传福气。本届的央视春晚，支付宝成为央视独家互动合作平台。

......

支付宝作为第三方支付机构，对中国批发零售业从传统的批发——分销代理——零售的产业链流程转向 C2C 和 B2C 在线零售的产业链流程，起到了决定性作用。

支付宝再造了互联网交易支付流程，使网商在批发零售业的流程再造中发挥重要作用成为可能。

任务一　逛超市刷支付宝结账

任务描述

支付宝由阿里巴巴集团创办，是全球领先的第三方支付平台。自 2014 年第二季度开始成为全球最大的移动支付厂商。数据显示，2015 年第三季度，在第三方互联网支付交易规模市场份额中，支付宝以 47.6% 的市场占有率占据首位。

本任务将以逛超市刷支付宝结账为例，带领大家熟悉一下支付宝的使用方法。

相关知识

一、第三方支付概述

电子支付的兴起是信息化时代最重大的金融服务变革之一，在这一变革过程中，一方面是商业银行纷纷将其列为重要的金融创新方向和业务增长点，另一方面是许多第三方支付机构也纷纷投资运营电子支付平台。经过 10 多年的迅速发展，第三方支付平台已经成为我国支付服务市场的重要补充力量。

（一）第三方支付相关概念

1. 第三方支付的基本概念

第三方支付是具备一定实力和信誉保障的独立机构/公司或组织，采用与各大银行签约的方式，提供与银行支付结算系统接口的交易支持平台的网络支付公司。在第三方支付模式中，消费者在网上商店选购商品后，使用第三方平台提供的账户进行货款支付，并由第三方通知卖家货款到账、要求发货；买方收到货物，并检验商品进行确认后，就可以通知第三方付款给卖家，第三方再将款项转至卖家账户上。

之所以称"第三方"，是因为这些平台并不涉及资金的所有权，而只是起到中转作用。第三方支付出现的最初目的，是解决在电子商务小额支付情形下交易双方因银行卡不一致而造成的款项转账不便的问题，通过提供线上和线下支付渠道，完成从消费者到商家及金融机构间的货币支付、资金清算、查询统计等系列过程。

第三方支付平台则是指在电子商务企业与银行之间建立的支付平台，以支付公司为信用介质，以互联网为基础，通过整合多种银行卡等支付工具，或者借助第三方支付工具，为交易双方进行交易资金的代管、支付指令的转换，并提供增值服务的网络支付中介渠道。

第三方支付平台的盈利模式，主要还是靠收取支付手续费。即第三方支付平台与银行确定一个基本的手续费率，缴给银行，然后，第三方支付平台在这个费率上加上自己的毛利润，向客户收取费用。

第三方支付是电子支付产业链中重要的纽带，它既要链接银行，处理资金结算、客户服务、差错处理等工作，还要服务群体庞大的商家和消费者，使客户的支付交易能顺利接入。由于拥有款项收付的便利性、功能的可扩展性、信用中介的信誉保证等优势，第三方支付较好地解决了长期困扰电子商务的诚信、物流、现金流问题，在电子商务中发挥着重要的作用。

图 6-1 所示为第三方支付定义的示意图。

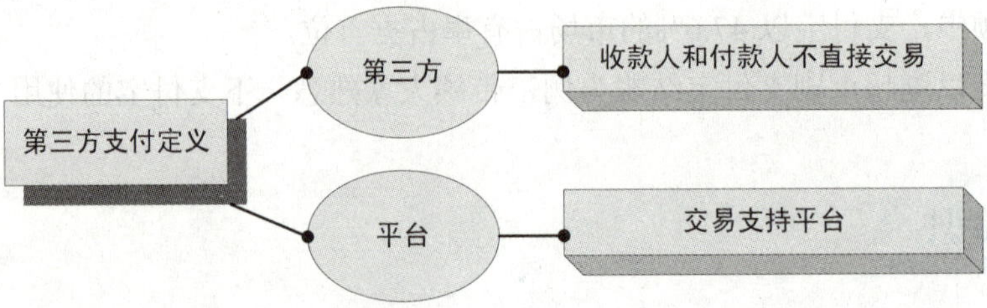

图 6-1　第三方支付定义示意图

2. 第三方支付的类型

目前，无论是学术界、产业界还是监管部门，对第三方支付的分类都不尽相同，单就以网络支付服务具体业务流程来说，第三方支付可分为支付网关模式和虚拟账户支付模式两种类型。其中虚拟账户支付模式又可分为担保型账户支付模式和非担保型账户支付模式。此外需要说明的是，银联电子支付是一类特殊的第三方支付。

（1）网关型支付模式。网关型支付模式是一种比较成熟的电子支付模式。在该模式中，网上商家和银行网关之间有一个第三方支付网关，第三方支付网关负责集成不同银行的网银接口，为网上商家提供统一的支付接口和结算对账等业务服务。在这种模式下，第三方支付平台扮演着"通道"的角色，并没有实际涉及银行的支付和清算，只是传递了支付指令，网关支付本身没有太多的增值服务。

（2）虚拟账户支付模式。这里的"虚拟账户"是指交易双方在第三方支付中介平台中所设立的账号，这种账号与传统的银行账户具有类似功能，可以在两个虚拟账户之间转账，也可以在虚拟账户与实际银行账户之间转账。虚拟账户支付模式又可以细分为两种：非担保型（直付模式）和担保型（间付模式）。

➢ **非担保型（直付模式）**：非担保型（直付模式）的支付流程与传统转账或汇款流程类似，第三方支付平台在交易中屏蔽了银行账号，交易双方以虚拟账户为付款和收款接口进行交易。直付模式以一种非常经济的方式实现了网上双向支付，而且流程简单，使用方便。这是网银支付、网关支付难以做到的。采用这种模式的典型有 PayPal、易宝等。

➢ **担保型（间付模式）**：间付模式以支付宝为代表且发展较快。在间付模式下，第三方支付平台不仅充当一个资金支付和接收的接口，更承担起买卖双方的担保人角色。这种支付模式在保持虚拟账户支付快捷、灵活等优点的同时，引入了相对受信任的第三方作为交易担保。缺点是交易过程相比直付模式要复杂。

目前，我国法律建设不够完善，没有形成良好的信用机制环境，所以担保型支付模式受到了个人用户和中小型商户的欢迎。但是第三方支付平台要额外承担资金管理、担保、通知、验证等一系列服务，随之而来就是交易复杂度和交易成本的大幅增加。在美国，由于拥有健全的个人信用体系，所以第三方担保的作用较小，一般采用的都是直付模式。

（3）银联电子支付。银联电子支付（ChinaPay）是中国银联旗下的第三方支付公司。它作为非银行金融机构提供的支付平台，依托于中国银联，是在人民银行及中国银联的业务指导和政策支持下发展起来的。

银联电子支付有限公司于 2002 年 6 月揭牌成立，总部设在上海。银联电了支付主要从事以互联网等新兴渠道为基础的网上支付、企业 B to B 账户支付、电话支付、网上跨行转账、网上基金交易、企业公对私资金代付、自助终端支付等银行卡网上支付及增值业务。

3. 第三方支付的优点

第三方支付具有以下显著的优点。

（1）打破银行壁垒。第三方支付平台提供一系列的应用接口程序，将多种银行卡支付方式整合到一个界面上，负责交易结算中与银行的对接，使网上购物更加快捷、便利。消费者和商家不需要在不同的银行开设不同的账户，可以帮助消费者降低网上购物的成本，帮助商家降低运营成本；同时，还可以帮助银行节省网关开发费用，并为银行带来一定的潜在利润。

（2）可以为商家提供更多的增值服务。第三方支付平台根据不同用户的需要对界面、功能进行调整。加上个性化和人性化的特征，从而对网上交易、电子支付等技术的进步起到了巨大的推动作用，为商家提供了更多的增值服务。

（3）有效地减少了电子商务交易中的欺诈行为，推动了电子支付的快速发展。第三方支付可以对交易双方进行约束和监督，增加了网上交易的可信度，在一定程度上消除了人们对网上购物和电子支付的疑虑。更进一步的是，第三方支付本身依附于大型的商业网站，以与其合作的银行的信用作为信用依托，很好地突破了电子支付中的信用问题。

（4）操作更加简单，降低电子商务成本。有了第三方支付平台，较之 SSL、SET 等支付协议，利用第三方支付外贸收款平台进行支付操作更加简单而易于接受。SSL 是现在应用比较广泛的安全协议，在 SSL 中只需要验证商家的身份。SET 协议是目前发展的基于信用卡支付系统的比较成熟的技术。但在 SET 中，各方的身份都需要通过 CA 进行认证，程序复杂，手续繁多，速度慢且实现成本高。有了第三方支付平台，商家和客户之间的交涉由第三方来完成，使网上交易变得更加简单。

4. 第三方支付的交易流程

除了网上银行、电子信用卡等手段之外，还有一种方式也可以相对降低电子支付的风险，那就是正在迅猛发展起来的利用第三方机构的支付模式及其支付流程。

在实际的操作过程中，这个第三方机构可以是发行信用卡的银行本身。在进行网络支付时，信用卡号及密码的披露只在持卡人和银行之间转移，降低了应通过商家转移而导致的风险。

同样，当第三方是除了银行以外的具有良好信誉和技术支持能力的某个机构时，持卡人首先和第三方以替代银行账号的某种电子数据的形式（例如邮件）传递账户信息，避免了持卡人将银行信息直接透露给商家，另外也可以不必登录不同的网上银行界面，取而代之的是每次登录时，都能看到相对熟悉和简单的第三方机构的界面。

第三方机构与各个主要银行之间签订有关协议，使得第三方机构与银行可以进行某种形式的数据交换和相关信息确认。这样第三方机构就能实现在持卡人或消费者与各个银行，以及最终的收款人或者是商家之间建立一个支付的流程。一次成功的第三方支付过程包含以下9个环节，如图6-2所示。

图 6-2　第三方支付交易流程图

（1）消费者在电子商务网站选购商品，决定购买后下订单。

（2）消费者选择利用第三方支付作为交易中介，通过第三方支付平台选择发卡银行等信息。

（3）商家将客户在第三方支付平台的账号和支付信息传送给第三方平台请求支付。

（4）第三方平台将信息转发到相关银行。

（5）相关银行处理支付请求，给予消费者和第三方支付平台应答。

（6）第三方支付平台将应答发给网上商户。

（7）商家确认交易成功后向消费者提供服务、发货等。

（8）第三方支付平台根据协议向商户提供支付、清算、差错服务。

（9）银行向第三方支付平台提供支付、清算服务。

5. 第三方支付的现状

互联网的发展进程是由一个以信息和娱乐为核心的平台逐渐成为一个以电子支付为中心的交易大平台。电子支付的迅猛发展对中国互联网未来前景产生的影响是前所未有的。2000 年，中国第三方电子支付服务开始萌芽发展，中国第三方支付市场从 2004 年开始进入加速发展阶段，在 2008 年和 2009 年呈现爆发增长，特别是 2010 年中国人民银行《非金融机构支付服务管理办法》及《非金融机构支付服务管理办法实施细则（征求意见稿）》的出台，第三方支付行业结束了原始成长期，被正式纳入国家监管体系，拥有了合法的身份。

新兴崛起的第三方支付机构不但刺激了我国整个电子商务和电子支付产业的发展进程，还起到举足轻重的作用。历经数十年的发展，无论从交易规模大小、机构数量多少还是大众性的广泛方面，第三方电子支付都毫无疑问成为我国电子化支付交易市场和金融经济区域发展的支柱。

从规模现状上讲，根据《易观智库：中国互联网产业 2015 趋势盘点-2016 发展预测》报告数据显示，2015 年中国第三方支付互联网支付市场交易规模达到 140 064.3 亿元（互联网支付，是指客户通过桌式电脑、便携式电脑等设备，依托互联网发起支付指令，实现货币资金转移的行为），环比增长 14.39%。第三方支付互联网支付市场竞争格局稳定，支付宝、财付通与银联分别以 44.69%，18.49%，14.19%的市场份额继续占据前三名。

图 6-3 所示为 2015 年第四季度中国第三方支付互联网支付市场交易规模。

2014Q4-2015Q4中国第三方支付互联网支付市场交易规模

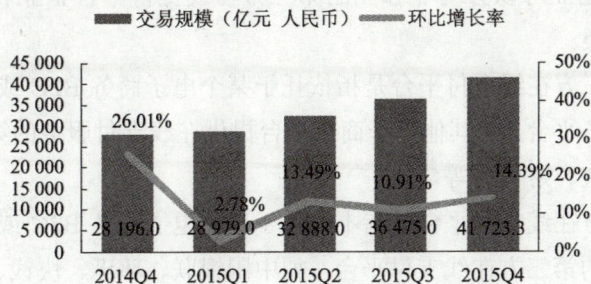

图 6-3　2015 年 Q4 中国第三方支付互联网支付市场交易规模

从机构现状上讲，自 2011 年 5 月 26 日，央行颁发首批 27 张第三方支付牌照以来，截止 2015 年 3 月 30 日，央行共发放 270 张第三方支付牌照（当年 8 月份以后因故取消了 2 张）。这些牌照广泛坐落在全国 28 个省市自治区，业务范围牵涉面多，包括预付卡发行与受理、互联网、移动电话、固定电话、数字电视信号支付和银行卡收单等七大类。

6. 第三方支付存在的安全问题

分析第三方支付面临的安全问题，主要是依据对第三方支付整个运作过程的考察，确定支付流程中可能出现的各种安全问题，分析其危害性，发现第三方支付过程中潜在的安全隐患和安全漏洞，从而使第三方支付安全管理能做到有的放矢。

概括起来，第三方支付的安全问题主要涉及信息的安全问题、信用的安全问题、银行业务的安全问题及安全的法律法规保障问题。在这里，我们主要说明一下涉及银行业务带来的安全问题。

（1）沉淀资金的安全问题。第三方支付平台中的大量资金沉淀，如缺乏有效的流动性管理，则可能存在资金安全，并可能引发支付风险和道德风险。除支付宝等少数几个支付平台不直接经手和管理来往资金，而是将其存在专用账户外，其他公司大多代行银行职能，可直接支配交易款项，这就可能出现非法占用和挪用往来资金、不受有关部门的监管而越权调用交易资金的风险。

（2）在途资金的安全问题。在第三方支付系统中，支付流程是资金先由买方到第三方平台等支付平台得到买方确认授权付款后，再经第三方平台转手给收款方，这样的支付流程就决定了支付资金无论如何都会在第三方支付平台有一定时间的支付停留而成为在途资金。若在途资金的在途时间被加重延迟，就为第三方支付平台从在途资金中获得更大的收益提供了条件。因此，在途资金引发的问题与风险应该引起人们的重视。

（3）洗黑钱、信用卡套现等，非监督型账户支付模式的第三方支付公司提供的非交易型支付平台账户资金划拨及监管型账户支付模式的虚假交易支付平台资金划拨，很可能成为资金非法转移套现及洗钱违法范围活动的工具。此外，税收也是一个漏洞，如何加强风险监督、打击网上洗钱等犯罪行为，也是第三方支付市场面临的一个挑战。

（二）主要第三方支付平台

第三方在线支付企业可以分为非独立的第三方在线支付平台企业和独立的第三方在线支付平台企业两大类。

➢ 非独立的第三方在线支付平台是指依托于某个电子商务 B2C 或 C2C 网站平台，为该电子商务平台，或其他电子商务平台提供在线支付服务的第三方在线支付平台。如支付宝、财付通等。

➢ 独立的第三方在线支付平台是指不依托于任何电子商务 B2C 或 C2C 平台提供在线支付服务的第三方在线支付平台。如中国银联、环迅、快钱、易宝、首信易支付等。

图 6-4 所示为 2015 年第三季度第三方互联网支付交易规模市场份额。

2015Q3中国第三方互联网支付交易规模市场份额

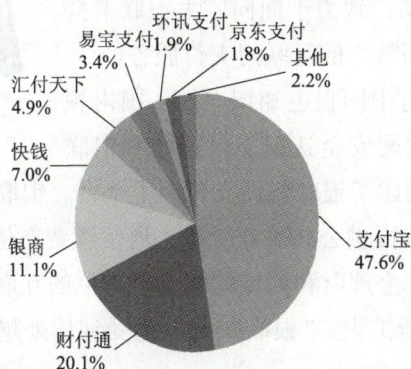

图 6-4 2015Q3 中国第三方互联网支付交易规模市场份额

1. 支付宝

支付宝（中国）网络技术有限公司是国内领先的第三方支付平台（见图 6-5），致力于提供"简单、安全、快速"的支付解决方案。支付宝公司从 2004 年建立开始，始终以"信任"作为产品和服务的核心，旗下有"支付宝"与"支付宝钱包"两个独立品牌。

图 6-5 支付宝 Logo

支付宝主要提供支付及理财服务，包括网购担保交易、网络支付、转账、信用卡还款、手机充值、水电煤缴费、个人理财等多个领域。在进入移动支付领域后，为零售百货、电影院线、连锁商超和出租车等多个行业提供服务，还推出了余额宝等理财服务。

支付宝与国内外 180 多家银行以及 VISA、MasterCard 国际组织等机构建立战略合作关系，成为金融机构在电子支付领域最为信任的合作伙伴。

2. 财付通

财付通（见图 6-6）是腾讯集团旗下中国领先的第三方支付平台，一直致力于为互联网用户和企业提供安全、便捷、专业的在线支付服务。自 2005 年成立伊始，财付通就以"安全便捷"作为产品和服务的核心，不仅为个人用户创造了 200 多种便民服务和应用场景，还为 40 多万大中

图 6-6 财付通 Logo

型企业提供专业的资金结算解决方案。2011 年 5 月 3 日获得央行非金融机构支付业务许可证。业务类型包括互联网支付、移动电话支付、固定电话支付。

经过多年的发展，财付通服务的个人用户已超过 2 亿，服务的企业客户也超过 40 万，覆盖的行业包括游戏、航旅、电商、保险、电信、物流、钢铁、基金等。结合这些行业特性，财付通提供了快捷支付、财付通余额支付、分期支付、委托代扣、Epos 支付、微支付等多种支付产品。

3. 银联在线

"银联在线"（见图 6-7）是中国银联倾力打造的互联网业务综合商务门户网站，致力于面向广大银联卡持卡人提供"安全、便捷、高效"的互联网支付服务。

图 6-7　银联在线 Logo

"银联在线"依托具有中国自主知识产权、国内领先的银联 CUPSecure 互联网安全认证支付系统和银联 EBPP 互联网收单系统，构建了银联便民支付网上平台、银联理财平台、银联网上商城三大业务平台，为广大持卡人提供公共事业缴费、通信缴费充值、信用卡还款、跨行转账、账单号支付、机票预订、基金理财和商城购物等全方位的互联网金融支付服务。随着业务覆盖范围、应用领域的不断扩大，"银联在线"正受到越来越多发卡银行、收单机构、商户和广大持卡人的欢迎。

4. 快钱

快钱支付清算信息有限公司（见图 6-8）是国内创新型的互联网金融机构。基于十年在电子支付领域的积累，快钱充分整合数据信息，结合各类应用场景，为消费者和企业提供支付、理财、融资、应用等丰富的综合化互联网金融服务。

图 6-8　快钱 Logo

快钱公司总部位于上海，在全国 30 多地设有分公司，已覆盖逾 4 亿个人用户，400 余万商户，对接超过 100 家金融机构。2014 年，快钱与万达集团达成战略控股合作，正在将互联网金融业务辐射到更多产业和场景中。目前，快钱拥有"超智能 POS""快易融""快定盈""快利来"等几款产品。

5. 汇付天下

汇付天下有限公司（见图 6-9）于 2006 年 7 月成立，投资额近 10 亿元人民币，核心团队由中国金融行业资深管理人士组成，致力于为中国小微企业、金融机构、行业客户和投资者提供金融支付、账户托管、投资理财等综合金融服务。总部设于上海，旗下有汇付数据、汇付科技等子公司。

图 6-9　汇付天下 Logo

2011 年 5 月汇付天下首批获得央行颁发的《支付业务许可证》，首家获得证监会批准开展网上基金销售支付结算业务，2013 年 10 月首批获得国家外汇管理局跨境支付业务试点牌照，是中国支付清算协会常务理事单位。

汇付天下和支付宝的发展模式不同，汇付天下是专注于做金融级电子支付专家，深耕行业；支付宝依托淘宝的强大平台，注重个人客户业务。

6. 首信易支付

首信易支付（见图 6-10）自 1999 年 3 月开始运行，是中国首家实现跨银行、跨地域提供多种银行卡在线交易的网上支付服务平台，现支持全国范围 23 家银行及全球范围 4

种国际信用卡在线支付，拥有千余家大中型企事业单位、政府机关、社会团体组成的庞大客户群。

首信易支付业务平台包含 B2C，B2B，G2C 等多种在线支付服务，支持银行卡及电子充值计费系统在社区、互联网、银行柜台、信息亭、手机、电话等多种终端进行支付，并可广泛应用于电子商务、电子政务领域的交易、支付、计费、清算、会员管理等应用系统。

图 6-10　首信易支付 Logo

7. 易宝支付

易宝支付（见图 6-11）是中国行业支付的开创者和领导者，也是互联网金融（ITFIN）和移动互联领军企业。易宝于 2003 年 8 月成立，总部位于北京，现有员工逾千人。2013 年，公司成立十周年之际，易宝发布了"支付+金融+营销"的升级战略，以领跑电子支付、互联网金融（ITFIN）和移动互联大潮。

图 6-11　易宝支付 Logo

另外，易宝公益圈是互联网三大公益平台之一。为发挥电子支付的社会价值，积极践行企业的社会责任，易宝开创了网络公益新模式，倡导"人人可慈善"的理念。

8. 环迅支付

环迅付信息科技有限公司（简称环迅支付，见图 6-12），总部位于上海，是中国最早成立的第三方支付企业。公司在 2011 年获颁中国人民银行首批《支付业务许可证》。公司目前可以支持国际主流信用卡及所有国内主流银行的在线支付，为全球超过 60 万家商户及 2 000 万用户提供金融级的支付体验。

图 6-12　环迅支付 Logo

为提升客户服务水平，环迅支付不再满足于靠简单的支付产品满足企业的功能性需要，而是通过平台为企业提供金融咨询、清结算、资金融通等一系列服务，全面满足企业的财务需求。公司于 2012 年全面升级"一平台、云覆盖"的平台系统，完成由支付企业到金融服务企业的蜕变。

9. 拉卡拉

拉卡拉集团（见图 6-13）是首批获得央行颁发《支付业务许可证》的第三方支付企业，是中国最大的便民金融服务平台，也是联想控股成员企业。

拉卡拉致力于为个人、社区、企业提供各种便利金融服务。拉卡拉集团下设：拉卡拉支付公司、拉卡拉移动公司、拉卡拉商服公司、拉卡拉营销总公司、拉卡拉电商公司、拉卡拉电销公司、拉卡拉金融公司。至 2013 年，拉卡拉已拥有 5 000 余万用户，月交易额近千亿元，已经成为国内第三方支付行业的一面旗帜。

图 6-13　拉卡拉 Logo

拉卡拉成立于 2005 年，是最早开展互联网金融业务的支付机构之一。拉卡拉创造性的开发出中国第一个电子账单服务平台，率先实现了在统一平台上跨行、跨领域进行安全便捷的支付。手机刷卡支付、手机钱包支付、商户收单服务、个人及企业移动支付等创新业务，使得拉卡拉成为目前唯一一个同时覆盖线上线下及个人金融服务、收单服务、社区电商的第三方支付企业。

10. PayPal（贝宝）

PayPal（在中国大陆的品牌为贝宝，见图6-14），是世界第一的在线付款服务平台，它允许在使用电子邮件来标识身份的用户之间转移资金，替代了传统的邮寄支票或者汇款的方法。PayPal 也和一些电子商务网站合作，成为它们的货款

PayPal

图6-14　贝宝 Logo

支付方式之一，但是用这种支付方式转账时，PayPal 收取一定数额的手续费。2002 年 PayPal 成为美国 eBay 公司的全资子公司。

PayPal 是商家向全世界超过 2.2 亿的用户"敞开大门"的最快捷的方式，最大的好处是注册完全免费，集国际流行的信用卡、借记卡、电子支票等支付方式于一身，帮助买卖双方解决各种交易过程中的支付难题。在跨国交易中超过 90% 的卖家和超过 85% 的买家认可并正在使用 PayPal 电子支付业务。2010 年 4 月 27 日，阿里巴巴公司和海外最大的第三方支付平台 PayPal 联合宣布，双方达成战略合作伙伴关系。

二、支付宝

（一）支付宝简介

支付宝是阿里巴巴旗下支付宝公司针对网上交易而特别推出的安全付款服务平台，其运作的实质是以支付宝为信用中介，在买家确认收到商品前，由支付宝替买卖双方暂时保管货款的一种增值服务。

支付宝自 2003 年 10 月 18 日在淘宝网推出以来，迅速成为网上交易不可缺少的支付方式，受到淘宝用户的喜爱，引起了业界的高度关注。用户覆盖了整个 C2C，B2C 及 B2B 领域。

从功能上来看，支付宝为淘宝的交易者及其他网络交易的双方乃至线下交易者提供"代收代付的中介服务"和"第三方担保服务"。支付宝的设计初衷是为了解决国内网上交易资金安全的问题，特别是为了使其关联企业淘宝网 C2C 业务中卖家和买家的货款支付流程能够顺利进行。

（二）支付宝的盈利模式

虽然支付宝一直在执行全免费的推广策略，从新用户注册，买家付款、转账，卖家收款、提现到信用担保等，所有手续费全免。但是其重要声明也提醒了网络购物者："支付宝的重要申明：由于全免费策略会造成较大的成本开支，因此不可能承诺永久的免费服务。"2013 年 11 月 17 日，支付宝发布消息称，从 2013 年 12 月 4 日开始在电脑上进行支付宝转账将要收取手续费，每笔按 0.1% 来算，最低收费 0.5 元起，最高上限 10 元。

在收取手续费之外，支付宝的盈利模式存在多种潜在的形式：

（1）支付宝可以通过滞留在账户内的信用资金的利息盈利。

（2）对支付宝进行充值，即直接将现金存入支付宝，购物时可以直接利用该账户内现金交易。由于支付宝账户归属支付宝公司，因此该账户内所有金额产生的利息也归支付宝公司所有。

另外，支付宝还有其他主要盈利模式方向可以拓展：一是对使用支付宝的网店实行收费；另一个是来自物流的收入。

（三）支付宝的特点

（1）安全。支付宝交易服务平台担保交易，货到付款，确保买卖双方货款都安全；支付宝还拥有三大安全"法宝"：支付宝实名认证、数字证书、手机动态密码；128 位 SSL 加密传输技术，确保交易信息的安全；风险控制系统 24 小时运作，做到事前防范，事中控制与事后处理相结合；订单管理与资金进出分权限管理，保障账户操作安全；支付宝还是全国唯一一家在工商银行进行资金托管的第三方支付公司，确保客户的资金安全。

（2）简单。使用支付宝进行电子支付的操作流程简单，交易、账单管理体系一目了然；支付宝提供全套在线资金结算服务，简化传统业务流程；服务热线随时候命，及时解决客户的问题。

（3）快捷。支付宝的即时到账业务加快了资金的周转；绑定支付宝卡通业务，银行资金可以即时到账；支持全国 95%以上的银行，其中包括 15 家全国范围银行及众多的地方银行，外加移动与线下支付功能，为客户提供多种充值及支付渠道。

（四）支付宝的交易流程

1．支付宝网上使用流程

（1）注册。登录支付宝官方网站，用手机号码或 Email 账户注册支付宝账户。

（2）充值。用网上银行、银行卡（信用卡）将钱充值到支付宝账户中，购物时便可以使用账户中的余额进行付款。

（3）挑选商品。例如在淘宝网上或支付宝的合作网站上挑选喜欢的商品。

（4）付款。买家先付款到支付宝公司，支付宝通知卖家发货。

（5）收货。买家收货并确认收货，通知支付宝公司划款给卖家。如果买家没有收到货，则可以申请卖家退款。

利用支付宝在淘宝网上进行网购支付的过程如图 6-15 所示。

2．支付宝支付流程

（1）挑选商品，单击"立即购买"按钮，进入订单确认页面。确认购买信息后，单击"提交订单"按钮，进入支付宝支付页面。支付宝提供 9 种付款方式，如图 6-16 所示。

（2）如图 6-17 所示，① 如果账户中有余额，可以使用余额支付；② 如果没有余额，但是有银行卡，却没有网银，可以选择快捷支付方式；③ 如果有网银，可以直接使用网上银行支付；④ 如果没有储蓄卡，则可以选择找人代付或信用卡付款等其他付款方式。

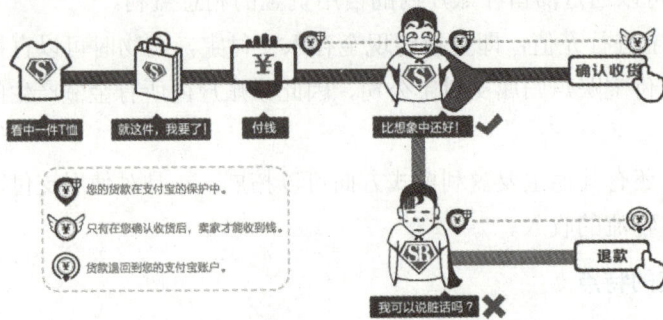

图 6-15　利用支付宝在淘宝网上进行网购支付的过程

图 6-16　支付宝的 9 种付款方式

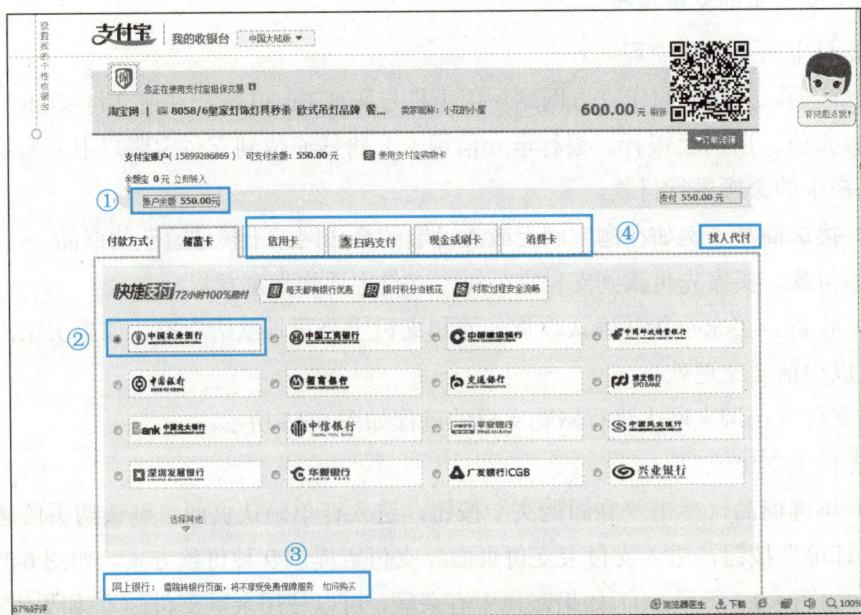

图 6-17　支付宝收银台界面

（3）输入银行卡信息、支付密码等，确认付款，系统提示付款成功。

（4）在卖家发货后，客户若收到货物没有异议，则在淘宝网"我的订单"中找到对应的商品，单击"确认收货"按钮，然后输入支付密码，单击"同意付款"，最后单击"确认"按钮后，支付宝会将货款付给卖家，完成支付。

任务实施

步骤 1▶ 用户在超市浏览并选购所需商品，然后在收银台进行结账。

步骤 2▶ 在手机上打开支付宝 APP，进入支付宝首页，如图 6-18 所示。支付宝主要包括 4 个页面："支付宝"页面、"口碑"页面、"朋友"页面和"我的"页面。

步骤 3▶ 在"支付宝"页面上点击"付款"按钮，跳转到付款条形码和二维码页面，如图 6-19 所示。

图 6-18　支付宝首页

图 6-19　付款条形码和二维码页面

💡 提　示

在图 6-19 所示的付款条形码和二维码页面中，点击右上角的设置按钮 ⋯，可以进行支付设置、查看使用说明或暂停付款功能操作。选择"支付设置"，可以设置默认付款方式，如图 6-20 所示。

（1）用户可以选择"系统自动选择"，采用用户习惯的方式进行付款。

（2）用户也可以手动设置默认付款方式。更改默认付款方式顺序后，要求输入支付密码才能保存当前设置，如图 6-21 所示。

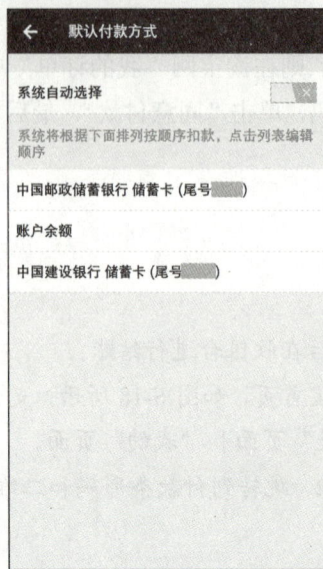

图 6-20　设置默认付款方式

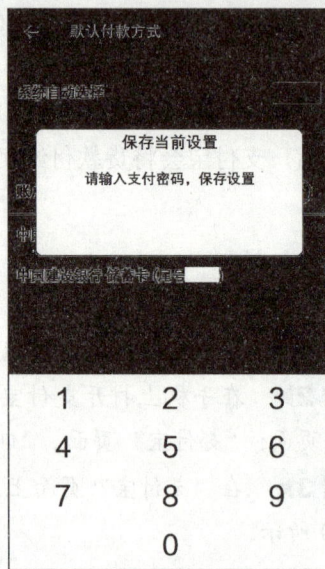

图 6-21　保存当前修改

步骤4▶　向收银员出示图6-19所示页面,收银员会手持扫描设备扫描其中的二维码,轻松完成收款。用户的支付宝上随即会出现支付结果,如图6-22所示。

步骤5▶　用户可在"支付宝"页面左上角的"账单"中查看此次交易的详情。点击"账单",然后点击交易列表中的此次交易,即可打开交易的账单详情,如图6-23所示。

图 6-22　支付成功

图 6-23　账单详情

任务二　用微信支付滴滴出行费

任务描述

微信支付是在微信客户端进行支付的方式，它实质上是财付通推出的互联网创新支付产品，是一个前端渠道，而后端完成支付转移的其实是财付通。目前微信支付已实现刷卡支付、扫码支付、公众号支付、APP 支付等支付方式，以及红包、代金券、立减优惠等营销新工具，来满足用户及商户的不同支付场景。

本任务将以微信支付滴滴出行费为例，带领大家学习微信支付的使用方法。

相关知识

一、财付通

（一）财付通简介

财付通（Tenpay）是腾讯公司于 2005 年 9 月正式推出的专业在线支付平台，其核心业务是帮助在互联网上进行交易的客户和商家完成支付和收款，致力于为互联网用户和企业提供安全、便捷、专业的在线支付服务。

互联网用户注册财付通后，即可在 20 多万家购物网站上使用财付通进行支付。财付通不仅支持全国大多数银行的网银支付，还支持用户为财付通账户充值后使用财付通余额更加便捷地完成支付。

财付通作为在线支付工具，在 B2C、C2C 在线交易中起到了信用中介的作用，解除了个人用户和广大商家的安全顾虑，保证了在线交易过程中资金和商品的安全。

同时，财付通极大地推动了中国电子商务的发展。根据 2015 年第三季度中国第三方互联网支付交易规模市场份额来看，财付通的市场份额排名第二，仅次于支付宝。

（二）财付通的盈利模式

➢ **针对个人用户**：财付通为个人用户提供丰富的功能，包括在线充值、提现、支付、交易管理等。

➢ **针对企业用户**：财付通为企业用户提供安全可靠的支付清算服务和特色的 QQ 营销资源支持。

从 2012 年 1 月 1 日零时起，付款到财付通的不同账户类型，每个月有一定的免费流量，付款总额在免费流量内不收取服务费，超过免费额度的部分将按照客户的账户类型收取一定的手续费，具体收费标准见表 6-1。

表 6-1　财付通手续费收费标准

账户类型	免费交易流量	服务费率	服务费下限	服务费上限
普通个人账户	1 000 元/月	0.002 5	1.00 元/笔	25.00 元/笔
实名认证用户	10 000 元/月	0.002 5	1.00 元/笔	25.00 元/笔

（三）财付通的特点

与其他第三方支付方式相比，财付通具有以下两方面的特点：

（1）使用方便。财付通与腾讯 QQ 有着很好的融合，使用财付通的客户主要是腾讯 QQ 用户，而 QQ 本身就是一款在线沟通工具，可以为买卖双方提供一个方便的交流平台。

（2）安全性高。每个财付通账户都有两个密码，一个是登录账户时使用的登录密码，另一个是消费结算时使用的支付密码。资金流转过程需要两个密码都正确才能完成，缺一不可，因此财付通用于支付时安全性较高。

（四）财付通的交易流程

财付通的交易流程与支付宝类似，如图 6-24 所示。

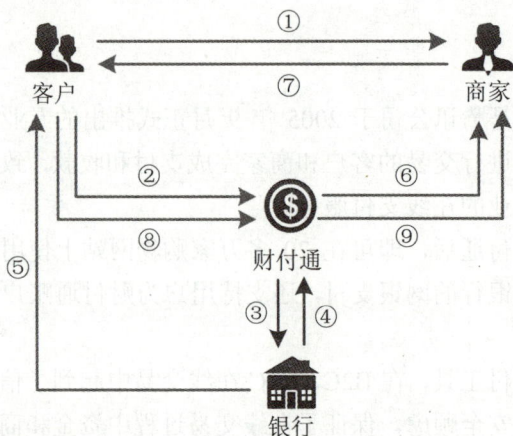

图 6-24　财付通的交易流程

① 客户浏览并选定商品后，向商家提交订单。

② 买家向财付通发出支付请求。

③ 财付通将支付信息发送给银行进行验证。

④ 银行验证并处理支付信息后，实行扣划账后将结果发送给财付通。

⑤ 银行验证并处理支付信息后，将支付结果发送给客户。

⑥ 财付通收到银行的处理结果后，将买家的付款结果发送给商家。

⑦ 客户付款后，商家按照客户提供的地址将货物发送给客户。

⑧ 客户收到货物后，登录财付通确认收货，并同意财付通放款给商家。

⑨ 财付通收到客户收货信息后，将客户财付通账户冻结的应付款转到商家账户上。

二、银联在线

银联在线支付是中国银联为满足各方网上支付需求，联合商业银行共同打造的银行卡网上交易转接清算平台，也是中国首个具有金融级预授权担保交易功能、全面支持所有类型银联卡的集成化、综合性网上支付平台。

银联在线支付涵盖认证支付、快捷支付、小额支付、储值卡支付、网银支付等多种支付方式，可为用户境内外网上购物、水电煤缴费、商旅预订、转账还款、基金申购、慈善捐款及企业代收付等提供支付服务。

银联在线支付具有方便快捷、安全可靠、全球通用、金融级担保交易、综合性商户服务和无门槛网上支付 6 大显著特点。基于特殊的"无卡通道"，用户使用银联认证支付、快捷支付和普通支付时，无需使用网银，只要在银联网站输入必要的认证信息就能快速付款，完成交易。银联在线的支付模式主要有认证支付、快捷支付、网银支付和银联卡支付。

1. 认证支付

认证支付是一种增加辅助验证的支付服务，目前仅支持手机验证，即持卡人无需开通网银，在银联在线支付的支付页面输入银行卡信息（即卡号、密码、CVN2 等）和手机号码，由发卡银行验证信息并完成支付的支付方式。

认证支付的支付流程为银联收集用户银行卡信息，将短信验证码发送至持卡人输入的手机号，待银联短信验证码验证成功后，通过现有跨行交换网络发送个人银行卡信息与手机号码至发卡银行进行验证和授权处理，其支付流程如图 6-25 所示。

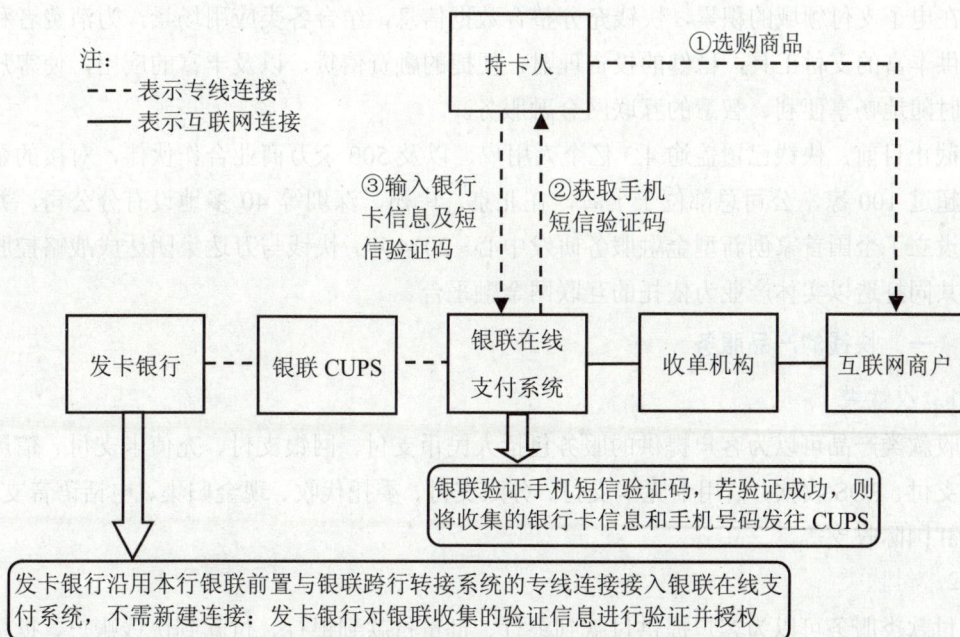

图 6-25 认证支付的支付流程

2. 快捷支付

快捷支付仅支持银联注册用户使用，它通过预先收集持卡人的注册账户信息和银行卡关联关系，规避网上泄露持卡人银行卡敏感信息的风险。在支付时，持卡人输入账户信息和手机号码，待银联验证短信验证码和账户信息成功后，通过现有跨行交换网络发送银行卡信息和手机号码至发卡银行进行验证和授权处理。

3. 网银支付

网银支付是用户通过银联跳转，最终在银行网银页面完成支付的一种支付方式。网银支付的支付流程如下：① 用户在商户网站选择"银联在线支付"；② 选择"网银支付"，并输入用于支付的银行卡号，点击"下一步"；③ 在网银页面上，按银行网银的要求输入相关的支付信息；④ 支付成功。

4. 银联卡支付

银联卡支付是指持卡人使用银联卡进行互联网支付的一种支付方式。银联在线支付的非注册用户也可以使用银联卡支付，支付时无需手机验证。银联卡支付的支付流程如下：① 用户在商家网站选择"银联在线支付"；② 选择"银联卡支付"方式，输入银联卡卡号、密码和校验码，点击"下一步"；③ 支付成功。

三、快钱

2005 年 1 月，快钱支付清算信息有限公司支付平台正式上线，是国内首家基于 Email 和手机号码的综合支付平台。快钱公司是国内领先的创新型互联网金融服务机构，基于 10 年来在电子支付领域的积累，快钱充分整合数据信息，结合各类应用场景，为消费者和企业提供丰富的支付工具，稳健的投资理财，便捷的融资信贷，以及丰富的应用，使客户能够随时随地畅享便利、智慧的互联网金融服务。

截止目前，快钱已覆盖逾 4.3 亿个人用户，以及 500 余万商业合作伙伴，对接的金融机构超过 100 家。公司总部位于上海，在北京、广州、深圳等 40 多地设有分公司，并在南京设立了全国首家创新型金融服务研发中心。2014 年，快钱与万达集团达成战略控股合作，共同打造以实体产业为依托的互联网金融平台。

（一）快钱的产品服务

1. 收款类

收款类产品可以为客户提供的服务包括人民币支付、网银支付、充值卡支付、信用卡分期支付、POS 收款、信用卡无卡支付、分账支付、委托代收、现金归集、电话语音支付、PayPal 国际收支等。

2. 付款类

付款类服务可以为客户提供付款到银行、批量付款到银行、付款到快钱账户、批量付款到快钱账户等资金结算服务。

3. 生活服务类

快钱网站生活服务类产品可以帮助客户快速完成以下业务：信用卡还款、手机充值、彩票中心、游戏充值、房租房贷、保险续费、跨行转账、账单管家等。

（二）快钱的支付流程

买家接入快钱人民币支付后，即可通过多种支付方式在网上购物时进行在线支付。快钱支持国内几乎所有银行卡及银行企业网银（覆盖工行、建行、招行、深发展、农行、浦发、民生银行等）的在线支付，电话支付、快钱账户支付及线下邮局或银行汇款支付，与网上交易过程紧密结合，支付无限额。

下面简单介绍一下使用快钱支付的流程：① 在京东、当当网等网站选好商品并提交订单后，在选择付款方式时选择"快捷支付-快钱"，点击"下一步"；② 进入快钱网关页面，选择银行卡支付方式，并选择相应银行（以"中国工商银行"为例）；③ 填写支付邮箱，点击"到银行页面付款"；④ 页面跳转至网银登录页面，填写银联卡信息并登录；⑤ 进入支付页面，确认支付信息后，点击"提交"；⑥ 完成支付后，返回交易页面，点击"已完成支付"。

任务实施

步骤 1▶ 用户在手机上打开滴滴出行，在"你要去哪儿"编辑框中输入要去的目的地名称，然后点击"呼叫出租车"按钮，如图 6-26 所示。

图 6-26　打开软件并输入目的地

步骤 2▶ 在屏幕上弹出如图 6-27 所示的提示框，点击"立即出发"按钮，开始预约车辆。此时约车订单已发给距离最近的车辆司机，接下来要做的就是等待司机接单。

步骤 3▶ 司机接单后，将在屏幕上显示司机及车辆的信息，乘客可根据这些信息寻找目标车辆并上车。到达目的地后，点击"支付"按钮，然后在弹出的页面按照图 6-28 所示选择用微信支付车费。

💡 **提 示**

> 若乘客在约定位置找不到所乘车辆，可等待司机打电话过来，或点击屏幕上的电话按钮给司机打电话，重新约定上车的具体地点，以开始乘车行程。

图 6-27　预约车辆　　　　　　　　　　图 6-28　支付车费

步骤 4▶ 手机屏幕上出现支付信息，点击"立即支付"按钮，在弹出的页面中输入微信支付密码，如图 6-29 所示。

步骤 5▶ 此时手机屏幕上会出现支付成功页面，单击"返回滴滴出行"按钮，可对司机的服务进行评价，如图 6-30 所示。

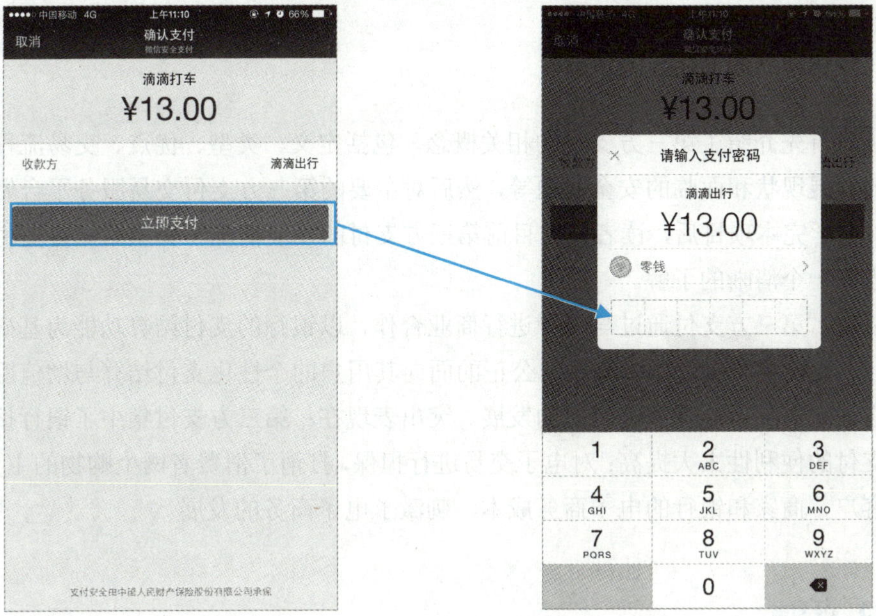

图 6-29　微信支付过程

图 6-30　支付成功并进行评价

项目小结

本项目首先介绍了第三方支付的相关概念，包括定义、类型、优点、交易流程及第三方支付的发展现状和面临的安全问题等，然后对主要的第三方支付交易服务平台做了系统的讲解。在学完本项目后，读者应对目前第三方支付的发展情况与典型第三方支付工具的使用流程有一个清晰的了解。

可以说，第三方支付通过与银行进行商业合作，以银行的支付结算功能为基础，向政府、企业、事业单位提供了中立的、公正的面向其用户的个性化支付结算与增值服务，极大地推进了电子支付与互联网金融的发展。突出表现在：第三方支付集中了银行接口，使得电子支付的便利性大大提高；对电子交易进行担保，打消了消费者网上购物的主要顾虑；减轻了客户、商家和银行的电子商务成本，刺激了电子商务的发展。

项目习题

一、填空题

1. 第三方支付平台是指在电子商务企业与_____之间建立的支付平台。

2. 第三方支付较好地解决了长期困扰电子商务的_____、_____、_____问题，在电子商务中发挥着重要的作用。

3. 以网络支付服务具体_____来说，第三方支付可分为支付网关模式和虚拟账户支付模式两种类型。

4. 2015 年，在我国第三方互联网支付交易规模市场份额中，占前 4 位的第三方支付平台分别是_____、_____、_____、_____。

二、选择题

1. 第三方支付平台的盈利模式，主要是靠（　　）。

　　A. 收取支付手续费　　　　　　　B. 客户缴纳会员费

　　C. 企业缴纳管理费　　　　　　　D. 广告费

2. 中国首个具有金融级预授权担保交易功能、全面支持所有类型银联卡的集成化、综合性网上支付平台是（　　）。

　　A. 支付宝　　　　　　　　　　　B. 快钱

　　C. 银联在线　　　　　　　　　　D. 财付通

3．下列选项中，属于虚拟账户支付模式中非担保支付模式的是（　　）。

A．PayPal   B．财付通

C．拉卡拉   D．汇付天下

4．下列选项中，不属于第三方支付优点的是（　　）。

A．打破银行壁垒   B．为商家提供更多的增值服务

C．打击了欺诈行为   D．永久免手续费

5．截止 2015 年 3 月 30 日，央行共发放（　　）张第三方支付牌照。

A．163   B．63

C．270   D．421

三、简答题

1．第三方支付中的"第三方"的含义是指什么？第三方支付最初的功能是什么？

2．比较支付宝和 PayPal 在类型上的差别，然后分析第三方支付在我国和美国的发展有哪些区别？为什么会产生这样的区别？

3．使用支付宝进行网购支付时，如果支付宝账户中余额不足时，我们可以选择哪几种其他的支付方式？

项目实训　注册和使用财付通

1．注册财付通

（1）用 IE 浏览器打开财付通官网首页（www.tenpay.com），如图 6-31 所示。

图 6-31　财付通首页

（2）单击首页右上角的"注册"按钮，打开图 6-32 所示的财付通注册页面。

图 6-32　财付通注册页面

（3）打开手机QQ，使用"扫一扫"功能扫描注册页面中的二维码，然后根据要求添加银行卡以完成实名注册，如图 6-33 所示。

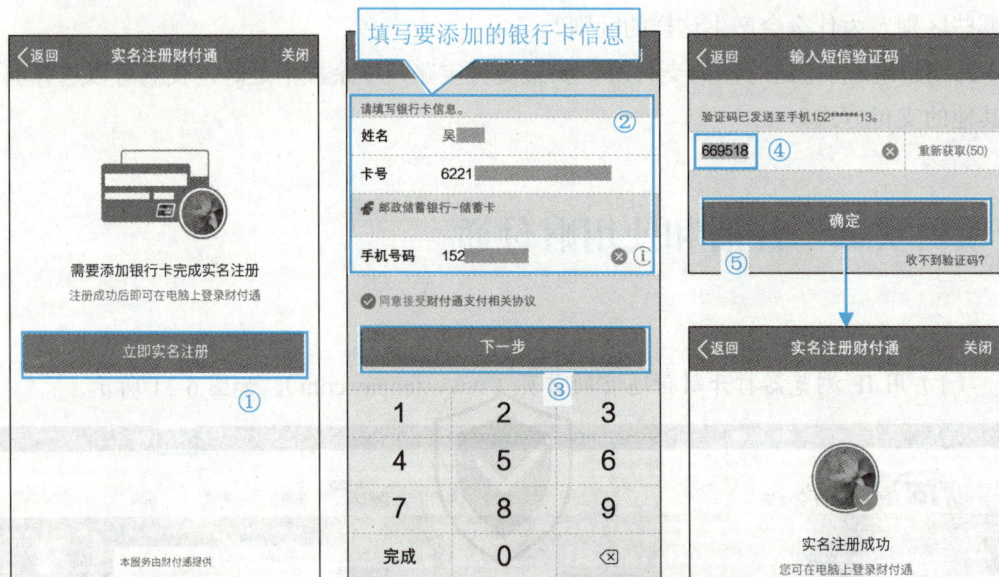

图 6-33　实名注册过程

2．使用财付通

（1）在京东、当当网等支持财付通支付的购物网站上，浏览并选购商品。进入支付页面后，在选择支付方式时选择"财付通"选项，如图 6-34 所示。

（2）在跳转页面中登录财付通账户（即注册时使用的QQ），如图 6-35 所示。首次使用财付通支付时，需添加控件并安装数字证书，按照给出的提示操作即可。

（3）输入财付通支付密码，然后点击"确认支付"按钮即可，如图 6-36 所示。

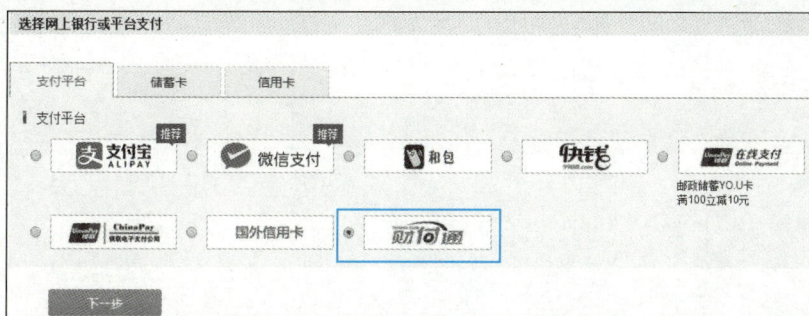

图 6-34　选择"财付通"支付方式

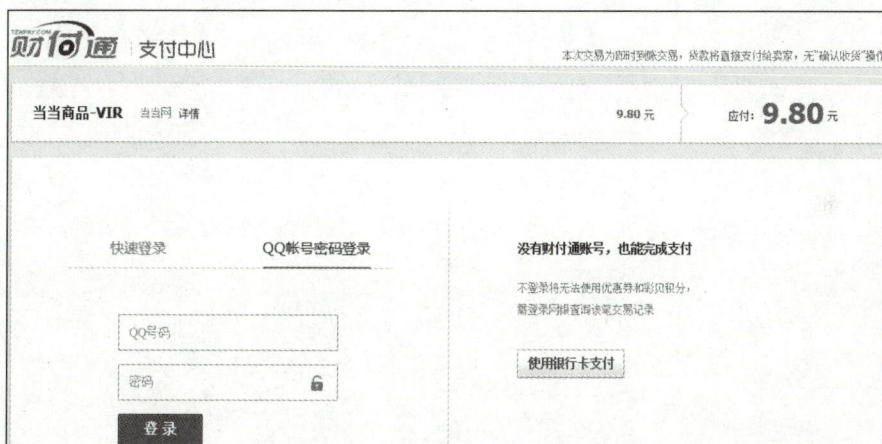

图 6-35　登录财付通账户

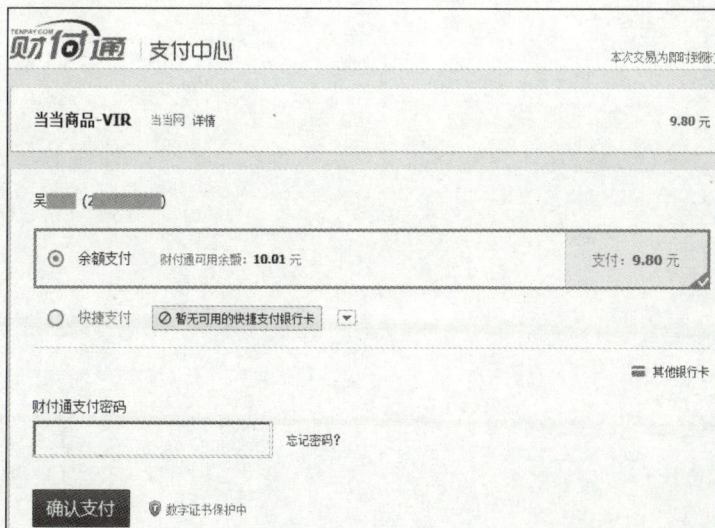

图 6-36　输入财付通密码完成支付

电子支付安全技术

★ 了解电子支付的安全需求;

★ 了解常用加密技术的原理及其算法;

★ 了解数字证书技术的主要内容与实现;

★ 掌握认证中心(CA)的组成与工作原理;

★ 掌握 SSL 和 SET 协议的内容与工作流程。

引导案例　携程网支付漏洞导致大量银行卡信息泄露

2014 年 3 月 22 日,国内知名漏洞报告平台乌云网在其官网上公布了一条网络安全漏洞信息,称在线票务服务公司携程网存在支付漏洞,在携程网用信用卡进行电子支付时,顾客姓名、身份证号码、银行卡卡号、CVV 码等机密信息都会被保存在携程网本地服务器,且有可能已被泄露。

乌云网方面解释称,该漏洞之所以存在,是由于携程网用于处理用户支付的安全支付服务器接口存在调试功能,将用户支付的记录用文本保存了下来。同时其服务器存在技术漏洞,导致所有支付过程中的调试信息可被任意黑客读取。在获取以上有可能被泄露的信息后,不法分子可以非常容易地进行信用卡盗刷。除此之外,信用卡有一种支付功能为离线支付,这种支付方式只要知道了用户的基本信息和 CVV 代码后就可以实现支付。被泄露信息的用户银行账号存在极大的安全风险。

此后,携程网为漏洞事件致歉,称事发后两小时内已经修复漏洞,保存的客户信息已被全部删除。但此次事件表明携程网的确明文保存了用户机密信息,这已经违反了相关规定。更糟糕的是,这样敏感的信息并没有被安全地存储,可以说其安全体系非常脆弱。

业内分析人士称,用户信用卡信息泄露,并非犯低级技术错误这么简单,"敏感信息需加密存储、线上开调试功能需慎重、系统日志要及时清理、服务器安全性要达标,这都是常识。携程网的电子支付系统的确存在很多不确定性，但其对客户机密信息的管理情况也同样令人担忧。"

经常通过携程网购买机票出差的白领周先生是携程网的忠实用户，此次事件后他也表现出对账号安全的担忧："我在携程网上的交易就是不需要输入支付密码的，但现在网站出现如此巨大的安全漏洞，是否意味着他人也可凭我的信用卡在携程网进行任意消费？"

请思考，人们在享受电子支付所带来的便捷性的同时，对电子支付的安全性有哪些要求？电子支付的过程中面临哪些安全问题？通过哪些方面可以保障电子支付体系的安全性能？

任务一　安装个人网上银行安全控件

任务描述

李欣是一个很"保守"的女孩子，在周围的人纷纷利用网络进行购物时，她还在因为安全问题而迟迟没有行动。有一次在网上浏览信息，她被一条裙子深深吸引，价格也非常合适。但是李欣没有尝试过电子支付，面对卖家发过来的交易链接，她担心输入银行账号密码后会被支付平台、卖家看到，进而威胁到自己银行账号的安全。好友小丽看到她左右为难，于是向她说明了通过安装安全控件就可以对账号密码等机密信息进行加密处理，不用担心信息泄露。在获得李欣的同意后，小丽通过银行官网为她下载安装了个人网上银行的安全控件，大大增加了李欣对电子支付的安全感。最终李欣完成了第一次电子支付体验，并且收获了一条不错的裙子。

这里，我们就通过实际操作了解一下个人网上银行安全控件的具体安装过程。

相关知识

一、电子支付的安全需求

在日常电子商务活动中，支付是必不可少的一个环节。随着电子商务市场规模的不断扩大，支付的重要性也愈加明显。因此，保证电子商务市场持续发展的关键是要保证电子支付过程中系统的安全性，即应保证基于 Internet 的电子支付过程与传统支付方式一样安全可靠。

从安全和信任的角度来看，传统的买卖双方是面对面的交易，因此比较容易保证支付过程的安全性和建立起信任关系。但在电子支付的过程中，买卖双方是通过网络来联系的，由于距离的限制，建立起安全和信任关系相当困难。因此，电子交易双方（消费者和商家）都面临着安全威胁，对电子支付系统有着强烈而多样的安全需求。

所谓安全需求，是指采用某种方法描述的用户对电子支付中信息系统安全的要求，主要体现在如下几个方面。

（一）数据的保密性

数据的保密性主要是指在电子支付的过程中，网上支付系统必须保证用户的敏感信息（如登录密码或交易密码、数字证书文件、验证码等）在商家、消费者、银行、认证机构等几个对象之间存储传递不会被泄露，或者即使别人截获或窃取了支付信息，也无法识别信息的真实内容，这样就可以使支付中的机密信息不被非法人员利用。

在电子支付活动中，保障数据的保密性最有效的措施就是对传输或存储的敏感信息进行加密。例如，安装安全控件、分页面显示登录信息等。在记录用户信息时，应对用户信息中的密码、密码问题和答案采用加密存储方式。另外，买卖双方自身也需警惕自己无意泄露的关键信息，以免给他人以可乘之机，进而产生安全风险或丧失商机。

常见的保密技术包括防侦收、防辐射、信息加密、物理保密、信息隐藏等。

💡 提 示

为确保安全使用网银等电子支付工具，需谨记以下几点：

（1）仔细核对网站的链接，确保登录的是正确的网站。尽量选择知名度高、运营时间长、信誉好的网站进行消费，不要把自己的支付卡信息随意提供给陌生的互联网交易商店。

（2）不要打开电子邮件中未经验证的银行网站链接，因为银行基于安全考虑几乎不会在邮件中给用户发送网站链接，所以不要利用电子邮件传输个人支付卡信息。

（3）尽量使用安全的浏览器工具栏。不要从除银行官网以外的网站下载安装任何名称为个人网上银行安全控件的插件程序。

（4）防止键盘记录器，尽量使用登录界面显示的软键盘输入密码。

（5）不要在电脑中保存登录信息，或在浏览器中设置自动登录账号功能。在使用网银或第三方支付平台时注意安全退出页面，不要直接关闭网页。

（6）尽量不要在陌生的网络环境中使用银行账号和密码，例如在网吧上网、随意链接上陌生的 WiFi 等环境下。

（二）信息的完整性

保证信息的完整性是网上支付活动中一个重要的安全需求。在开放的互联网上进行支付活动不仅会遭受数据被截获、窃取、观察、监听等被动攻击，还会遭受支付信息被篡改、信息的完整性和有效性被破坏等主动攻击。这意味着支付各方必须要能够验证收到的信息是否完整，即信息是否被人篡改过，或者在数据传输过程中是否出现信息丢失、信息重复等差错。

（三）身份的可认证性

身份的可认证性是指电子支付安全系统能够提供对用户身份的鉴别方法，确保用户身份信息的可靠与合法，证明交易双方的身份是真实存在的，不是假冒的。网络的虚拟性决定了交易双方距离远，互不相识，建立信任关系极其困难，因此必须要使交易双方能够互相确认身份，才能保证交易的顺利进行。

网上支付系统（如网上银行系统或第三方支付系统）要考虑客户端是不是假冒用户；客户端也要识别将要使用的网上银行系统是否是所要访问的真实平台，而不是"钓鱼"网站，所以对客户端和电子支付系统相互间的身份认证成为了电子支付中很重要的一环。例如，农行网上银行对用户第几次登录信息的提示，就是帮助用户有效识别真假网站的有效措施。

（四）信息的不可否认性

信息的不可否认性也称为信息的不可抵赖性，它是指电子支付活动中，信息的发送方和接收方不能否认自己曾经发出或接收过信息。

在传统的支付过程中，交易双方主要通过盖章和签名来预防抵赖行为。而进行电子支付活动时，则主要依靠收发信息的确认回复，在交易信息的传输过程中为参与交易的个人、企业提供可靠的标识，使得对支付信息的内容及传输，信息主体不可抵赖。尤其是《中华人民共和国电子签名法》的出台，明确了电子签名的法律效力和有效范围，可以达到防止接收用户更改原始记录，或者否认已收到数据。

二、加密技术

目前，电子商务发展逐步完善与成熟，大量的商业活动在互联网这一开放的网络环境下展开，特别是电子支付的快速发展，促使越来越多的商业机密信息和个人隐私信息需要通过互联网来传输。如何保证这些信息在传输时不会被泄露，或者即使泄露了也不能被非法读取，这是一个始终伴随电子商务发展过程的热点问题。

加密技术正是解决这一安全问题的核心技术手段。在信息传输过程中，使用加密技术不仅可以满足信息保密性的要求，还可以防止信息泄露带来的安全威胁。

（一）加密技术原理

1．加密和解密的概念

信息加密就是将原来大家可以理解的信息（称之为明文）与一个特殊的字符串（符号或数值的一个连续序列）结合，按照一定的规则进行运算，然后变成不可理解、无意义的信息（称之为密文）。也就是说，信息加密实际上就是将信息的真实内容隐藏起来。其中，特殊的字符串就是密钥，运算的规则就是加密算法，这两者缺一不可，是信息加密技术的两个要素。

解密是加密的逆过程，即通过解密密钥和解密算法将密文还原成明文。加密与解密是两个相反的过程，分别应用于支付信息的发送端和接收端，如图7-1所示。

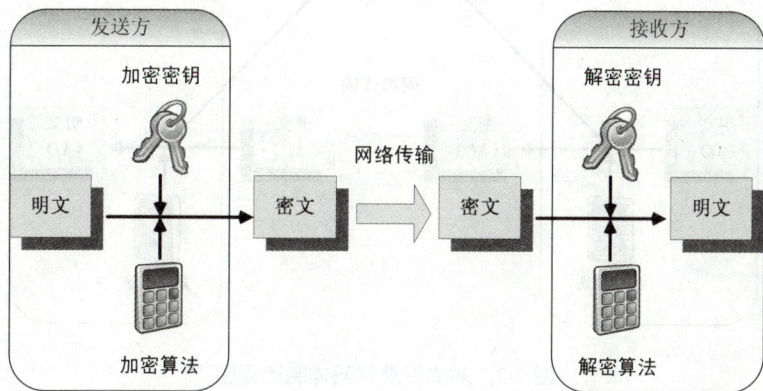

图 7-1 加密与解密流程图

加密技术可以有效地保证支付信息的保密性、完整性和可靠性，大大提高了支付信息在互联网开放环境下进行传输的安全性。此外，加密技术还可以用于数字签名、认证等方面，是认证技术及其他许多安全技术的基础，也是信息安全的核心技术之一。

2. 信息加密系统的应用过程

发送方用加密密钥 A_1 和加密算法对明文 M 进行加密，得到密文 M^a，然后通过网络传输密文 M^a。接收方收到密文 M^a，用解密密钥 A_2（与加密密钥成配对关系），对密文解密，得到原来的明文 M。在这个过程中，对于不知道密钥的第三者，是无法破译密文的。密码技术使用密码算法对数据作变换，使得只有密钥持有人才能恢复数据面貌，主要目的是防止信息的非授权泄露。现代密码学的基本原则是：一切密码寓于密钥之中，即算法公开，密钥保密。

加密技术根据加密算法、加密密钥和解密密钥的异同可以划分为两大体制，即对称密钥密码体制和公开密钥密码体制。将这两者结合起来运用的加密技术，我们称之为混合密钥加密技术，也叫数字信封技术。

（二）对称密钥密码体制

对称密钥密码体制又名单钥密码体制，在这种密码体制中，发送方和接收方使用的密钥是相同的，即 $A_1=A_2$，由于密钥相同，所以其解密和加密的过程是对称的，如图 7-2 所示。由于密钥为发送方和接收方所私有，并不对外公开，所以也称为私有密钥加密技术。

对称密钥密码体制的优点是：① 使用的加密算法简单高效，且具有很高的保密性，破解非常困难；② 加密、解密的处理速度快（能达每秒数十兆以上），且计算成本小，尤其适合加密大量数据。

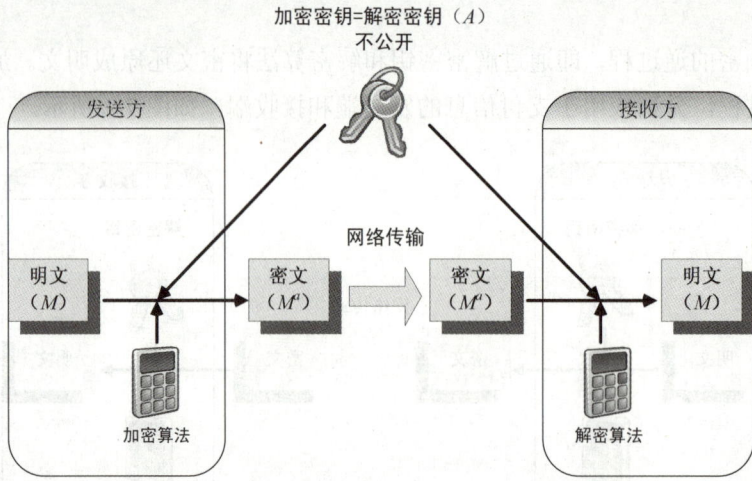

图 7-2　对称密匙密码体制流程图

然而对称密钥密码体制的保密性取决于对密钥的安全管理，进行安全的通信必须依靠可靠的密钥交换方式，因此密钥交换的过程十分复杂，对密钥的管理成为影响信息安全的关键性因素，所以对称密钥密码体制的缺点就是难以满足开放性系统的要求。

1. 对称密钥密码体制的应用原理

发送方通过互联网向接收方发送支付信息，在此过程中，发送方使用对称密钥密码体制对支付信息进行加密后将密文传输给接收方；接收方利用对称密钥密码体制对接收到的密文进行解密，得到支付信息的明文。具体应用原理如下：

（1）发送方生成密钥 A，并借助安全通道发送给接收方。接收方收到密钥 A 后妥善保存，以防泄露。并且，当通信对象增多时，需要增加相应数量的密钥。对称密钥是建立在共同保守密钥安全的基础之上的，在管理和分发密钥的过程中，发送方和接收方任何一方的泄密都会造成密钥的失效。

（2）发送方利用私有密钥 A 对支付信息（明文）加密，生成密文。

（3）发送方通过互联网将密文发送给接收方。即使在传输过程中密文被截获，截获者也只能看到加密后的密文。

（4）接收方接收密文后，利用私有密钥 A 将信息解密，得到支付信息的明文。

2. 对称密钥密码体制的代表算法

对称密钥密码体制的算法按照对明文数据的加密方式不同，可以分为序列密码和分组密码两类。分组密码算法具有容易检测出对信息的篡改、不需要密钥同步等优点，所以被广泛应用，并长期作为加密标准。常见的分组密码算法有 DES 算法、TDES 算法、IDEA 算法、AES（Rijndael）算法等，下面主要介绍 DES 算法。

DES（Data Encryption Standard）算法是由 IBM 公司研制的，经过美国政府的加密标准筛选后，于 1977 年被美国正式定为联邦信息标准。DES 加密算法是商业领域，尤其是保护金融数据的安全领域中应用最广泛的密码系统。例如，自动取款机（ATM）采用的就是 DES 加密算法。

DES 算法一度是世界上最知名、最流行的分组密码体制，它将明文划分成固定的 64 比特的数据组，然后以组为单位进行加密。64 位一组的明文从算法的一端输入，64 位的密文从另一端输出。DES 算法中使用的加密密钥和解密密钥相同，使用的密钥长度为 64（8 B）位，实际密钥长度为 56 位，其中 8 位（第 8，16，24，32，40，48，56，64 位）用于奇偶校验，所以它是一种用 56 位密钥来加密 64 位数据的算法，其步骤如下所述：

（1）将 n 比特的完整明文分组，每个分组输入 64 位的明文。

（2）初始置换，置换的意思是指重新排列 64 位明文。初始置换过程与密钥无关，仅仅是从左至右的通过一个换位表对 64 位码进行移位操作。例如，通过换位表将原明文的第 58 位放到第 1 位，原第 50 位放到第 2 位等，这种移位操作运用的是凯撒密码的加密原理。明文通过初始置换之后，就可将其分为前 32 位（L_0），和后 32 位（R_0）。

（3）迭代过程，这是一个与密钥有关的对分组数据进行加密的运算过程，一共有 16 轮完全相同的依赖于密钥的迭代变换。经过 16 次迭代运算后，得到 $L_{16}R_{16}$，然后将其交换得到 $R_{16}L_{16}$，将此作为输入进行逆初始置换。

（4）逆初始置换，就是第（2）步的逆变换，这个变换也不需要运用到密钥。例如，第 58 位经过初始置换后处于第 1 位，在这里，我们又将第 1 位换回到第 58 位。

（5）输出 64 位码的密文。最后将各组串联起来得到完整的密文。

在对称密钥密码体制中，加密和解密的过程是对称的，当算法作为解密运用时，则 64 位的密文从算法的一端输入，通过密钥解密，64 位的明文从另一端输出。

DES 算法的保密性仅取决于对密钥的保密，算法是公开的。所以目前最突出的问题是 DES 算法的密钥长度太短，56 位长的密钥一共只有 2^{56} 种密钥，目前已经有通过穷举法搜索 DES 密钥的专用芯片面世，传统的 DES 标准已不再适用于加密强度要求高的应用场合。

> 💡 **提 示**

> 凯撒密码是一种代换密码。据说凯撒是率先使用加密函的古代将领之一，因此这种加密方法被称为凯撒密码。
>
> 凯撒密码作为一种最为古老的对称加密体制，在古罗马的时候就已经很流行了，其基本思想是：通过把字母移动一定的位数来实现加密和解密。明文中的所有字母都在字母表上向后（或向前）按照一个固定数目进行偏移后被替换成密文。
>
> 例如，当偏移量是 3 的时候，所有的字母 A 将被替换成 D，B 变成 E，以此类推，X 将变成 A，Y 变成 B，Z 变成 C。
>
> 由此可见，位数就是凯撒密码加密和解密的密钥。

（三）公开密钥密码体制

公开密钥密码体制就是在双方传递支付信息时，发送方通过密钥 A_1 对信息加密，并将生成的密文发送给接收方，接收方通过另一个密钥 A_2 对密文解密，得到支付信息的明文。其中，密钥 $A_1 \neq A_2$，密钥 A_1 由使用者私人保管，叫做私有密钥；密钥 A_2 对网上的部分或者全部用户都是公开的，叫做公开密钥，公开密钥加密体制的名称也由此而来。

由于发送方和接收方所使用的密钥不同，加密和解密过程不对称，所以公开密钥密码体制又叫做非对称密钥密码技术。

相对于对称密钥算法，公开密钥密码体制的优点是：① 使用非对称算法时通信双方事先不需要通过保密信道交换密钥；② 由于公钥可公开，使得密钥持有量大大减少，便于密钥管理、分发；③ 提供了对称密钥密码体制无法或很难提供的数字签名服务等。但其缺点也很明显，例如加密、解密速度慢，耗用资源大等，一般来说只针对少量数据加密。

1. 公开密钥密码体制的应用原理

公开密钥密码体制中的私有密钥和公开密钥组成一个密钥对，其存在一个重要特性，就是一个密钥对中的私有密钥和公开密钥是一一对应的，它们之间存在相互依存的关系，当对支付信息使用其中一个密钥加密后，只能唯一用密钥对中的另一个密钥才能解密。

密钥对一般由专门的应用软件经过复杂的数学运算生成，当用户得到密钥对后，自己保管私有密钥，公开密钥则被散发给其他用户。

也就是说，私有密钥和用户的身份是关联的，私有密钥具有确定用户身份的功能。若以用户专用密钥（私钥）作为加密密钥，以公钥作为解密密钥，则可实现由一个用户加密的信息可由多个用户解读，这种方式多用于数字签名。反之，以公钥作为加密密钥而以用户私钥作为解密密钥，则可实现多个用户加密的信息只能由一个用户解读，这种方式多用于信息加密。下面我们对这两种应用方式进行简单介绍。

（1）发送方用密钥对中的私有密钥对支付信息（明文）加密，将生成的支付信息密文发送给接收方，接收方用发送方的公开密钥对支付信息密文解密，得到支付信息的明文。此过程如图 7-3 所示。

接收方收到支付信息密文后，只能利用发送方的公开密钥进行解密，说明支付信息密文是用发送方的私有密钥加密的，也就是说可以确定支付信息的真实性。发送方可以通过给其他用户提供公钥以作确认自己身份的检验器，防止其他人冒充发送方发送钓鱼网站或病毒链接；而接收方可以将支付信息密文作为一种凭证，证明发送方给自己发送过支付信息，从而确保了信息的不可抵赖性。

（2）发送方用接收方的公开密钥对支付信息（明文）加密，将生成的支付信息密文发送给接收方，接收方用自己的私有密钥对支付信息密文解密，得到支付信息明文。接收方接收到支付信息密文后，只能通过自己的私有密钥解密，得到支付信息的明文。此时，只有接收方拥有解密的能力，这样就确保了支付信息传输的保密性。此过程如图 7-4 所示。

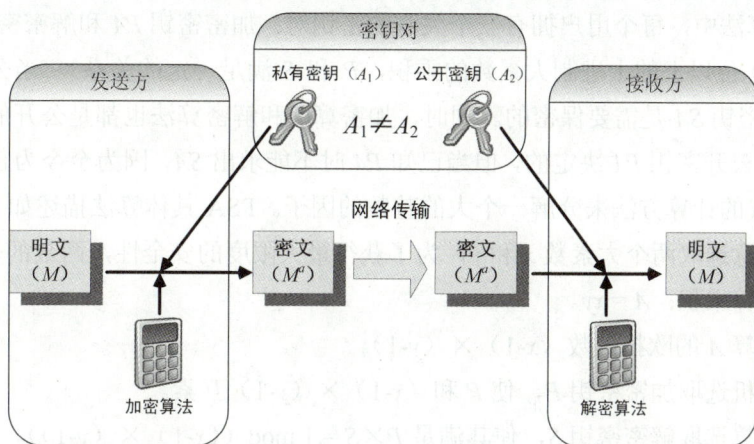

图 7-3　公开密钥密码体制应用流程图（一）

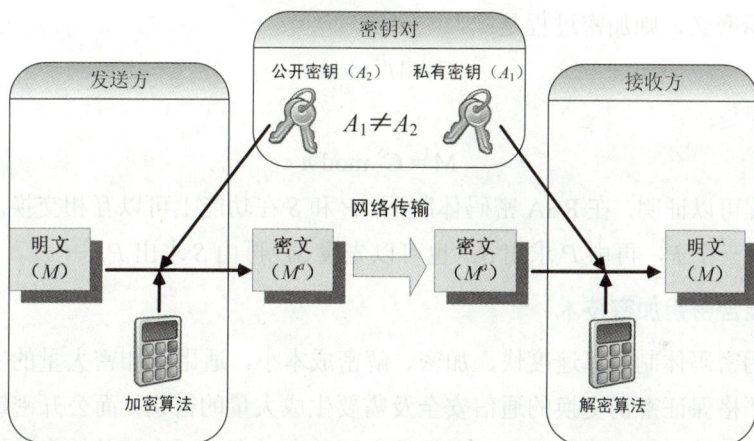

图 7-4　公开密钥密码体制应用流程图（二）

2. 公开密钥密码体制的代表算法

公开密钥密码体制最著名的算法是 1978 年出现的 RSA 算法，通常被称为 RSA 公钥加密算法。RSA 公钥加密算法是美国 MIT 的 3 位科学家 Rivest、Shamir 和 Aleman 于 1976 年提出，并在 1978 年正式发表的。它是一种公认十分安全的公钥密码算法，也是目前网络上进行保密通信和数字签名的最有效的安全算法。下面简单介绍 RSA 算法的基本原理及应用。

RSA 算法的安全性基于一个十分简单的数论事实：将两个大素数相乘十分容易，但想要对其乘积进行因式分解却极其困难。从一个公开密钥和密文中恢复出明文的难度等价于分解两个大素数之积。因子分解越困难，密码就越难以破译，加密强度就越高，所以 RSA 需采用足够大的整数密钥。目前，普遍采用的密钥长度是 1 024 位，对加密要求较高的认证中心采用 2 048 位长的密钥。

在这一算法中，每个用户拥有一个关联的密钥对：加密密钥 PA 和解密密钥 SA（这里 A 为两个 100 位以上的十进制大素数的乘积，P 和 S 满足一定的关系）。当公开加密密钥 PA 时，解密密钥 SA 是需要保密的。同时，加密算法和解密算法也都是公开的。虽然解密密钥 SA 是由公开密钥 PA 决定的，但当已知 PA 时不能求出 SA，因为至今为止还没有人找到一个多项式的计算方法来分解一个大的整数的因子。PSA 具体算法描述如下：

（1）任意选取两个大素数 x 和 y，为了获得最大限度的安全性，两数的长度一样。

（2）计算乘积：$A = xy$。

（3）计算 A 的欧拉函数（x-1）×（y-1）。

（4）随机选取加密密钥 P，使 P 和（x-1）×（y-1）互素。

（5）计算选取解密密钥 S，使其满足 $P×S = 1 \bmod ((x-1)×(y-1))$。其中，公钥=（P，A），私钥=（S，A）。

（6）选好这些参数后，将明文划分成长度小于 log n 位的明文块。若用 M 表示明文，用整数 C 表示密文，则加密过程是：

$$C = M^P \bmod n$$

解密过程是：

$$M = C^S \bmod n$$

以上过程可以证明，在 RSA 密码体制下，P 和 S 在功能上可以互相交换。在产生密钥时，可以先设一个 P，再由 P 求出 S；也可以先设 S，再由 S 求出 P。

（四）混合密钥加密技术

对称密钥密码体制运算速度快，加密、解密成本小，适用于加密大量的支付信息，其缺点是需要严格保证密钥交换的通信安全及需要生成大量的密钥；而公开密钥密码体制则无需交换密钥，并且由于公钥可公开，使得密钥持有量大大减少，其缺点是运算量大，加密、解密速度慢，只适用于数据量较小的支付信息加密。

比较对称密钥密码体制和公开密钥密码体制的优缺点，我们不难发现，两者的优势和劣势是互补的。因此，实际应用中非常有必要将两种加密技术结合使用，同时发挥两者长处。而混合密钥加密技术就是二者结合的一种产物。

混合密钥加密技术就是运用公开密钥密码体制加密对称密钥，而用对称密钥来对实际传输的支付信息进行加密、解密，此过程如图 7-5 所示。

混合密钥加密技术实施的具体步骤如下：

（1）支付信息的发送方首先需要随机生成一个对称密钥，对称密钥又称会话密钥。然后接收方提供一个密钥对（包括私有密钥和公开密钥）。

（2）发送方利用会话密钥对支付信息进行加密，由于对称密钥体制加密计算速度快，所以面对数据量较大的支付信息明文也可以拥有较高的效率。

（3）发送方再用密钥对中的公开密钥对会话密钥进行加密。由于"会话密钥"被加密成了密文，在传输中没人能看到详细内容，这样就好像把解密"钥匙"装进了一个安全的数字信封里，这个数字信封只有拥有私有密钥的接收方才能打开。所以混合密钥加密技术又被称为数字信封技术。

（4）随后，发送方把支付信息密文和加密的会话密钥密文通过互联网发送给接收方。

（5）接收方通过自己的私有密钥对数字信封（通过私有密钥加密的会话密钥的密文）解密，获得会话密钥。

（6）接收方用会话密钥解密支付信息的密文，得到支付信息的明文。

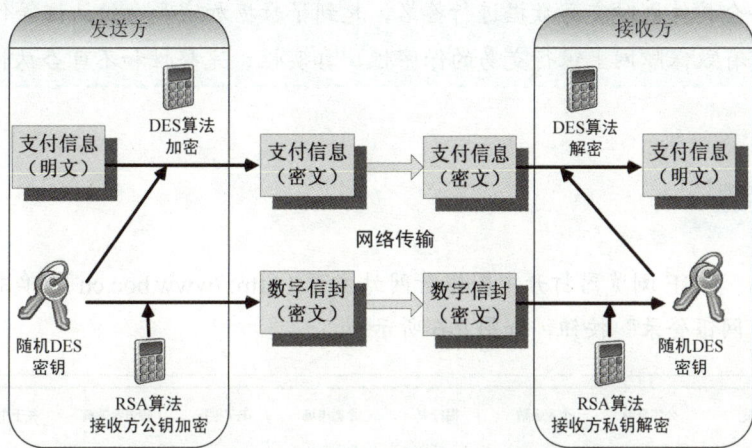

图 7-5　混合密钥加密技术应用流程图（数字信封技术）

在运用混合密钥加密技术的时候，发送方可以在每次发送支付信息时都使用不同的会话密钥，这样就极大地增加了支付信息密文被破译的难度。即使某次会话密钥被破译了，也只会泄露该次支付信息的明文，不会影响其他支付信息的安全。

提　示

几乎每个人都在银行或者 ATM 上输入过密码，输入密码过程中使用的键盘其实是一个带有加密功能的金融密码键盘。一般的密码键盘都像鼠标一样连着一根数据线，这根数据线就是连接密码键盘和银行处理终端的。显而易见，当一个坏人想要去窃取持卡人的密码信息时，他要么站在一旁偷看持卡人输入密码，要么从数据线中截获持卡人的密码输入信息。

偷看持卡人输入密码很难实现，而要想从数据线中截获密码输入信息也并非那么容易操作：从键盘流出的数据已经通过金融密码键盘进行过加密，所以即使截获到键盘流出的数据，想要破解出密码也需要先得到该密码键盘在加密过程中使用的密钥（这里使用的是对称加密算法）。

在电子支付活动中，安全控件就是金融密码键盘的软件实现。在一个使用密码控件的电子支付系统中，安全控件的整个软件实现就相当于整个物理的密码键盘。

因此，当我们登录个人网银网站后一般无法直接输入个人账号或密码，在此之前还要下载安装该银行提供的安全控件，它包括了密码保护控件和签名安全控件两个部分。

其中，密码保护控件是为网上银行客户提供的客户端密码输入保护服务，可防止计算机木马程序及其他病毒程序截获客户输入的密码信息，在网页终端为网上银行客户的信息安全提供保障。安装密码保护控件以后，在个人网上银行页面密码输入框可正常显示和输入，表明客户处于安全的密码输入保护服务当中，可防止第三方通过软件程序从页面上"偷看"到用户的账号信息。

签名安全控件则对交易数据进行签名，起到了数据加密和身份认证等作用。签名安全控件可有效保障网上银行交易的保密性、真实性、完整性和不可否认性。

任务实施

步骤 1▶ 用 IE 浏览器打开中国银行网站主页（http://www.boc.cn），单击页面右上方的"个人客户网银登录"按钮，如图 7-6 所示。

图 7-6 中国银行网站主页

步骤 2▶ 此时进入个人客户网银登录页面。由于是首次使用个人客户网银，还未安装安全控件，所以密码输入框无法正常显示，如图 7-7 所示。

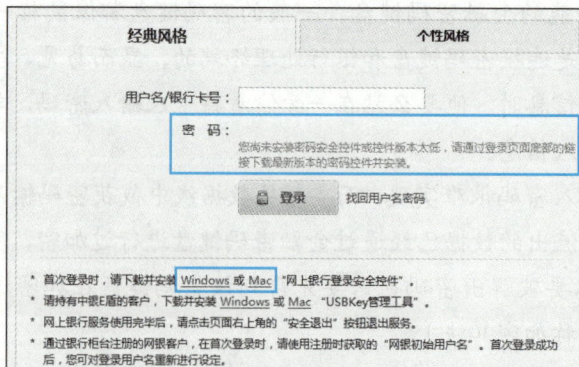

图 7-7 未安装控件的个人客户网银登录页面

步骤 3▶ 根据页面下方的提示信息，下载并安装个人客户网银登录安全控件。即单击 "Windows" 超链接，进入文件下载页面，下载完成后在弹出的对话框中单击 "运行" 按钮，如图 7-8 所示。

图 7-8 运行控件安装程序

步骤 4▶ 运行控件安装程序后，会有几秒钟时间对程序进行验证，稍后个人网上银行登录安全控件会自动进行安装，安装完成后单击 "关闭" 按钮，如图 7-9 所示。

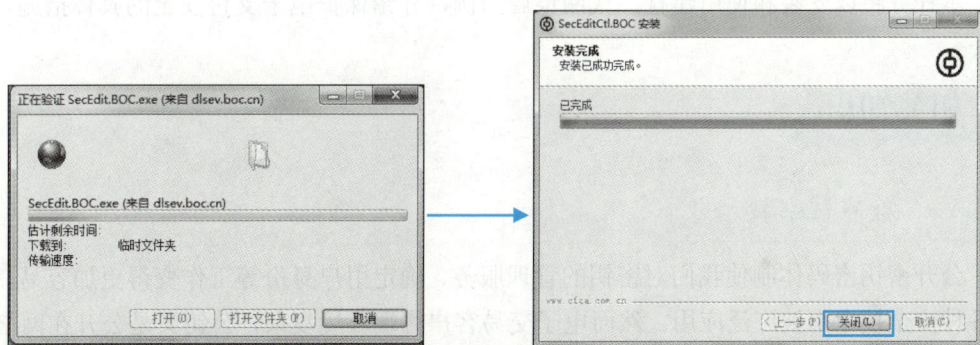

图 7-9 控件安装过程

步骤 5▶ 回到个人客户网银登录页面，按【F5】键刷新页面，此时密码输入框已经显示出来，如图 7-10 所示。至此，个人客户网银登录安全控件已经安装成功。

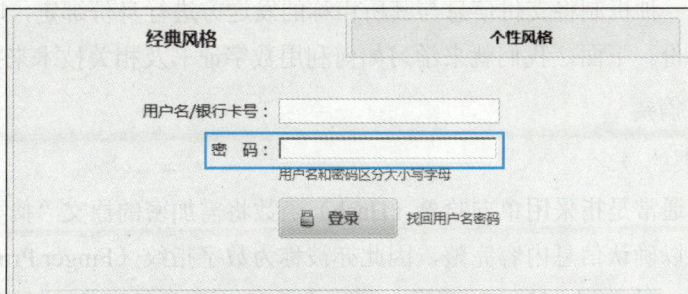

图 7-10 安装控件后的个人客户网银登录页面

任务二　安装和使用建行二代网银盾

任务描述

　　经过几次网上购物，李欣已经渐渐享受到了电子支付所带来的便利、快捷。但是网上不断有关于电子支付的负面新闻被报道出来，这使李欣意识到，在享受电子支付便捷性的同时，仍然不能放松对安全性的要求。于是，她决定采用保密性强度更高的支付安全保障工具。

　　李欣查阅了中国建设银行网站上有关安全支付的各种安全保障工具，经过认真了解之后又申请了建行二代网银盾。建行二代网银盾是采用软、硬件结合的高级别安全认证工具，它以 USBKey 为载体、内植数字证书并且无需输入静态密码，集成液晶显示和按键确认功能，能有效进行交易核对和身份认证。这种认证技术为国内外银行所普遍采用。

　　本任务将以安装和使用建行二代网银盾为例，介绍保护电子支付安全的具体措施。

相关知识

一、数字证书技术

　　公开密钥密码体制使我们对密钥的管理服务、确定用户身份等工作变得更加容易，其在各种安全技术中被广泛应用。然而电子交易客户终端环境复杂，公钥又是公开在网络中的，如果不对公钥采取确保其机密性和完整性的保护措施，任何人都可以通过篡改公钥来冒充支付信息发送方，进而威胁其他安全技术服务的有效性。

　　因此，与现实交易中交易双方需要在合同、收据等文件上签名或加盖印章一样，在电子支付活动中，也必须提供一种机制来保证公钥或其他与公钥有关的信息的内容是完整的，并且还需要一种机制将支付信息与其所声称的发送方进行身份绑定，以保证支付信息发送方的真实身份。下面，我们就来学习如何利用数字证书及相关技术来提供上述机制。

（一）信息摘要

1. 信息摘要的概念

　　信息摘要，通常是指采用单向哈希（Hash）函数将需加密的原文"摘要"成一串固定长度的密文，用以确认信息内容完整，因此亦被称为数字指纹（Finger Print）。

　　信息摘要是一种散列（Hash）变换，其变换具有以下特点：① 这种变换能够应用到大小不一的数据上，且对任何输入的明文数据生成固定长度的输出；② 其对数据的加密运算相对简单，速度快；③ 由于其运算的单向性，想要通过生成的信息摘要倒推原文，在计算上是不可行的；④ 不同的原文经过 Hash 函数运算后所形成的摘要，其结果总是不同的，而相同的原文其摘要必定一致，信息摘要与原文形成唯一对应的关系。

如果一段原文被更改，哪怕只更改该段落中的一个字母，通过 Hash 算法运算后，都将产生不同的值。所以支付信息的接收方可以通过对收到的原文信息进行 Hash 函数运算，将得到的信息摘要值与发送方提供的信息摘要值进行对比，来检验支付信息在发送过程中是否遭到破坏和篡改，以认证支付信息的完整性。

2．信息摘要的原理

信息摘要的具体工作原理，如图 7-11 所示。

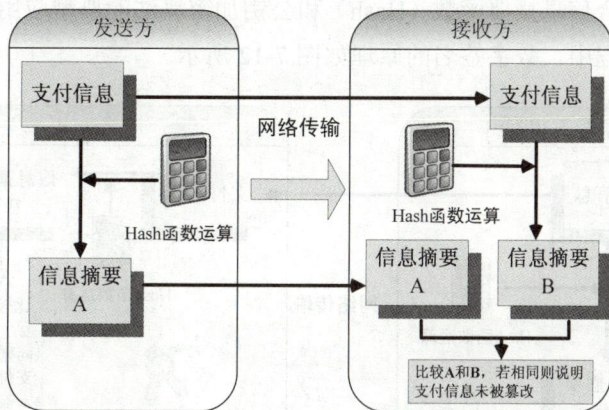

图 7-11　信息摘要的原理

（1）发送方利用 Hash 函数对支付信息进行处理，生成信息摘要 A，并将支付信息和信息摘要 A 都发送给接收方。

（2）接收方接收信息后，也利用 Hash 函数对支付信息进行处理，生成信息摘要 B。

（3）接收方将信息摘要 A 和 B 进行比较，若二者相同，则说明收到的信息与发送方的信息一致，信息在传输过程中未被篡改。

由于信息摘要的 Hash 运算比对称加密算法的速度还快，因此它作为一种重要的信息安全技术，在电子商务交易和支付过程中被广泛应用，是数字签名技术应用的基础。

但是，仅仅依靠信息摘要本身，却无法保障支付信息在整个电子支付过程的完整性。因为生成信息摘要的 Hash 算法是公开的，不法分子可以截获支付信息原文并对其内容做出修改，进而使用 Hash 算法重新生成一个信息摘要，然后将其与修改过的原文一起发送给接收方，因此接收方仅仅依靠信息摘要无法确认信息是否被篡改，它必须和信息加密等其他安全技术结合起来使用才能较好地保证信息的完整性。

（二）数字签名

1．数字签名的概念

数字签名又称公钥数字签名、电子签章，它是指使用信息摘要（数字指纹技术）产生一个只有支付信息的发送方才能生成的字符串，通过公开密钥密码体制中的私钥对这个字符串进行加密，从而完成对支付信息的合法"签名"；然后发送方将数字签名与原文一起发送给接收方，从而形成对信息的发送方发送信息真实性的一个有效证明。数字签名和身份认证是信息认证技术中的两个主要内容。

数字签名能附着于数据信息在通信网络中进行传输，其作用与书面文件签名和盖章类似，主要确认两个问题：第一，信息是由签名者发送的；第二，信息自签发后到收到为止未曾做过任何修改。

2. 数字签名的原理

数字签名是结合信息摘要函数（Hash）和公钥加密算法的典型应用，主要应用在数字证书和交易通信过程中。数字签名的原理如图 7-12 所示。

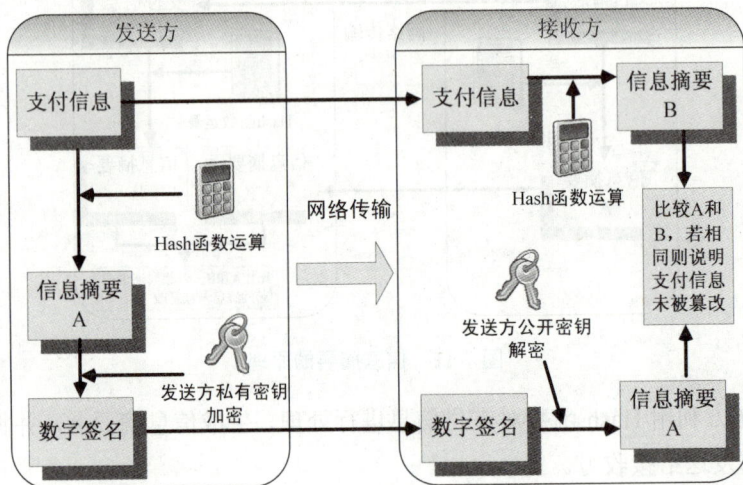

图 7-12　数字签名原理图

举例来说，发送方甲向接收方乙发送支付信息，其创建数字签名的过程如下：

（1）甲利用信息摘要算法，例如 Hash 函数，对将要发送的支付信息原文进行运算处理，生成信息摘要 A。

（2）甲利用公开密钥体制随机生成一个密钥对，用其中的私有密钥对信息摘要 A 进行加密处理，生成密文，密文即甲的数字签名。

（3）甲将支付信息原文与自己的数字签名同时传输给乙。

（4）乙接收到信息后，对其中的支付信息原文用 Hash 函数进行运算处理，生成信息摘要 B；对其中甲的数字签名利用其公钥进行解密，获得信息摘要 A。

（5）将信息摘要 A 与信息摘要 B 进行对比，若两者相同，则说明传输的支付信息真实有效，没有被破坏或篡改过。

由上述创建数字签名的过程我们可以看到，数字签名具有以下几个特性。

第一，数字签名的消息是不可改变的。经过数字签名的消息不能被篡改。Hash 函数的特点决定，若支付信息在传输中遭到篡改，乙对支付信息进行 Hash 函数运算得出的信息摘要 B 必不等于从甲的数字签名中解密出的信息摘要 A。则乙可以立即验证当前接收的支付信息原文并非甲所发送的真实内容。

第二，数字签名是不可伪造的。Hash 函数的单向运算决定了除了合法的所有者，其他人伪造其签名在计算上是困难的。这种困难性是指以目前现实中的计算能力是不可行的。

第三，数字签名是不可复制的。对一个消息的数字签名不能通过复制变为另外一个消息的数字签名。而且不同时期的同一个消息的签名也是不一样的。

第四，数字签名是可信的。由于甲所生成的密钥对中的公钥与私钥存在对应关系。乙可以用甲的公钥解密甲的数字签名。且其解出的信息摘要 A 与自己计算出的信息摘要 B 一致，则必然验证支付信息的发送方为甲，由此验证了信源的真实性。

第五，数字签名是不可抵赖的。由于只有甲持有私钥，其他人不可能获得私钥信息，所以甲无法否认此次支付信息由自己发送，保障了支付信息的不可抵赖性。

（三）数字时间戳

从传统交易的角度讲，与交易相关的日期和时间几乎是所有合同和单据都必须体现的重要内容。在电子支付中也是一样，时间与签名同等重要，我们一般通过数字时间戳技术来证明支付信息的发送时间，有效地防止日期和时间信息被篡改或伪造。

1. 数字时间戳的概念

数字时间戳（Digital Time Stamp，DTS）是指对支付信息文件签署的日期和时间进行安全性保护和有效证明的技术，一般是在经过数字签名的支付信息上打上一个可信赖的时间戳。由于用户提供的时间戳信赖度较低，因此数字时间戳服务通常是由专门机构提供的网上安全服务项目。

数字时间戳实际上是一个经过加密后形成的凭证文档，包括 3 个部分：

（1）需要添加时间戳的支付信息的信息摘要。

（2）数字时间戳服务机构收到信息摘要的日期和时间。

（3）数字时间戳服务机构的数字签名。

2. 数字时间戳的原理

数字时间戳的原理是用户将需要添加时间戳的支付信息用 Hash 函数处理后形成信息摘要，然后将信息摘要发送到 DTS 机构，由 DTS 机构在加入了收到信息摘要的日期和时间信息后，再对文件添加 DTS 机构的数字签名，然后发回给用户。获得数字时间戳的用户就可以将它再发送给自己的支付对象，以证明信息的发送时间。数字时间戳的原理如图 7-13 所示。

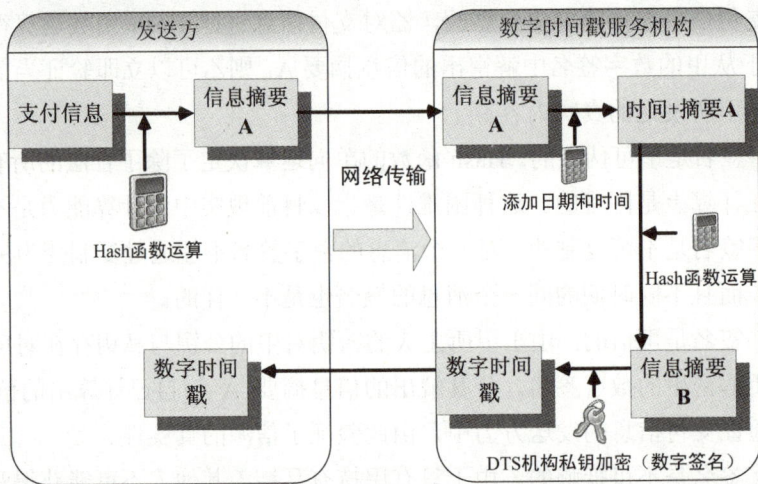

图 7-13　数字时间戳的原理图

（四）数字证书

1. 数字证书的概念

数字证书又称数字标识，是一个经证书认证机构数字签名后，包含用户身份信息及公开密钥信息的电子文件。其主要作用是证明在互联网上参与信息交换和商务活动的个人、组织及网络设备的身份是否合法。

在网上支付的各个环节，支付的各方都需验证对方证书的有效性，从而解决相互间的信任问题。简单地说，数字证书文件大体上就相当于一个公钥，再加上公钥所有者的数字签名，以及被信任的第三方认证中心对上述信息的数字签名。公证方的数字签名保证了公钥及其所有者的对应关系，同时也保证了证书中的公钥信息不会被篡改。

2. 数字证书的工作原理

数字证书颁发过程一般为：用户首先产生自己的密钥对，并将公共密钥及部分个人身份信息传送给被信任的第三方认证中心。认证中心在核实身份后，将执行一些必要的步骤，以确信请求确实由用户发送而来。然后，认证中心将发给用户一个数字证书，该证书内包含用户的个人信息及其公钥信息，同时还附有认证中心的签名信息。

然后用户就可以使用自己的数字证书进行相关的各种活动。举例来说，在网上支付过程中，支付信息的参与者甲向交易对象乙发送交易相关的信息的同时，将自己的数字证书一同发送给乙，因为每个数字证书只有一个使用者，所以乙只要验证该数字证书是有效的，就可以确认支付信息确实为甲所发，甲也无法抵赖此次交易信息是自己所发。

当甲需要用乙的公钥对支付信息加密时，甲可以通过数字证书确认所接收到的公钥确实为乙所有，而并非为其他人所冒充。

因此，作为身份验证的数字证书必须具有唯一性和可靠性，其需要满足以下 3 个条件：

（1）证书在有效的使用期内，可以根据数字证书内容中的有效起始日期和有效终止日期两项来判定（数字时间戳技术）。

（2）证书的内容，特别是密钥没有被篡改（信息摘要技术）。

（3）证书拥有第三方的法定认证中心的数字签名，其证书未被数字认证中心所吊销。

3. 数字证书的组成

目前，数字证书的内容与格式一般采用标准证书格式 X.509，该标准是由国际电信联盟（ITU-T）制定的，发展到现在一共有 4 个版本。数字证书的内容大致上可以分为证书使用者的信息和颁发证书的认证中心的信息两个部分。证书的详细构成如图 7-14 所示。

（1）证书的版本信息。一般用来指定 X.509 标准的版本号。图 7-14 中所示的值为"V3"，说明此证书是第 3 个版本。

（2）证书的序列号。每个证书都有一个唯一的证书序列号。当证书被吊销时，实际上就是将该序列号放入证书发行者的证书黑名单中。

（3）签名算法。证书发行者用于对证书进行数字签名的哈希算法。

（4）颁发者。也就是证书的发行机构名称。

（5）证书的有效期。它表示证书只在这个时间段内有效。现在通用的证书一般采用 UTC 时间格式，它的计时范围为 1 950～2 049。

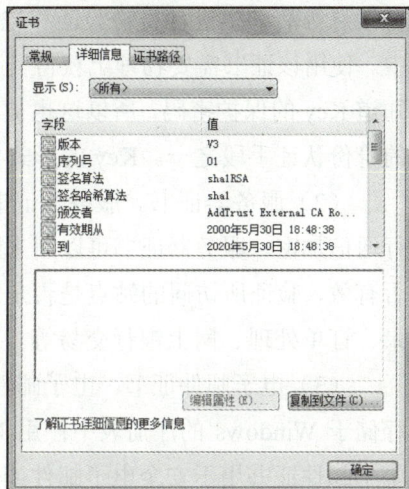

图 7-14　数字证书界面

（6）证书主题或使用者。它用来确定证书用户的个人、计算机、设备或证书发行者的名称。一般是全名、电子邮件名或其他个人标识符。

（7）证书用户的公钥信息。与证书关联的公钥类型和长度。

（8）其他额外的特别扩展信息。如私钥使用周期、增强型密钥用法等。

（9）证书发行者对证书的数字签名。

> **提　示**
>
> 在 IE 浏览器中，可以查看数字证书的内容。其方法为：进入 IE 窗口，依次选择"⚙（工具）"＞"Internet 选项"＞"内容"＞"证书"，然后选择一种证书类别，在证书列表中选择一个证书，单击"查看"按钮，再在弹出的"证书"对话框中单击"详细信息"标签，即可查看所选证书的具体内容。

4. 数字证书的类型

从数字证书的技术角度来说，第三方数字认证中心发放的数字证书有两类：SSL 证书（安全套接层）和 SET 证书（安全电子交易）。虽然两者都是用于识别身份和数字签名的证书，但它们的信任体系完全不同，而且所符合的标准也不一样。一般地说，SSL 证书服务于银行对企业或企业对企业的电子商务活动；而 SET 证书则服务于消费者的持卡消费和网上购物。

从数字证书的使用对象的角度来说，目前的数字证书类型主要包括个人身份证书、企业或机构身份证书、支付网关证书、服务器证书、安全电子邮件证书、个人代码签名证书。这些证书各有特点，我们对其中最主要的一些略作介绍。

（1）客户端个人身份证书。客户端个人身份证书中包含个人身份信息和个人的公钥，用于表示证书所有者的个人身份，主要在网上合同签订、订单、录入审核、操作权限、支付信息等活动中进行身份验证和电子签名。安全的客户端证书被存储于专用的 USB Key 中。使用该证书需要物理上获得其存储介质 USB Key，且不能被导出或复制，而且还需要知道 Key 的保护密码，所以这也被称为双因子认证。这种认证手段是目前在网络上最安全的身份认证手段之一。Key 的形式有多种，如指纹、口令卡等。

（2）服务器证书。服务器证书被安装于服务器设备上，用来证明服务器的身份和进行通信加密。服务器证书可以用来防止假冒站点。同时，浏览器会自动验证服务器证书是否有效，验证所访问的站点是否是假冒站点，服务器证书保护的站点多被用来进行密码登录、订单处理、网上银行交易等。

（3）电子邮件证书。电子邮件证书可以通过 IE 或 Netscape 申请。用 IE 申请的证书存储于 Windows 的注册表中；用 Netscape 申请的证书存储于个人用户目录下的文件中。电子邮件证书用于安全电子邮件或向需要客户验证的 Web 服务器表明身份，它并不证明证书所有者姓名的真实性，它只证明邮件地址的真实性。

收到具有有效数字签名的电子邮件，不但能相信邮件确实由指定邮箱发出，还可以确信该邮件被发出后没有被篡改过。如果使用接收的邮件证书，还可以向接收方发送加密邮件。该加密邮件可以在非安全网络传输，只有接收方的持有者才可能打开该邮件。

二、身份认证技术

身份认证是信息认证技术中十分重要的内容，它一般涉及两个方面，一是识别，二是验证。所谓识别，就是指要明确用户是谁，这就要求对每个合法的用户都要有识别能力，要使识别做到准确有效，就需要保证任意两个不同的用户都具有不同的识别符；所谓验证，就是指在用户声称自己的身份后，认证方还要对它所声称的身份进行验证，以防假冒。

（一）身份认证的概念

身份认证就是指在计算机网络中确认操作者身份的过程。在虚拟的网络世界，一切信息包括用户的身份信息都是由数据表示的，计算机只能识别用户的数字身份，给用户的授权也是针对用户数字身份进行的。如何保证以数字身份进行操作的用户就是这个数字身份的合法拥有者，即如何保证操作者的物理身份与数字身份相对应，就成为一个重要的安全问题。身份认证技术可以很好地解决这个问题。

身份认证技术的发展，经历了从软件认证到硬件认证；从单因子认证到双因子认证；从静态认证到动态认证的过程。一般来说，用户身份认证可通过 3 种基本方式或其组织方式来实现。

（1）基于口令信息的身份认证技术。早前，传统的认证技术主要采用基于口令的认证方法。认证方为每一个合法用户建立一个用户名与口令对。操作者要求访问提供服务的系统或使用某项功能时，操作者提交该合法用户的用户名和口令。认证方收到口令后，将其与系统中存储的用户口令进行比较，以确认被认证对象是否为合法的操作者。

（2）基于物理证件的身份认证技术。这里主要是指基于信用卡、智能卡、令牌的身份认证等。智能卡也称令牌卡，实质是一种 IC 卡。智能卡的组成部分与一台"普通"的计算机是相同的；包括作为智能部件的微处理器、存储器、输入/输出部分和软件资源。为了更好地提高性能，通常会有一个分离的加密处理器。程序和通用加密算法存放在 ROM（只读内存镜像）中。

（3）基于生物特征的身份认证技术。目前主要分为基于生理特征（如指纹、声音、虹膜等）的身份认证、基于行为特征（如步态、笔迹、签名等）的身份认证。

（二）身份认证的具体技术

身份认证技术主要分为以下几种。

1. 静态密码

用户密码由用户自己设定，在登录系统时输入正确的密码，计算机就认为操作者就是合法用户。实际上，由于许多用户为了防止忘记密码，经常采用诸如生日、电话号码等容易被猜测的字符串作为密码，这样很容易造成密码泄露。而且在验证过程中，计算机内存和传输过程可能会被木马程序或在网络中截获。因此，从安全性上讲，静态密码方式是一种不安全的身份认证方式。

2. 智能卡

智能卡由专门的厂商通过专门的设备生产，是不可复制的硬件。智能卡由合法用户随身携带，登录时必须将智能卡插入专用的读卡器读取其中的信息，以验证用户的身份。

智能卡认证是通过智能卡硬件不可复制来保证用户身份不会被冒充，然而由于每次从智能卡中读取的数据是静态的，通过内存扫描或网络监听等技术还是很容易截取到用户的身份验证信息，因此也存在较大的安全隐患。

3. 短信密码

短信密码以手机短信形式请求包含 6 位随机数的动态密码，身份认证系统以短信形式发送随机的 6 位密码到客户的手机上。客户在登录或者交易认证时输入此动态密码，从而确保系统身份认证的安全性。

短信密码具有很多优点：① 短信密码生成与使用场景是物理隔绝的，因此密码极难被截取；② 由于手机普及率高，短信密码技术的使用门槛很低，普及性很高；③ 由于短信网关技术非常成熟，大大降低了短信密码系统上线的复杂度和风险，短信密码业务后期客户成本低，稳定的系统在提升安全性的同时也营造了良好的口碑效应，这是银行大量采纳这项技术的一个重要原因。

4．动态口令

动态口令就是一种动态密码。动态口令牌是客户手持用来生成动态密码的终端，主流的动态口令是基于时间同步的，每 60 秒变换一次动态口令，口令一次有效，它产生 6 位动态数字进行一次一密的方式认证。

但是由于基于时间同步方式的动态口令牌存在 60 秒的时间窗口，导致该密码在这 60 秒内存在风险，现在已有基于事件同步的双向认证的动态口令牌。基于事件同步的动态口令，是以用户动作触发的同步原则，真正做到了一次一密，并且由于是双向认证，即服务器验证客户端，并且客户端也需要验证服务器，从而达到了彻底杜绝木马网站的目的。

由于动态口令使用非常便捷，被广泛应用于网上银行、电子商务等领域。

5．USB Key

基于 USB Key 的身份认证方式采用软硬件相结合、USB Key 一次一密的强双因子认证模式，很好地解决了安全性与易用性之间的矛盾。USB Key 是一种 USB 接口的硬件设备，它内置单片机或智能卡芯片，可以存储用户的密钥或数字证书，利用 USB Key 内置的密码算法实现对用户身份的认证。基于 USB Key 的身份认证系统主要有两种应用模式：一种是基于冲击/响应（挑战/应答）的认证模式；另一种是基于 PKI 体系（公钥基础设施）的认证模式，运用于电子政务、网上银行。

6．生物识别

运用特定的技术，通过对人的可测量的身体或行为等生物特征进行身份认证的一种技术。一般将视网膜识别、虹膜识别和指纹识别等归为高级生物识别技术；将掌型识别、脸型识别、语音识别及签名识别等归为次级生物识别技术；将血管纹理识别、人体气味识别、DNA 识别等归为"深奥的"生物识别技术。目前，指纹识别技术应用广泛的领域有门禁系统、微型支付等。

三、公钥基础设施（PKI）

（一）PKI 的概念

1．PKI 的定义

PKI 是 Public Key Infrastructure 的首字母缩写，字面翻译即"公钥基础设施"，它是一种遵循标准的，采用非对称密码算法和技术来实现并提供安全服务的，具有普适性的安全基础设施。通俗地讲，PKI 就是计算机软硬件、权威机构、操作策略及应用系统的综合，它们共同完成创建、管理、保存、发放和废止数字证书的功能，透明地为网络用户提供加密和数字签名所必需的密钥和证书管理。

从广义上讲，所有提供公钥加密和数字签名服务的系统，都可叫做 PKI 系统。PKI 的主要目的是通过自动管理密钥和数字证书，为用户建立起一个安全的网络运行环境，使用户可以在多种应用环境下方便地使用加密和数字签名技术，方便用户进行安全的信息通信及验证和识别交易对象的身份，从而保证网上交易数据的机密性、完整性、有效性。

2．PKI 的构成

PKI 中最基本的元素就是数字证书。所有操作基本都通过数字证书来实现。PKI 的具体构成组件主要包括颁发这些证书的认证中心（CA），登记这些证书的注册中心（RA），证书管理协议（CMP）、证书存储库、证书的吊销、证明证书发布时间的时间戳权威机构（TSA），还有供客户使用证书的终端系统。除此之外，PKI 中还包括证书策略、证书路径等元素及证书的使用者。所有这些都是 PKI 的基本部件或元素，它们有机地结合在一起就构成了 PKI。一个典型、完整、有效的 PKI 应用系统大致应具有以下几部分：

➢ **认证机构**：认证机构（Certificate Authority，CA）是 PKI 应用系统的核心，是数字证书的申请注册、签发和管理机构，通常称为认证中心。CA 负责管理 PKI 应用系统中的所有用户（包括各种应用程序）的数字证书，把用户的公钥和用户的其他信息捆绑在一起，在网上验证用户的身份。

➢ **证书库**：证书库用于发布用户的证书和黑名单信息，用户可以从此处获得其他用户的证书和公钥。构造证书库的最佳方法是采用支持 LDAP 协议的目录系统，用户或相关的应用通过 LDAP 来访问证书库。系统必须确保证书库的完整性，防止伪造、篡改证书。

➢ **密钥备份及恢复系统**：若用户丢失了私钥，则密文数据将无法解密，造成数据丢失。为避免这种情况的出现，PKI 应该提供备份与恢复密钥的系统。密钥的备份与恢复应该由可信的机构来完成，一般由 CA 充当该角色。一般这个系统只对用户的解密密钥进行备份，当丢失时进行恢复，而签名密钥不能备份和恢复。

➢ **证书作废处理系统**：证书作废处理系统是 PKI 的一个重要组件。同日常生活中的各种证件一样，证书在 CA 为其签署的有效期以内也可能需要作废。作废证书一般通过将证书列入作废证书表（CRL）来完成。通常，系统中由 CA 负责创建、更新及维护 CRL。

➢ **PKI 应用接口系统**：其主要功能是为所有应用对证书合法性验证、密钥备份与恢复、证书作废处理、交叉证书验证提供可信、透明、统一的支持。良好的应用接口系统，使得各种应用能够方便地使用加密、数字签名等安全服务并以安全、一致、可信的方式与 PKI 交互。通常应用接口系统应该是跨平台的。

完整的 PKI 还包括认证政策的制定（包括遵循的技术标准、各 CA 之间的上下级或同级关系、安全策略、安全程度、服务对象、管理原则和框架等）、认证规则、运作制度的制定、所涉及的各方法律关系内容及技术的实现。

PKI 的实体模型如图 7-15 所示。

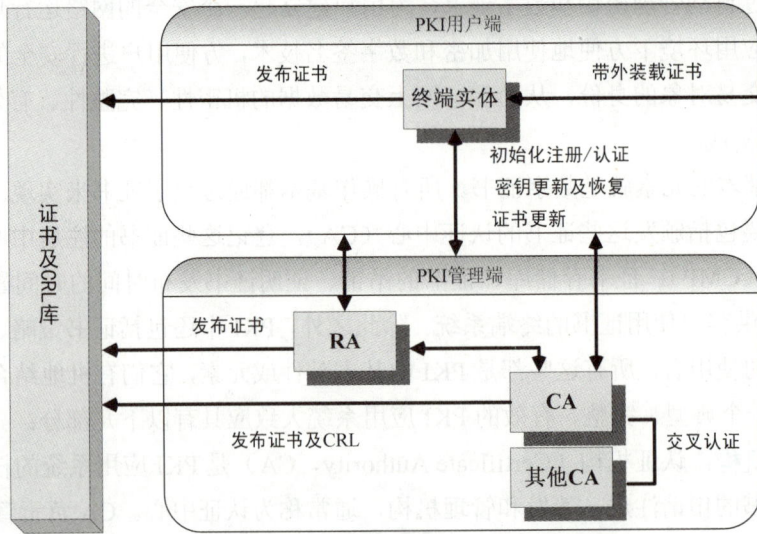

图 7-15 PKI 的实体模型

（二）PKI 的原理

1. PKI 的基本原理

公钥基础设施，顾名思义就是基于公钥密码技术的安全服务体系，**PKI** 通过为用户提供身份认证、加密、数字签名、数字时间戳等安全服务来保障网络信息的安全。

由前面学习过的知识，我们可以了解到，应用公钥技术的关键是如何确认某个人是此公钥（对应的私钥）的真实所有者，我们如何才能方便快捷地得到自己想要的公钥呢？在这里，我们自然想到需要一个仲裁机构或者是权威机构，利用它来为我们准确无误地提供我们需要的公钥。

在 **PKI** 中，为了确保用户身份及它所持有的密钥的正确匹配，公开密钥系统需要一个值得信赖而且独立的第三方机构充当认证中心来确定公钥拥有人的真正身份。就像公安局发放的身份证一样，认证中心发放一个被称之为数字证书的"身份证明"。这个"身份证明"包含了用户身份的部分信息及用户所持有的公钥。认证中心像公安局一样对身份证盖章，利用自身的私钥为数字证书添加数字签名。任何想发放自己公钥的用户，可以去认证中心申请自己的证书。

认证中心在鉴定该人的真实身份后，颁发包含用户公钥的数字证书。其他用户只要能验证证书是真实的，并且信任颁发证书的认证中心，就可以确认用户的公钥。认证中心是公钥基础设施的核心，有了大家信任的认证中心，用户才能放心、方便地使用公钥技术带来的安全服务。

从以上的过程我们可以看出，**PKI** 在公开密钥密码的基础上，主要解决密钥属于谁，即密钥认证的问题。在网络上证明公钥是谁的，就如同现实中证明谁是什么名字一样具有重要的意义。通过数字证书，PKI 很好地证明了公钥是谁的，PKI 的核心技术就围绕着数字证书的申请、颁发、使用与撤销等整个生命周期进行展开。

2. PKI 的信任模型

信任模型是 PKI 原理中的一个重要概念，PKI 的信任模型主要解决 3 个问题：一个实体能够信任的证书是怎样被确定；这种信任是怎样被建立的；在一定的环境下，这种信任在什么情形下能够被限制和控制。以上 3 个问题反映的是认证中心 CA、证书主体和证书用户之间的信任关系。

PKI 信任模型的正确选择关系到整个 PKI 的安全。PKI 信任模型通常使用以下 4 种信任结构：

（1）认证机构的严格层次结构模型。这是 CA 层次结构中的常见模型。它像一棵倒立的树，根 CA 代表树根，它对整个 PKI 系统的实体都有意义。根 CA 下面的树枝状 CA 就代表根 CA 的子 CA，最下面的叶子节点代表终端实体。不同子 CA 颁发的证书之间不一定相互信任，但它们都信任同一个根 CA。这些 CA 都认证零个或多个直接在它下面的 CA。倒数第二层的 CA 认证终端实体。

（2）分布式信任结构模型。这种结构的区别在于有多个根 CA，但每个 CA 体系遵循严格层次结构。

（3）基于 Web 的信任结构模型。在这种结构中，浏览器厂商起到根 CA 的作用，他们将一些 CA 的公钥预先装在浏览器上，如 IE、Netscape。这些 CA 就成为浏览器厂商的子 CA，其中有著名的全球最大的 CA 公司 Versign。在这种用户中心信任结构中，每个用户都对决定信赖哪个证书和拒绝哪个证书直接完全地负责。

（4）交叉认证。交叉认证就是实现多个 PKI 域之间的互操作。交叉认证实现的方法有多种：一种方法是桥接 CA，即用一个第三方 CA 作为桥，将多个 CA 连接起来，成为一个可信任的统一体；另一种方法是多个 CA 的根 CA（RCA）互相签发根证书，这样当不同 PKI 域中的终端用户沿着不同的认证链检验认证到根时，就能达到互相信任的目的。

（三）PKI 的意义

1. 构建了安全可控的网络环境

传统的互联网是一个不可控的、无中心的、没有安全保证的网络。在传统的互联网中，为了解决安全接入的问题，人们采用了"口令字"等措施，但很容易被猜破。但是如今，公钥密码技术的普及应用，加密、解密已经不构成安全问题的主要方面。因此，国际电信联盟（ITU）、国际标准化组织（ISO）、国际电工委员会（IEC）、互联网工程任务组（IEIF）等密切合作，制定了一系列的有关 PKI 的技术标准，通过认证机制建立证书服务系统，通过证书绑定到每个网络实体的公钥，使网络的每个实体均可识别，从而有效地解决了身份验证问题，把宽带网络在一定的安全域内变成一个可控、可管、安全的网络。

2．利于建设一站式服务的软件中间平台

PKI 遵循了一套完整的国际技术标准，构建了统一的安全域，同时它采用元素级细粒度安全机制，可以在最基本的层级实现签名和加密等功能，而不像传统的"门卫式"安全系统，只要进入系统就对所有内容一览无余。

而且，底层的安全中间件在保证为上层用户提供丰富的安全操作接口功能的同时，又能屏蔽掉安全机制中的一些具体的实施细节，因此，对防止恶意攻击十分有利。此外，通过 PKI 可提供跨平台交换和移植的业务数据，在这样一个环境下，可以方便地建立一站式服务的软件中间平台，十分有利于多种应用系统的整合，从而大大地提高平台的普适性、安全性和可移植性。

3．构建了完整的授权服务体系

PKI 通过对数字证书进行扩展，给网络实体颁发属性证书，用以证明实体的角色和访问权限，从而解决了在大规模的网络应用中"你能干什么"的授权问题。以公司为例，传统的互联网中，访问和操作权限最高的往往不是企业领导人，而是网络的系统管理员，因此，这与现实的权限结构是相违背的，也造成了办公自动化无法被大多数公司领导接受的问题。

而利用 PKI 系统可以方便地构建授权服务系统，在需要保密时，可以利用私钥的唯一性，保证有某种权限的人才可以做某件事，其他人包括网络系统的管理员也不能做未经授权的事。在需要公开时，相关的人都能用公钥去验证某个文件或者某个动作确实出自相关职能所有人之手，从而保证了信息的真实可靠，公开公正。

四、认证中心（CA）

认证中心为安全电子交易中的重要构件。它是一个公正、公开的代理组织，接受持卡人和特约商店的申请，会同发卡及收单银行核对其申请资料是否一致，并负责电子证书的发放、管理及取消等事宜。

认证中心是在线交易的监督者和担保人，主要进行电子证书管理、电子贸易伙伴关系建立和确认、密钥管理、为支付系统中的各参与方提供身份认证等。CA 类似于现实生活中公证人的角色，具有权威性，是一个普遍可信的第三方中介服务机构。

（一）认证中心的概念

1．认证中心的定义

认证中心（Certificate Authority，CA）又称权威认证中心，是电子交易中信赖的基础，主要负责产生、分配并管理所有参与网上交易的实体所需的身份认证数字证书，通过自身的注册审核体系，核实进行证书申请的用户身份和各项相关信息，使网上交易用户属性的客观真实性与证书的真实性一致。

CA 解决了公钥基础设施中公钥的合法性问题，它的建立对开放网络上的电子商务安全保障具有非常重要的意义。在电子支付中其主要作用表现在两方面：对外防止欺诈、对

内防止否认。防止欺诈就是防范交易当事人以外的人故意入侵而造成的安全威胁；防止否认，则是针对交易当事人之间可能产生的误解或抵赖而设置的，其目的是预防纠纷，降低风险。

认证中心具有以下特征：

（1）它是一个独立的法律实体，负有对用户资料保密和存储的法定义务，对未发出通知、通知有误、认证人虚假认证等承担相应的民事法律责任。

（2）它是一个具有中立性与可靠性的服务机构。

（3）它是用户数据电文的传递中心，被交易的当事人所接受。

（4）其营业的目的是提供安全、公正的交易环境。

一项完整安全的电子商务活动，必须要有 CA 的参与，CA 为每个使用公开密钥的用户发放一个数字证书。数字证书的作用是证明主体的身份，以及它与公钥的匹配关系。CA 的数字签名使得攻击者不能伪造和篡改证书，因此它是安全电子交易的核心环节。为了促进网上交易快速、良性的发展，在社会上必须建立起具有绝对权威性的认证中心，由电子商务参与方上网注册，加入已有的认证中心，这样 CA 就能够确保网上交易过程中各方的安全，从而高效地完成网上支付。

2. 认证中心的架构

CA 的角色至关重要，我们可以通过其具体架构内容，从不同的层面来理解 CA 认证体系。CA 架构包括 PKI 结构、高强度抗攻击的公开加解密算法、数字签名技术、身份认证技术、运行安全管理技术、可靠的信任责任体系等内容。

从实际的层次结构来看，CA 的角色可以分为认证中心（根 CA）、密钥管理中心（KMC）、认证下级中心（子 CA）、证书审批中心（RA）、证书审批受理点（RAT）等，如图 7-16 所示。

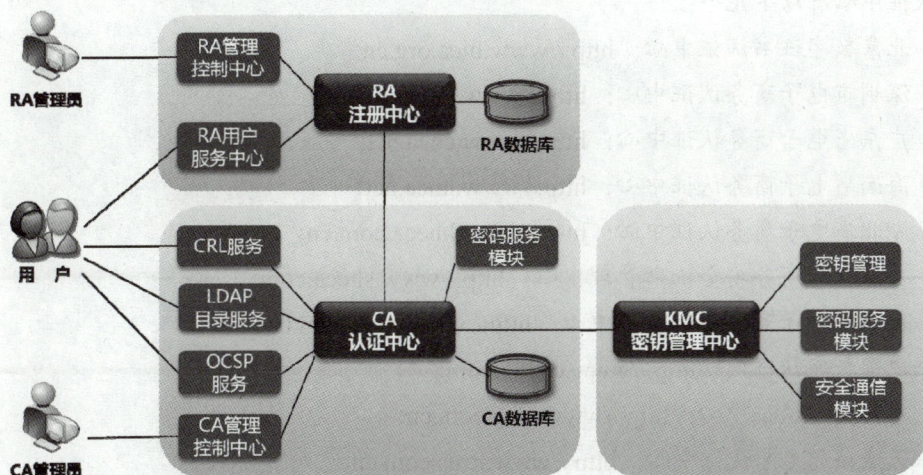

图 7-16　数字认证系统示例

从业务流程涉及领域的角色来看，可以分为认证机构、数字证书库和黑名单库、密钥托管处理系统、证书目录服务、证书审批和作废处理系统。

另外，CA 在安全审计、运行监控、容灾备份、事故快速反应等方面也有完善的实施措施，在身份认证、访问控制、防病毒防攻击等方面更有强大的工具支撑。

3. 国内外主要认证机构

（1）国外著名的认证机构。随着电子交易在全球的兴起，国内外已经建立了许多 CA 机构，目前世界最著名的 CA 机构是美国的 Verisign 公司。该公司成立于 1995 年 4 月，位于美国的加利福尼亚州。其中，世界 500 强企业中 93% 的企业的网上业务，特别是网上支付业务都采用了 Verisign 的认证服务。

当前，Verisign 公司的数字证书产品是市场上最完整的、支持最多应用和最多设备的数字证书产品，主要包括 SSL 证书和代码签名证书。

（2）国内著名的认证机构。北京数字证书认证中心（BJCA）成立于 2001 年 2 月，是经北京市政府批准成立的数字证书认证机构，旨在为北京乃至全国用户提供高品质信息安全服务，创造安全可信的网络环境。BJCA 是当前国内提供网络安全认证服务的重要力量之一。

中国金融认证中心是国内唯一一家能够全面支持电子商务安全支付业务的第三方网上专业服务机构。

另外，国内的 CA 认证机构还包括上海电子商务安全证书管理中心、广东省电子商务认证中心等一些区域认证机构。

💡 提 示

我国还有其他一些省市和企业也在建设自己的电子商务认证中心，当前比较知名的认证中心有以下几个。

北京数字证书认证中心：http://www.bica.org.cn;

深圳市电子商务认证中心：http://www.szca.gov.cn;

广东省电子商务认证中心：http://www.cnca.net;

海南省电子商务认证中心：http://www.hnca.net;

湖北省电子商务认证中心：http://www.hbeca.com.cn;

上海电子商务安全证书管理中心：http://www.sheca.com;

山西省电子商务安全认证中心：http://www.sxca.com.cn;

中国数字认证网：http://www.ca365.com;

中国金融认证中心：http://www.cfca.com.cn;

天威诚信 CA 认证中心：http://www.itrus.com.cn.

（二）认证中心的职能

认证中心是一个负责发放和管理数字证书的权威机构。CA 认证的重要工具是认证中心为网上交易主体颁发的数字证书，因此 CA 的功能主要围绕数字证书展开。认证中心通常采用多层次的分级结构，上级认证中心负责签发和管理下级认证中心的证书，最下级的认证中心直接面向最终用户。认证中心的功能一般包括证书的颁发、证书的更新、证书的查询、证书的作废、证书的归档等。

1. 生成密钥对及证书

CA 向交易各方颁发证书，必须生成公钥加密体制中自己的密钥对，并对私钥进行有效保护，以便数字签名使用。作为自成体系的、封闭的 CA 系统，CA 必须生成自己的根密钥对，并在此基础上生成自己的根证书，如此才可以为各级子 CA 及客户生成证书。

2. 证书的颁发

证书颁发即 CA 向申请者颁发证书的过程，CA 一般都要经过一套严格的身份认证流程，对其真实的身份进行认证、备案，以确信核实信息由其发送而来，然后 CA 对包含用户公钥及其他相关信息的证书使用自己的私钥进行签名并最终颁发给用户。导致 CA 发布新证书的情况如下：

（1）初始化注册/认证。首次签发基于公钥密码体制的数字证书，并将证书返回给终端实体和公共资料库。

（2）证书更新。证书具有时效，当证书有效期满则需要重新发布证书。

（3）证书作废。当证书因某种原因作废时（如密钥对更新、私钥泄露等），需要重新发布证书。

（4）CA 密钥对更新。基于安全的考虑，CA 对密钥对也会定期更新。

3. 证书的查询

证书的查询分为对证书申请的查询和对用户证书状态及相关信息的查询两个部分。其中对证书申请的查询是指 CA 根据用户的查询请求，返回该用户的数字证书申请的处理过程，查询数字证书的申请情况；对证书状态及相关信息的查询则由目录服务器来完成。

4. 证书的撤销

证书的撤销一般分为两种情况：一是用户申请撤销时，CA 会根据用户的请求确定是否将该证书撤销；另一种是数字证书已经过了有效期限，CA 会自动将该证书作废。

撤销证书的实现方法有多种：一种方法是利用周期性的发布机制，如证书撤销列表（CRL）；另一种方法是在线查询机制，如在线证书状态协议（Online Certificate Status Protocol，OCSP）。

一般地，在下列非常事件发生时，必须进行证书的撤销处理：① 持有者的私钥泄露；② 持有者要求作废证书；③ 持有者的工作性质变化；④ 持有者消亡；⑤ 持有者身份标识错误。

申请证书撤销的请求可以向 CA 提出也可以向 RA 提出。环境允许时，经授权的管理者也可以撤销终端实体的证书。CA 如何发布作废证书的机制是一个非常重要的问题。撤销信息更新和发布的频率将严重影响使用证书的交易系统的安全性。

5. 证书的归档

作废的证书不能随便丢弃。因为有些时候可能会遇到需要验证以前某个交易过程中产生的数字签名等情况，所以 CA 会将作废证书和作废密钥进行归档，以便日后查询。

6. 密钥生存周期管理

（1）密钥更新。证书、密钥对都有一定的有效期限，期限到期后就需要更新；而当用户的私钥泄露时，则必须更换密钥对及证书；另外，随着计算能力与技术的发展，密钥长度也必须相应地增长，这也要求及时更换密钥对。

（2）密钥存档。密钥或数字证书更新后，需要将更新前的密钥、证书归档，否则企业中那些用以前的密钥加密的历史数据就会变得无法读取，会造成历史记录的丢失，并使得责任无可追溯。

（3）密钥备份与恢复。用户常常忘记保护其私钥的口令或因各种原因而丢失密钥，系统可提供备份与恢复解密密钥的机制。值得强调的是，密钥备份与恢复只能针对解密密钥，签名私钥不能够作备份。

7. 制定相关规范

CA 的运作必须符合认证运作规范。认证运作规范（Certification Practice Statement，CPS）是关于认证机构在全部数字证书服务生命周期中的业务实践（如签发、吊销、更新）所遵循规范的详细描述和声明。

在 CPS 中，提供了相关业务、法律和技术方面的细节。它涉及 CA 的运营范围、遵循标准、证书生命周期管理、CA 的运作管理、安全管理、CRL 管理等全部范围。

8. 保证证书的安全

CA 需要对数字证书服务器的安全采取相应保护措施，例如，由于 CA 要与互联网相连，所以 CA 在网络安全防护上也要采取严密的措施以防止病毒、非授权访问和恶意攻击。为了确保 7×24 小时的不中断服务，系统必须采取高冗余度的配置，要求部署灾难备份中心。

五、中国金融认证中心（CFCA）

中国金融认证中心（China Financial Certification Authority，CFCA）于 2000 年 6 月 29 日挂牌成立，是经中国人民银行和国家信息安全管理机构批准成立的国家级权威的安全认证机构，是重要的国家金融信息安全基础设施之一。中国金融认证中心的网站界面如图 7-17 所示。

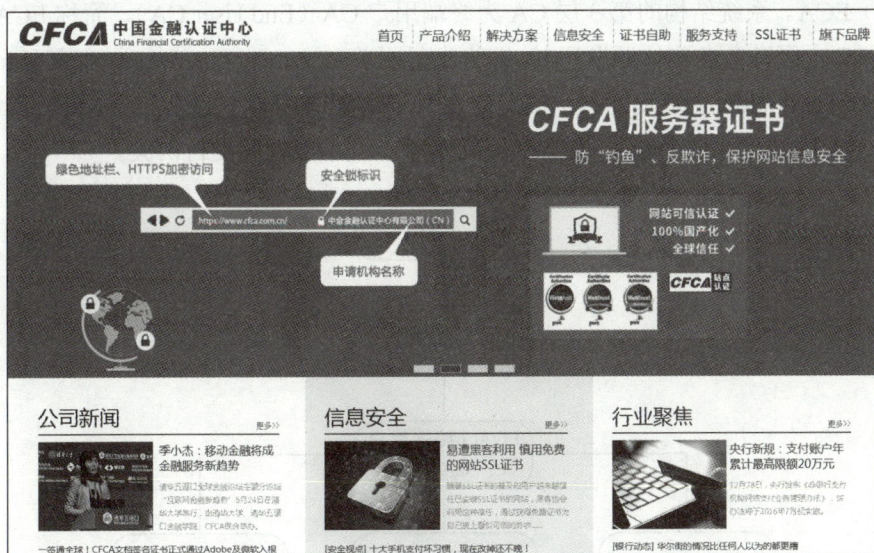

图 7-17　中国金融认证中心的网站界面

CFCA 由中国人民银行负责统一规划管理，目前有中国工商银行、中国银行、中国农业银行、中国建设银行等八十九家商业银行作为合作伙伴。在管理分工上，中国人民银行负责管理根认证中心 CFCA，并负责审批、认证统一的品牌认证中心。

品牌认证中心则由成员银行接受中国人民银行的委托建设、运行和管理，建立对最终持卡人、商业用户和支付网关认证证书的审批、管理和认证等工作。CFCA 主要服务于金融领域，目前许多大型商业、企业都是其用户。

（一）CFCA 的结构

中国金融认证中心为了满足金融业在电子商务方面的多种需求，采用 PKI 技术，建立了 SET CA 和 Non-SET CA 两套系统，提供多种证书来支持各成员银行相关电子商务的应用开发及证书的使用。在业务模式上，CFCA 全面支持电子商务的两种主要业务模式（即 B2B 和 B2C）。SET CA 主要用于电子商务中的 B2C 业务模式的身份认证；而 Non-SET CA 则可同时支持 B2B 和 B2C 两种业务模式的身份认证。

1. SET CA 系统

SET CA 系统是为在网上购物时用银行卡来进行结算的业务而建立的。SET CA 系统为 3 层结构，第 1 层为根 CA（简称 RCA）；第 2 层为品牌 CA（简称 BCA）；第 3 层为终端用户 CA（简称 ECA）。SET CA 的系统结构如图 7-18 所示。

（1）RCA。系统结构的第 1 层为根 CA，简称 RCA。RCA 的职责是：负责制定和审批 CA 的总政策；签发并管理第 2 层 CA 证书；与其他根 CA 进行交叉认证。

（2）BCA。BCA 为各个商业银行所发放的不同信用卡品牌发放证书。它的职责是：根据 RCA 的规定，制定具体政策、管理制度及运行规范；签发第 3 层证书并进行证书管理。

（3）ECA。系统结构的第 3 层 CA 为终端用户 CA（End User CA），简称 ECA。ECA 为参与 SET 电子商务各实体颁发证书，即为支付网关（Payment Gateway）、商家（Merchant）及持卡人（Cardholder）签发证书。签发这 3 种证书的对应 CA 为 PCA、MCA 及 CCA。签发证书的目标是面向持卡人、发卡银行、商家、收单银行和支付网关。

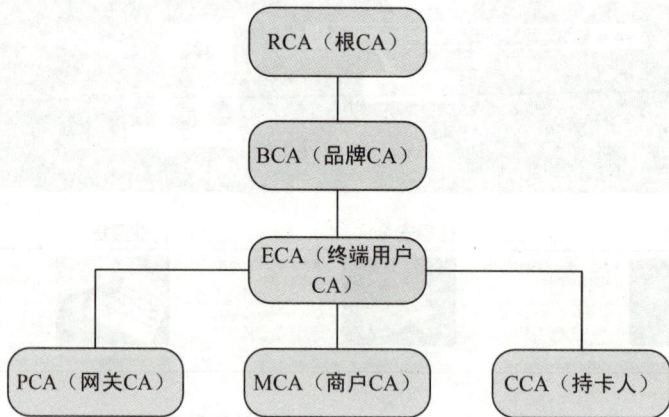

图 7-18　SET CA 的系统结构图

SET 协议使用 PKI 加密技术能提供信息的机密性，保证支付的完整性，验证支付网关、商家和持卡人的真实身份。SET CA 对其所签发的持卡人、商家和支付网关 3 种证书具有完善的证书管理功能。

2．Non-SET CA 系统

Non-SET 体系也被称为 PKI CA 系统，其服务宗旨是向各种用户颁发不同类型的数字证书，以金融行业的可信赖性及权威性支持中国电子商务、网上银行业务及其他安全管理业务的应用。

Non-SET 对于业务应用的范围没有严格的定义，结合电子商务具体的、实际的应用，根据每个应用的风险程度不同，可把证书分为低风险值和高风险值两类，即个人/普通证书和高级/企业级证书，以支持 B2C 和 B2B 模式的应用。

Non-SET CA 系统分为 3 层结构，第 1 层为根 CA（Root CA），第 2 层为政策 CA（Policy CA），第 3 层为运营 CA（Operation CA），如图 7-19 所示。针对运营的业务的不同，在运营 CA 层中分别有普通证书、高级证书、设备相关的证书。Non-SET CA 签发的各种证书，其主要目标是支持广泛的电子商务应用模式、网上安全银行应用模式、网上证券及电子政务等广泛的应用。

3．RA 系统

RA（Registration Authority，数字证书注册中心）是 CA 的延伸，同样也是 CA 的组成部分。RA 分为本地 RA 和远程 RA。本地 RA 审批有关 CA 一级的证书、接收远程 RA 提交的已审批的资料。远程 RA 根据商业银行的管理体系可分为 3 级结构，即总行—分行—受理点。

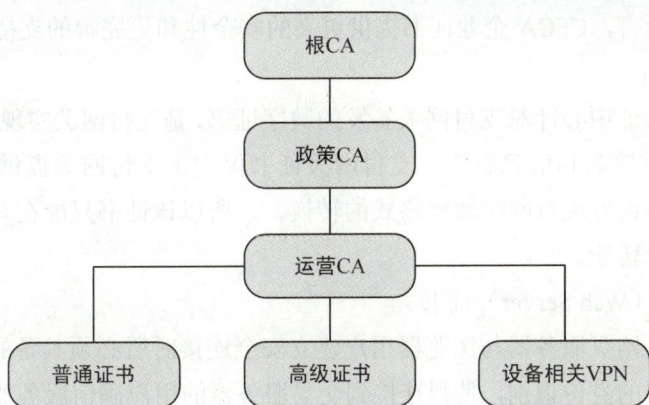

图 7-19　Non-SET CA 的系统结构图

（二）CFCA 的证书

作为国内金融业在电子商务方面最重要的认证中心，CFCA 采用 PKI 技术为基础的数字证书技术，提供多种数字证书及信息安全服务。

我国于 2005 年 4 月 1 日正式颁布实施《电子签名法》，从法律上确认了电子签名的法律效力。因此，由 CFCA 颁发的 CA 证书，必要的时候可作为具有法律效力的证据。

1. CFCA 证书的分类

目前 CFCA 在各个行业领域有广泛的使用，下面就其应用进行介绍。

（1）个人证书

个人证书也称客户数字证书。它符合 X.509 协议，面向个人用户，在网上信息传递过程中提供身份验证、信息加密和数字签名等功能，用于个人网上安全交易操作，如合同签订、订单、录入审核、操作权限、支付信息等活动。

根据 X.509 协议，CFCA 个人证书中包含了用户身份信息（如身份证号码）、公钥信息、证书有效期等。个人证书的使用需要结合到具体的应用平台中。比如，在银行申请网上转账服务，需要在指定行先申请个人证书；网上银行的服务器端安装服务器证书，用户端安装一张个人证书；进行网上转账时，网银系统会对证书有效性进行检查，只有双方证书都有效，才能建立安全传输通道。CFCA 为保证安全性，为个人证书设置了有效期，一般为两年；个人证书到期时，需重新进行申请。

（2）企业或机构证书

CFCA 企业证书面向企业用户，在网上信息传递过程中提供身份验证、信息加密和数字签名等功能，主要用于企业在电子商务、电子政务应用中进行合同签订、网上支付、行政审批、网上办公等各类活动。在 SET 中，企业可以持有一个或多个数字证书。

与个人证书不同的是，企业证书中除了公钥信息、证书有效期外，还包含了企业的一些重要的信息，比如企业身份信息（如企业营业执照号）、企业法人、企业注册资金等，相对于个人证书而言，CFCA 企业证书提供更高的安全性和更完善的支持服务。

（3）网关证书

网关证书是认证中心针对支付网关签发的数字证书，是支付网关实现数据加/解密的主要工具，用于数字签名和信息解密。支付网关证书仅用于支付网关提供的服务（Internet 上各种安全协议与银行现有网络数据格式的转换），所以该证书只能在有效状态下使用，通常不可被申请者转让。

（4）服务器（Web Server）证书

服务器证书是网页服务器与浏览器用户建立安全连接时所必须具备的证书，主要用于对网站交易服务器的身份识别，使得连接到交易服务器的用户确信服务器的真实身份。服务器证书中包含服务器信息和服务器的公钥，证书主要颁发给 Web 站点或其他需要安全鉴别的服务器。申请证书时只需将服务器产生的证书申请数据包提交给 CFCA 证书下载中心即可。按照 CFCA 证书申请和下载的流程，CFCA 下载中心将返回证书应答，即可将证书装载到交易服务器中。

利用服务器证书的加密机制将用户浏览器和交易服务器之间传输的信息进行加密。加密后的信息只有对应的服务器才能解密。

（5）安全电子邮件证书

安全电子邮件证书用于安全电子邮件或向需要客户验证的服务器表明身份，可以确保邮件的真实性和保密性。在使用时，需要在 Outlook、Foxmail 等邮件客户端软件上安装并设置申请好的 CFCA 电子邮件证书。

（6）手机证书

随着移动互联网的快速发展，移动银行、移动证券、移动购物等各种形式的移动商务及服务的需求快速增加，但无线模拟与数字信号传输仍是不安全的，无线数据通道可能受到攻击，需要解决其安全问题。

CFCA 手机证书支持无线 PKI 机制，提供基于 WAP 和短信息等方式的手机证书。由于手机终端采用的平台和技术具有较大的差异等原因，CFCA 手机证书支持多种应用模式，提出针对性解决方案。

（7）软件证书（代码签名证书）与设备证书（VPN 证书）

代码签名证书包含了软件提供者的身份信息及其公钥，主要用于证明软件发布者所发行的软件代码来源于一个真实软件发布者，可以有效防止软件代码被篡改；VPN 是 Virtual Private Network，即虚拟专用网的缩写。VPN 的接入需要专业的 VPN 设备，CFCA 对于 VPN 设备提供了设备证书。设备证书保证数据的安全合法，包括保证 VPN 设备的真实性，保证接入端的合法登录，保证信息传递的私密性。

2. CFCA 证书的等级

在证书业务中，CFCA 会根据客户的需要提供不同等级的数字证书，即根据证书的等级、证书的政策等向其提供不同的服务。CFCA 在向企业和个人提供的数字证书中就分别设置了高级证书和普通证书两种类型的证书，两种类型的证书在安全级别和适用范围上各不相同。

（1）高级证书：适用于企业或个人进行较大金额的网上交易，安全级别高。

（2）普通证书：适用于企业或个人较小金额的网上交易，安全级别低。

在认证机构框架范围内，一般存在着多种或多个认证机构，每个机构都支持一种或多种程度的安全服务，通常证书的等级与认证机构所承担的责任范围有极大关联。

（三）CFCA 的功能

CFCA 采用目前国内外先进技术，按照国际通用标准开发建设，能够提供具有世界先进水平认证中心的全部服务，以满足不同客户的需求。它具有对 CA 系统的管理功能、对 CA 自身密钥的管理功能及对用户证书的管理功能。具体表现如下：

（1）实体鉴别与验证。通过 CFCA 签发的数字证书为电子交易的各方提供了合法的身份，从而有效解决了交易双方的互信问题。

（2）保证电子交易中数据的真实性和完整性。

（3）支持不可否认性。CFCA 高级证书中使用了一套专门用来进行签名/验证的密钥对来支持电子交易过程中的不可否认性。

（4）密钥历史记录。CFCA 能无缝地管理密钥历史记录，并能检索以前加密的数据。

（5）密钥的备份与恢复。CFCA 可根据客户的需要为其提供密钥托管服务，备份和管理客户的加密密钥对。同时，CA 中心也有一套备份库，避免密钥数据库的意外毁坏而无法恢复客户密钥。

（6）密钥的自动更新。CFCA 的 Non-SET 系统能实现完全透明、自动的密钥更换及新证书的分发。

（7）CRL 查询。CRL 查询即证书作废止列表查询，用于检查用户的证书是否已经作废。

（8）时间戳。CFCA 还支持时间戳功能，确保所有用户的时间一致。

（9）交叉认证。CFCA 的 Non-SET 系统中所采用的网络信任域（认证中心所能认证的用户范围）模型，使得单位除了可完全控制自己的信息域之外，也可以通过接纳其他单位而扩充自己的信任域。

六、安全协议

安全是网上交易和电子支付活动的基石，然而在开放性的网络环境中进行信息传输却存在严重的安全隐患。在网络中，计算机与计算机之间的交流通过 TCP/IP 协议来达成。IP 地址是一个 32 位的地址，可以在 TCP/IP 网络中唯一地指明一台主机。在信息传输时，每一个 IP 数据报文都是单独的信息，从一台主机传达到另外一台主机。而 TCP 只负责将信息切割成封包进行信息传输，若遗失就重发。所以 TCP/IP 环境下的信息传输根本没有安全性可言，其他人使用软件即可一目了然地看到这些信息，这种开放式的构造使得 IP 层受到黑客攻击后很容易泄露私密信息。

为了确保在任何 IP 网络上拥有安全的私密通信，必须基于 TCP/IP 协议制定一套开放标准下的网络安全协议，将密码技术和认证技术应用到 IP 网络层，以提供传送、接收端做数据的认证、加密、存取控制及机密性等安全服务，最后满足网络应用的安全需求。

安全协议，也被称为密码协议，是以密码学为基础的消息交换协议，其目的是在网络环境中为传送和接受端提供各种安全服务。从前面的知识中我们可以认识到，加密是信息安全的基础，但信息安全不能单纯依靠对信息加密。我们还需要通过安全协议进行实体之间的认证，在实体之间安全地分配密钥或其他各种秘密、确认发送和接收的消息的不可否认性等。

在保护电子商务活动的安全控制体系中，IP 层即为网络服务层，加上加密技术层、安全认证层、安全协议层、应用系统层等，共同构筑了确保电子商务系统全面安全的安全技术体系，如图 7-20 所示。从图中的层次结构我们可以看出，下层是上层的基础，为上层提供技术支持；上层是下层的拓展与递进。各层次之间相互依赖、相互关联构成统一的整体。各层通过控制技术的递进，实现电子商务系统的安全。

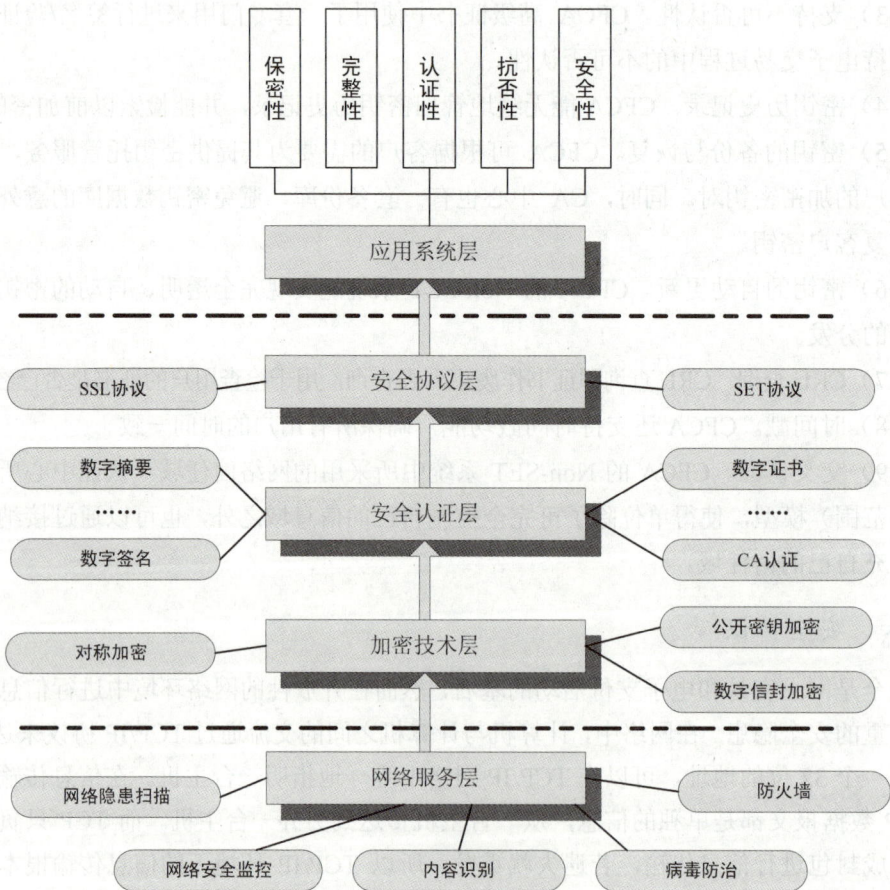

图 7-20 电子商务安全技术体系

其中，安全协议层是加密技术层和安全认证层的综合运用与完善。近年来，针对电子交易安全的要求，IT业界与金融行业一起推出了不少有效的安全交易标准，主要有安全超文本传输协议（S-HTTP）、"安全套接层"协议、安全电子交易协议等。其中，SSL协议和SET协议是两个典型协议。

（一）SSL安全协议

1. SSL协议概述

由于Web上有时要传输重要或敏感的数据，因此Netscape（网景）公司在1994年推出Web浏览器首版的同时，研究制订出了基于Web应用的安全协议，即SSL（Secure Sockets Layer，安全套接层）协议。SSL协议当前版本为3.0，它已被广泛地用于Web浏览器与服务器之间的身份认证和加密数据传输。

SSL协议的目标是通过在浏览器软件和WWW服务器上建立一条安全通道，保证SSL链路上数据的完整性和保密性，从而实现在Internet中传输保密文件。该协议可在服务器和客户机两端同时实现支持，其服务有服务器认证和客户认证（可选）两种。

SSL协议是建立在TCP/IP协议之上的，它可以为应用层协议和TCP/IP层协议之间提供数据安全性。SSL协议在应用层通信之前就已经完成加密算法、通信密钥的协商，以及服务器认证工作，在此之后，应用层协议所传送的数据都被加密。目前，利用X.509的数字证书技术的SSL协议已经成为Internet上保密通信的工业标准，主要适用于点对点之间的信息传输。现行Web浏览器普遍将HTTP和SSL相结合，从而实现安全通信。目前SSL协议有2.0和3.0两个版本。

2. SSL协议的结构

SSL协议实际上是由共同工作的两层协议组成的，如图7-21所示。它主要包括两个子协议：SSL记录协议和SSL握手协议，其中记录协议层位于握手协议层的下一层。从结构图上我们可以看出，SSL协议实际上是SSL握手协议、SSL修改密文协议、SSL警告协议和SSL记录协议组成的一个协议簇。

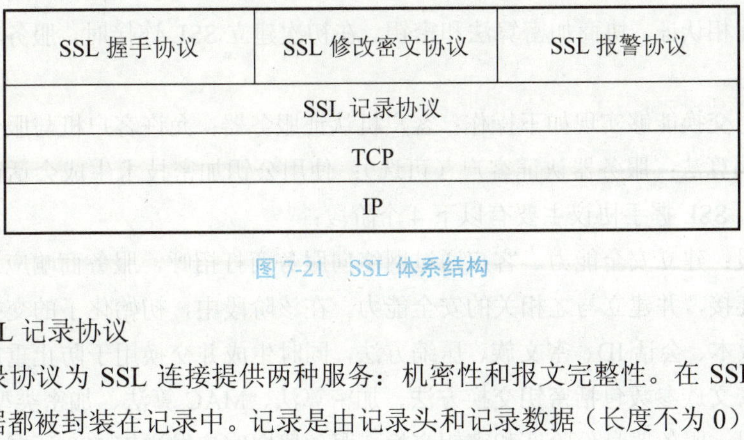

SSL握手协议	SSL修改密文协议	SSL报警协议
SSL记录协议		
TCP		
IP		

图7-21　SSL体系结构

（1）SSL记录协议

SSL记录协议为SSL连接提供两种服务：机密性和报文完整性。在SSL协议中，所有的传输数据都被封装在记录中。记录是由记录头和记录数据（长度不为0）组成的。SSL

213

记录协议定义了要传输数据的格式，它位于传输协议之上（如 TCP），用于各种更高层协议（握手协议、报警协议、修改密文协议）的封装，主要完成分组和组合、压缩和解压缩，以及消息认证和加密等。SSL 记录协议的内容主要包括记录头和记录数据格式的规定。

SSL 记录协议主要操作流程如下：

① 分段。每个上层应用数据被分成 214 B 或更小的数据块。记录中包含类型、版本号、长度和数据字段。

② 压缩。压缩是可选的，并且是无损压缩，压缩后内容长度的增加不能超过 1024 B。

③ 在明文数据或压缩数据上计算消息认证 MAC。计算公式为：MAC 数据=Hash［密钥，实际数据，粘贴数据，序号］。当会话的客户端发送数据时，密钥是客户的写密钥（服务器用读密钥来验证 MAC 数据）；当会话的客户端接收数据时，密钥是客户的读密钥（服务器用写密钥来生成 MAC 数据）。序号是一个可以被发送和接收双方递增的计数器。每个通信方向都会建立一对计数器，分别为发送者和接收者所有。计数器有 32 位，计数值循环使用，每发送一个记录，计数值递增一次，序号的初始值为 0。

④ 对明文数据或压缩数据及 MAC 进行加密。

⑤ 增加 SSL 记录头。

在 SSL 协议传输过程中，所有的传输数据都被封装在记录中，记录的具体格式如图 7-22 所示。

内容类型	主要版本	次要版本	压缩长度
明文（压缩可选）			
MAC（0，16 或 20 位）			

图 7-22　SSL 记录协议具体格式

（2）SSL 握手协议

SSL 握手协议被封装在记录协议中，该协议允许服务器与客户机在应用程序传输和接收数据之前互相认证、协商加密算法和密钥。在初次建立 SSL 连接时，服务器与客户机交换一系列消息。

这些消息交换能够实现如下操作：客户机认证服务器；允许客户机与服务器选择双方都支持的密码算法；服务器认证客户（可选）；使用公钥加密技术生成会话密钥；建立加密 SSL 连接。SSL 握手协议主要有以下 4 个阶段：

第 1 阶段：建立安全能力。客户通过网络向服务商打招呼，服务商响应。该阶段用来初始化逻辑连接，并建立与之相关的安全能力。在该阶段中，初始化了的交换的安全属性包括：协议版本、会话 ID、密文族、压缩方法，同时生成并交换用于防止重放攻击的随机数。同时，密文族参数包括密钥交换方法、加密算法、MAC 算法、加密类型等内容。

第 2 阶段：服务器身份验证和密钥交换。服务器向客户发送 X.509 证书开始与客户协商双方认可的密钥。一般选用 RSA 密码算法。有的还需要验证客户的可信度。

第 3 阶段：客户机验证和密钥交换。客户机验证服务器证书完成与服务器间的密钥协商。客户与服务商间产生彼此交谈的会话密钥。

第 4 阶段：结束。该阶段客户与服务商之间相互交换结束信息，完成安全连接的建立。

当上述动作完成后，双方就可以使用协商产生的会话密钥，即使盗窃者在网络上取得加密信息，由于没有掌握产生密文的加密算法也不能获得可用信息。

（3）SSL 修改密文协议

为了保障 SSL 传输过程的安全性，客户端和服务器双方应该每隔一段时间改变加密规范，所以有了 SSL 修改密文协议。SSL 修改密文协议是 3 个高层的特定协议之一，也是其中最简单的一个。在客服端和服务器完成握手协议之后，它需要向对方发送相关消息（该消息只包含一个值为 1 的单字节），通知对方随后的数据将用刚刚协商的密码规范算法和关联的密钥处理，并负责协调本方模块按照协商的算法和密钥工作。

（4）SSL 报警协议

SSL 报警协议用来为对等实体传递 SSL 的相关警告。如果在通信过程中某一方发现任何异常，就需要给对方发送一条警示消息通告。警示消息有两种：① Fatal 错误，如传递数据过程中发现错误的 MAC，双方就需要立即中断会话，同时消除自己缓冲区相应的会话记录；② Warning 消息，这种情况，通信双方通常都只是记录日志，而对通信过程不造成任何影响。

3．SSL 协议的工作原理

SSL 协议的系统框架较为简单，当其应用于电子商务交易和支付中时，一般只涉及消费者的客户端、网上商家的服务器、相关银行的服务器及 CA 认证中心 4 个参与方。在支付时，消费者的客户端不是直接同银行服务器建立连接的，而是将信息发送给商家服务器，再由商家转发给银行服务器，在此过程中商家服务器不仅可以读取交易订单信息，还可以阅读消费者的支付信息，如信用卡账号和密码。消费者客户端和商家服务器之间、商家服务器和银行服务器之间在传输机密信息时，都会通过 SSL 协议建立安全通道。

在 SSL 协议下，4 个参与方两两之间都可能建立 SSL 安全连接。任何两方建立安全连接时，都可以将一方看成客户端，而将另一方看成服务器端。因此，SSL 协议建立安全连接的工作原理可以简单地用"客户端-服务器"模型来表示，如图 7-23 所示。

SSL 的工作流程大体分为 5 个阶段。

（1）申请建立会话。① 客户端将自己的 SSL 版本号、数字证书及其他双方会话所需信息发送给服务器，向服务器申请 SSL 会话；② 服务器将自己的 SSL 版本号、数字证书及其他双方会话所需信息发送给客户端，向客户端申请 SSL 会话；③ 客户端利用服务器发送的数字证书等信息，对服务器的身份进行验证。如验证不能通过，客户端被告知有问题发生，SSL 会话无法建立；如验证通过，则客户端进行下一步操作。与此类似，服务器也执行相同的操作。

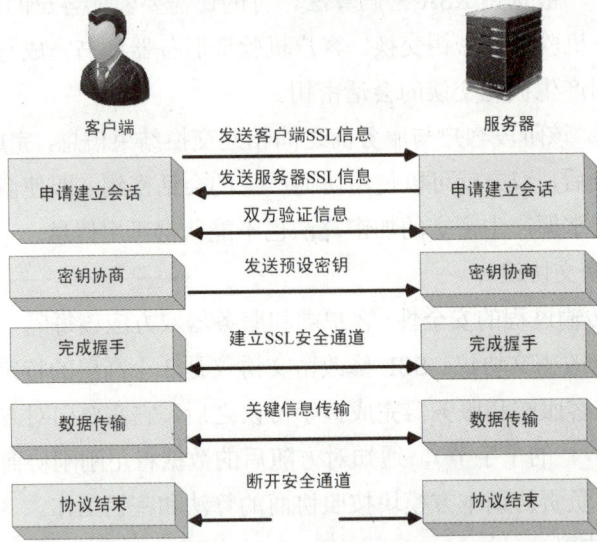

图 7-23　SSL 协议的工作原理图

（2）密钥协商：① 客户端随机创建一个字符串（称为预设密钥），用服务器数字证书中提供的公钥对其加密并发送给服务器；② 服务器用自己的私钥解密得到预设密钥，然后客户端和服务器分别对预设密钥进行一系列相同的处理,得到相同的会话密钥,在 SSL 协议接下来进行的信息传输过程中，就是利用这个会话密钥来进行信息加密和数据完整性验证的。会话密钥是私有密钥，所以效率较高。

（3）完成握手。生产会话密钥后，客户端和服务器会通知对方自己接下来发送的信息将用会话密钥进行加密。此时，双方的握手完成，SSL 安全通道建立成功。

（4）数据传输。双方可通过安全通道相互传输信息，如支付过程中的信用卡号、密码、电子单据、电子现金等。

（5）协议结束。数据传输完毕后，安全通道将会被断开，会话密钥也会被丢弃。此时，SSL 协议的工作基本结束。再一次进行信息传输需要重新开始以上过程。

4．SSL 协议的应用

SSL 协议是国际上最早应用于电子商务的一种网络安全协议，它根据邮购的原理进行了部分改进，至今仍然有许多网络商店在使用。SSL 协议运行的基础是商家对客户信息保密的承诺，但在前面讲到的 SSL 协议的工作流程中我们注意到，SSL 协议有利于商家而不利于客户。客户的信息首先传到商家，商家阅读后再转到银行，这样客户资料对于商家是完全透明的。

在网上交易活动中，商家认证客户是必要的，但整个过程中缺少了客户对商家的认证。起初，在电子商务中进行网络交易的都是大公司，信誉较好，然而随着电子商务的普及，数量庞大的中、小公司加入到网上交易中后，对厂商的认证问题越来越突出，SSL 协议的缺点就暴露出来了。

SSL 协议提供的保密连接还有一个很大的漏洞。SSL 协议除了传输过程以外不能提供任何安全保证，特别是在使用信用卡进行电子支付时，SSL 协议并不能使客户确信此公司接收的信用卡支付是得到授权的。在 Internet 上，网上商店发生欺诈行为要比现实中高很多；再者，信用账户在某些情况下可不经输入支付密码进行透支消费，一个网上商店如果在收到客户的信用卡信息后没有好好保护，那么这些信息也很容易泄露并为不法分子所盗用。

（二）SET 安全协议

1. SET 协议的概念

安全电子交易（Secure Electronic Transaction，SET）协议是由美国 VISA 国际组织（第一大信用卡国际组织）和万事达组织（第二大信用卡国际组织）会同一些计算机供应商在 1997 年 5 月联合推出的。SET 协议是一种基于消息流的协议，主要是为了解决用户、商家和银行之间通过信用卡支付的交易而设计的，以保证支付信息的机密、支付过程的安全、商家及持卡人的合法身份及可操作性。目前，SET 协议已经获得了普遍认可，成为事实上的工业标准。

SET 协议规定了交易各方进行安全交易的具体流程。SET 协议 1.0 主要由 SET 业务描述、SET 程序设计规范和 SET 协议描述 3 个部分组成。具体来说，SET 安全协议对电子支付活动有如下作用：

（1）对支付和订购信息加密：防止数据被黑客或内部人员窃取。

（2）对电子商务参与者信息相互隔离：客户的资料加密或打包后通过商家到达银行，但是商家不能看到客户的账户和密码信息。

（3）进行多方认证：不仅对消费者的信用卡认证，而且对商家的信誉度认证，以及消费者、在线商店与银行间的相互认证。

（4）实时交易：使所有在线支付过程实时、高效。

（5）跨平台操作：规范协议和消息格式，促使不同厂商开发的软件具有兼容性和互操作功能，并可运行在不同的硬件和操作系统平台上。

SET 协议是 PKI 体系下的一个典型实现，同时也在不断升级和完善，SET 1.0 已被广泛地运用到银行的信用卡支付服务中，而 SET 2.0 则支持借记卡电子交易。

2. SET 协议的相关方

SET 协议的相关方主要有持卡消费者、在线商店、收单银行、支付网关、支付银行或电子货币发行公司、认证中心等几个相关方。

（1）持卡消费者。在电子交易中，持卡客户通过计算机访问电子商城，购买商品。为了在电子商务环境中安全地进行支付操作，持卡客户需要安装一套基于 SET 标准的软件（通常嵌入在浏览器中），并使用由发卡行发行的支付卡，而且需要从认证中心获取自己的数字签名证书。

（2）在线商店。在电子交易中，商家利用自己的网站向客户提供商品或服务，具备相应电子货币使用的条件。

（3）收单银行。收单银行为每一个在线商店建立一个账户，且通过支付网关处理消费者和在线商店之间的交易付款问题。收单行不属于安全电子商务的直接组成部分，但它是授权交易与付款结算操作的主要参与者。

（4）支付网关。支付网关是收单银行或指定的第三方运行的一套设备。它主要负责处理支付卡的授权和支付，同时，它要能够同收单银行的交易处理主机通信，并从 CA 获取相应证书。

（5）发卡银行。发卡银行是指电子货币（如智能卡、电子现金、电子钱包）发行公司，以及某些兼有电子货币发行的银行，由它们负责处理智能卡的审核和支付工作。

（6）认证中心。负责对交易对方的身份确认，对厂商的信誉度和消费者的支付手段进行认证。

3. SET 协议的原理

（1）SET 支付的工作流程

SET 协议主要有以下几个工作流程，如图 7-24 所示。

① 用户向在线商店发送购货单和一份经过签名、加密的信托书（包括支付指令、订单信息等）。信托书中的信用卡号是经过加密的，在线商店的商家无从得知。

② 在线商店把信托书传送到收单银行，收单银行可以解密信用卡号，并通过认证验证签名。

③ 收单银行向发卡银行查问，确认用户信用卡是否属实。

④ 发卡银行认可并签证该笔交易。

⑤ 收单银行认可在线商店的请求并签证此交易。

⑥ 交易成功，在线商店向用户发送商品和收据，在线商店向收单银行索款。

⑦ 收单银行按合同将货款划给在线商店，发卡银行向用户定期寄去信用卡消费账单。

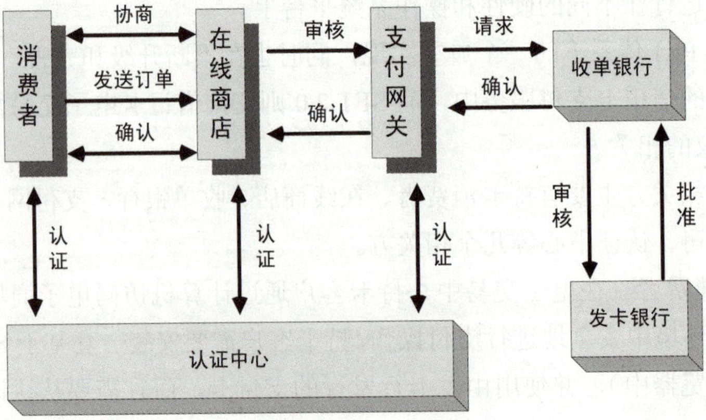

图 7-24　SET 协议中的工作流程

SET 协议的工作流程与实际的购物流程非常接近，使得电子商务可以很容易与传统商务融合，用户使用体验较好。从消费者进入在线商店到账户资金的转移，所有这些都是通过 Internet 完成的。如何保证网上传输数据的安全和交易双方的身份确认是电子支付能否得到推广的关键，这正是 SET 所要解决的最主要的问题。

在上述的处理过程中，通信协议、请求信息的格式、数据类型的定义等，SET 都有明确的规定。在操作的每一步，持卡人、商家和支付网关都通过 CA 来验证通信主体的身份，以确保通信的对方不是冒名顶替。

（2）SET 支付安全性分析

SET 是保护互联网的支付卡付款的产业标准。它提供信息完整性、所有参与者的认证及机密信息的加密。SET 使用对称密码、公钥密码、数字签名和单向散列函数等密码技术来向电子商务提供安全保障。SET 协议的安全性主要体现在以下方面：

① 认证。在用户身份认证方面，SET 引入了数字证书和证书管理机构机制。在 SET 中，证书记录用户的公共密钥和其他身份信息。其中最主要的证书是持卡人证书和在线商店证书。持卡人证书实际上是支付卡的一种电子化表示，由金融机构以数字签名形式签发，不能随意更改。持卡人证书使用单向哈希算法，根据账号、截止日期生成密钥。在线商店证书用来表示可接受何种卡来进行商业结算，也由金融机构签发，不能随意更改。

在 SET 环境中，一个在线商店至少应有一对证书。一个在线商店也可以有多对证书，表示它与多个银行有合作关系，可以接受多种付款方法。除了持卡人证书和在线商店证书以外，还有支付网关证书、银行证书、发卡机构证书。

② 数据完整性。SET 使用了多种方式来保证数据完整性。一种是利用数字签名，另一种是通信双方共享一个密钥，发送者可以用它对支付消息摘要加密或者计算带密钥的消息认证码，并把该认证码跟支付消息一起发送。接收者接收到支付消息后，重新计算带密钥的认证码并与接收到的认证码比较，则可证实完整性。

③ 支付消息的保密性。SET 使用数字信封技术保护支付信息的安全。SET 是一种基于消息流在互联网上实现安全电子交易的协议，消息首先以 56 位 DES 密钥加密，再装入使用 1 024 位 RSA 公钥加密的数字信封，然后在通信双方中间传输。数字信封技术同样能验证支付信息的完整性，这在前面的知识点介绍过，在此不再赘述。

SET 协议的不足之处在于协议复杂，据了解，在一个典型的 SET 交易过程中，需验证数字证书 9 次，验证数字签名 6 次；需传送证书 7 次，进行 5 次签名、4 次对称加密和 4 次公开密钥加密；整个交易过程可能会花费 2 分多钟。除此之外，SET 协议中，虽然用户账号不会明文传递，但在实际应用中，大多数在线商店都收到了持卡人的账号，所以用户账号泄露问题仍然存在。

4. SET 与 SSL 协议的比较

事实上，SET 和 SSL 除了都采用 RSA 公钥算法以外，两者在其他技术方面没有任何相似之处。而 RSA 在两者中也被用来实现不同的安全目标。SET 定义了银行、商家、持卡消费者之间必需的信息传输规范，与此同时 SSL 只是简单地在两方建立了安全连接。

SSL 是面向连接的，需要实时响应，而 SET 允许各方之间的消息交换不是实时的。SET 协议下的信息传输能够在银行内部网或其他网络上传输，而 SSL 之上的信用卡支付系统只能与 Web 浏览器捆绑在一起。SET 与 SSL 相比具有如下优点：

（1）SET 为在线商店提供了保护自己的手段，使在线商店免受欺诈的困扰。

（2）对消费者而言，SET 保证了在线商店的合法性，并且用户的支付信息很难被窃取，SET 替消费者保守了更多秘密使其在线购物更为轻松。

（3）对银行和发卡机构及各种信用卡组织来说，因为 SET 帮助它们将业务扩展到 Internet 这个广阔的空间，从而使得信用卡网上支付具有更低的欺骗概率，这使得它比其他支付方式具有更大的竞争力。

（4）SET 对于参与交易的各方定义了互操作接口，一个系统可以由不同厂商的产品构筑。

综上所述，在电子商务过程中采用何种安全电子交易的协议是非常重要的，既要考虑安全性问题，也要考虑实现过程的复杂程度和建设网站的成本。因此，发展电子商务需要根据实际情况，在保证安全的前提下节省成本，以促进我国的网络贸易的快速发展。

任务实施

建行二代网银盾是具有液晶屏幕显示和物理按键确认的新一代网上银行 USB Key 安全产品，它实现了更安全的电子签名应用，可有效防范木马病毒攻击，实物如图 7-25 所示。

图 7-25　建行二代网银盾产品

步骤 1▶　用 IE 浏览器登录中国建设银行网站首页（http://www.ccb.com），单击页面左上方"个人网上银行登录"按钮下方的"下载中心"按钮，进入下载页面，找到并单击个人客户 E 路护航网银安全组件（已包含二代网银盾驱动）的下载链接，如图 7-26 所示，将安全组件下载至电脑。

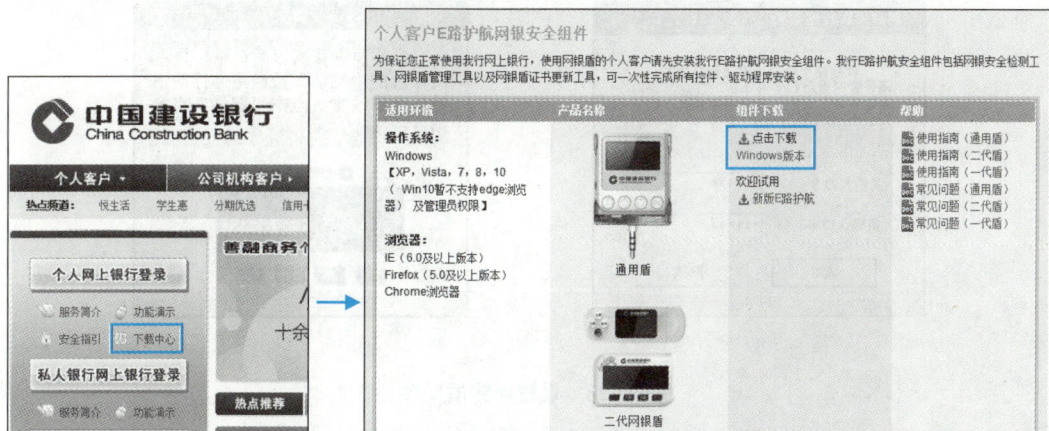

图 7-26　下载建行二代网银盾 E 路护航网银安全组件

步骤 2▶　双击下载好的网银安全组件程序，进入安装界面，并根据提示完成安装。此时，在桌面上会出现"中国建设银行 E 路护航网银安全检测工具"的快捷图标，单击该快捷图标即可使用安全组件的相关功能。

步骤 3▶　将数据线的一端连接上二代网银盾，并将数据线的另一端连接到电脑的 USB 接口，如图 7-27 所示。

图 7-27　将二代网银盾连接到电脑 USB 接口

步骤 4▶　将二代网银盾连接至电脑后，如果是初次使用，电脑屏幕中会弹出修改默认口令的提示，输入口令，并单击"确定"按钮，如图 7-28（a）所示。随后会弹出对话框，提示客户"您将要设置网银盾口令，点击网银盾的"确定"按键将进行网银盾口令的设置；点击"取消"按键将撤销此次操作"，如图 7-28（b）所示。点击二代网银盾上的"确定"按键，完成二代网银盾的口令设置。

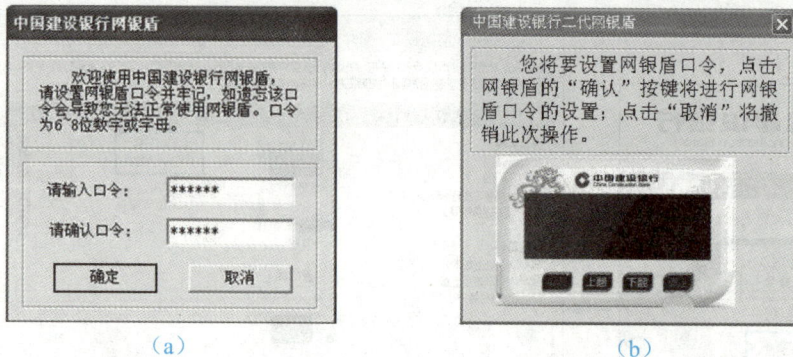

（a）　　　　　　　　　　　　　　（b）

图 7-28　设置网银盾口令

步骤 5▶　设置完二代网银盾口令后，如果没有使用过建行网上银行，还需要进行首次登录设置。方法为：登录建设银行网站，在首页左侧单击"个人网上银行登录"按钮，在打开的页面中单击"设置登录密码"按钮，再在随后出现的页面中逐步完成设置。

步骤 6▶　用二代网银盾进行网上支付交易时，首先会通过交易网站进入建行网银登录页面，填写登录信息后，进入支付页面，确认信息无误后，单击"支付"按钮，如图 7-29 所示。

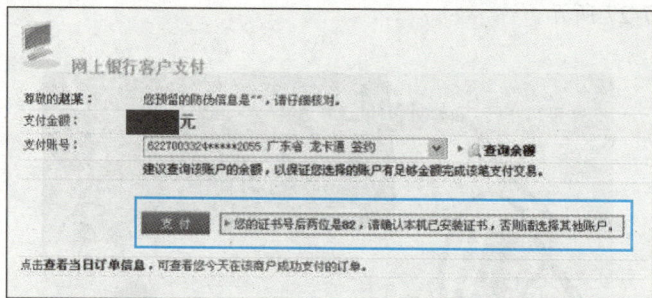

图 7-29　建行网银支付页面

步骤 7▶　在弹出的对话框中输入网银盾口令，如图 7-30 所示。

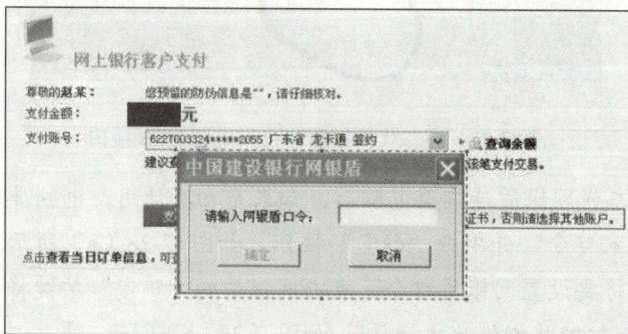

图 7-30　输入网银盾口令

步骤8▶　网银盾口令验证通过后，电脑网银页面将弹出对话框，提示客户仔细核对网银盾屏幕中显示的交易信息与实际交易信息是否一致。网银盾屏幕中会显示商户名称、支付金额、订单号等交易信息，如图 7-31 所示。

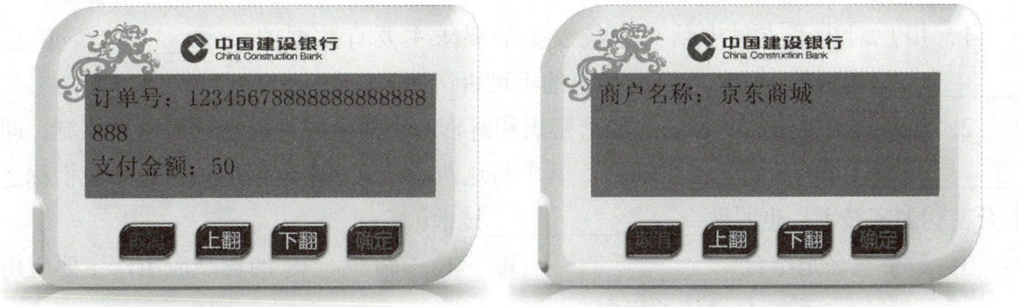

图 7-31　网银盾屏幕中显示的交易信息

步骤9▶　利用"上翻"和"下翻"按键仔细核对网银盾屏幕中显示的信息，如果与实际交易信息一致，则点击网银盾上的"确定"按键，电脑网银页面会出现"付款成功！"字样。如果交易信息有误或想终止交易，请点击网银盾上的"取消"按键。

项目小结

为消费者提供与现实交易支付一样的操作体验，是电子交易和电子支付得以快速发展和普及的重要推动力。从携程网的案例来看，携程网为信用卡用户提供了无需输入密码的便捷电子支付功能，给网站用户带来了极高的用户体验，然而携程网的泄密事件表明，用户、银行、商家之间的支付信息传递、消费过程中用户身份的认证仍然面临较多的安全威胁。在网络环境下，电子支付的便捷性和安全性是矛盾的，所以为了保障电子支付的快速发展，必须建立起一套完整的网络安全体系基础设施和一种有针对性的安全机制，不断完善加密技术和认证机制。

针对以上问题，本项目介绍了电子支付对网络信息安全的 5 个主要需求，详细地介绍了满足这些安全需求的加密技术、数字证书技术、身份认证技术、PKI 及认证中心、安全协议等安全技术和相关知识。在这些技术的作用下，网络交易中出现的支付风险得以大大降低：① 建立了安全的信息通信通道，传输的数据经过加密处理后不会以明文散播到互联网上；② 建立了消费者和商家的互信，保证了数字身份的操作权限与真实身份匹配。

项目习题

一、填空题

1. 用户对电子支付中信息系统安全的要求主要有数据的_____、信息的_____、身份的_____、信息的不可否认性等。

2. 加密技术根据加密算法、加密密钥和解密密钥的异同可以划分为两大体制，即：_____和_____。其中将这两者结合起来运用的加密技术我们称之为混合密钥加密技术，也叫做_____技术。

3. 数字签名是结合_____和_____的典型应用，主要应用在_____和交易通信过程中。

4. PKI 就是计算机软硬件、权威机构、操作策略及应用系统的综合，它们共同完成创建、_____、保存、_____和_____数字证书的功能，透明地为网络用户提供加密和数字签名所必需的_____和_____管理。

二、选择题

1. 目前，数字证书一般采用的标准格式是（　　）。
   A．X.509 V2　　　　　　　　　B．X.500
   C．X.509 V3　　　　　　　　　D．X.509 V0

2. 以下选项中，不属于网上身份认证技术的基本方式或其组织方式的是（　　）。
   A．基于口令信息　　　　　　　B．基于物理证件
   C．基于生物特征　　　　　　　D．基于电子邮件

3. 认证中心在电子支付中的主要作用表现在两方面，即（　　）。
   A．提供身份证明，保证资金安全
   B．明确交易权限，保管支付密码
   C．对外防止欺诈，对内防止否认
   D．监督交易流程，防止冒名顶替

4. 以下选项中，哪种证书只能在有效状态下使用？（　　）。
   A．个人证书　　　　　　　　　B．企业或机构证书
   C．网关证书　　　　　　　　　D．服务器证书

5. SET 协议和 SSL 协议都采用的加密算法是（　　）。
   A．IDEA 算法　　　　　　　　B．DES 算法
   C．RSA 算法　　　　　　　　D．AES 算法

三、简答题

1. 身份认证技术有哪些分类？具体工具有哪些？基于 USB Key 的身份认证系统主要有哪两种应用模式？

2. CFCA 主要有哪些功能？CFCA 证书的种类及用途有哪些？

3. SET 协议对电子支付有哪些作用？

项目实训 注册、获取与使用 MyCA 数字证书

MyCA 数字证书中心（http://www.myca.cn）可以免费提供个人证书下载，其提供的证书服务是试用、学习性质的 CA 服务。MyCA 提供的 CA 数字证书可以用于客户端验证和安全电子邮件，且没有使用时间的限制。下面，我们通过注册、获取与使用 MyCA 电子邮件数字证书，来学习数字证书的一般申请与使用过程。

一、注册并获取 MyCA 数字证书

（1）用 IE 浏览器登录 MyCA 数字证书中心网站（http://www.myca.cn），根据提示注册通过电子邮件认证的数字证书，如图 7-32 所示。

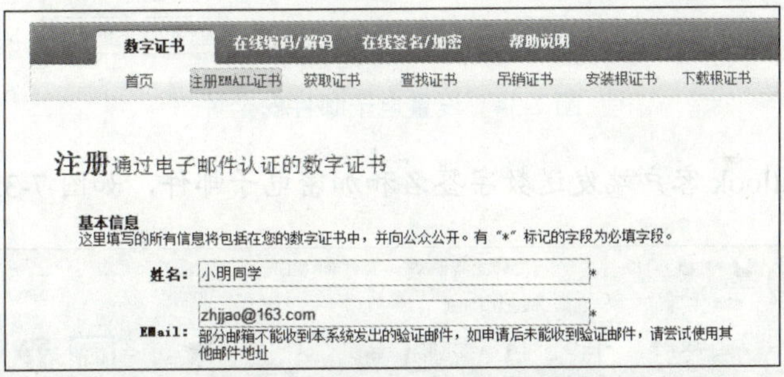

图 7-32 注册通过电子邮件认证的数字证书

（2）提交注册申请后，注册邮箱会收到一封电子邮件，根据邮件所提供的链接进入获取证书页面，输入邮件中提供的身份识别码，按提示获取并安装证书，如图 7-33 所示。

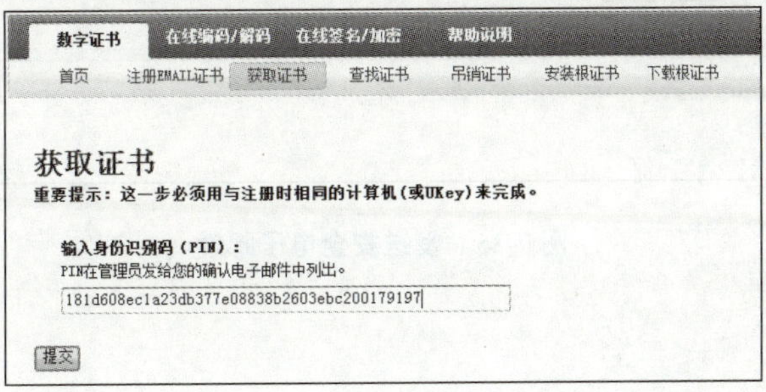

图 7-33 输入身份识别码获取个人数字证书

二、使用 MyCA 数字证书

根据网站介绍的方法使用 MyCA 数字证书，通过 Outlook 客户端发送安全的签名或加密电子邮件。

（1）为 Outlook 客户端进行电子邮件安全性设置，如图 7-34 所示。

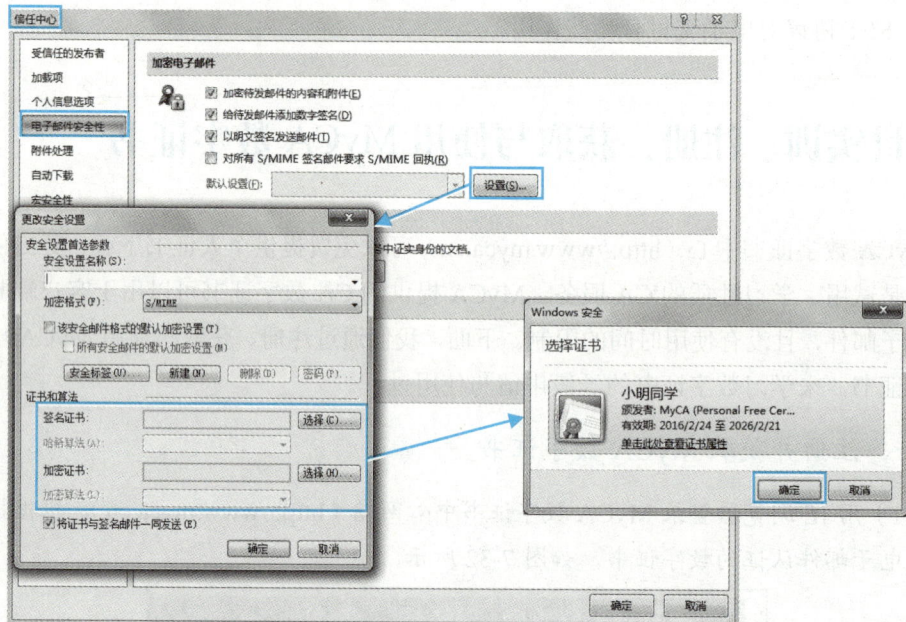

图 7-34　设置电子邮件安全性

（2）利用 Outlook 客户端发送数字签名和加密电子邮件，如图 7-35 所示。

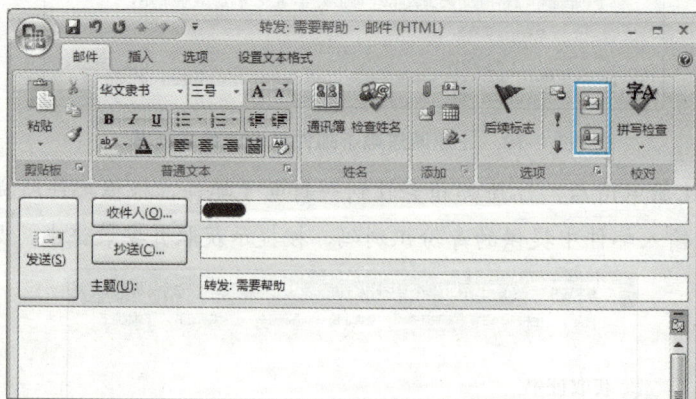

图 7-35　发送安全电子邮件

226

项目八 电子支付安全管理

学习目标

★ 了解电子支付面临的安全问题；

★ 了解法律层面上的电子支付安全保障知识；

★ 了解常见电子支付相关法律的适用范围及主要内容。

引导案例　珠海黑客团队盗取千万支付账户

2015 年 4 月中旬，有群众报警称，其银行卡未离身，但卡上的资金连续被盗。珠海网警顺藤摸瓜查出一个特大网络盗窃犯罪团伙。该团伙利用网站漏洞窃取各类用户资料，根据网民密码同一性的特点（比如有人为了方便记忆，将各个平台的账号密码设置相同，这样只要获得了一个登录密码，比如邮箱密码，那么其他密码，包括银行卡、支付账号等瞬间也同时破解）。通过碰撞比对，获取受害人网络支付账号密码，之后实施网络盗窃套现。

珠海警方随即展开连续抓捕行动，快速侦破这起利用黑客手段盗取网络资金的特大案件，查获该团伙可使用的支付宝、财付通、京东和 PayPal 等各类支付账户（含密码）达 1 000 多万个，可盗取资金约 10 亿元。

警方提醒：保护自己的网络支付密码不仅仅是将密码藏起来，还不能与其他密码雷同，遇到银行卡资金异常要及时修改自己的其他有关联的支付账号密码，并拨打 110 报警。

除此之外，不明来历的图片、链接或者网站不要随意点击，防止电脑和手机被植入木马病毒；互联网重点领域的平台单位要按要求采取措施，加强信息系统保护，保障公民个人信息安全。

警方进一步提醒，群众也要进一步提高安全意识，尤其在网上购物、电子支付等涉及个人利益的环节上，更要引起高度警惕，以防被偷被骗。此外，警方强调，网络攻击、入侵计算机信息系统并窃取、利用及贩卖电子数据的行为是严重的违法犯罪行为。

犯罪分子能够获取如此巨量的消费者账号信息，一方面说明网络本身存在很多的安全隐患；另一方面也说明我们的消费者网络安全意识非常薄弱。这就需要我们不光学会从技术上保障电子支付的安全，还要加强网络安全意识和法律知识的学习。

任务一　了解电子支付的潜在危险

任务描述

　　国庆节期间，张小华正在网上查找特色的饭馆，准备晚上和同学一起去搓一顿。正当他在浏览一家美食网站的内容时，网页上弹出一条消息。消息称，张小华是当天进入网站的第 1 000 名网友，幸运地赢得了一次到某某高级餐厅免费用餐的机会。张小华看着弹出窗口中的高级餐厅豪华图片不禁欣喜若狂。

　　跟随页面的引导，张小华注册成为网站会员后还要在网站上消费任意 1 元钱才能获得领奖机会。兴奋中的张小华觉得 1 元钱和一顿豪华大餐没有可比性，很快就通过网站上的链接使用电子支付方式支付了 1 元钱。但是一分钟后，手机上发来的银行短信内容却让他大吃一惊：他的银行卡刚刚消费了 2 000 多元。他这时才反应过来，原来自己上当受骗了。

　　这次受骗的主要原因是由于张小华对电子支付的安全隐患没有清晰的认识，本任务就带领大家了解一下电子支付中的潜在危险，加强大家的安全防范意识。

相关知识

一、影响电子支付安全的因素

　　随着 Internet 和电子商务的不断发展，以数字化和网络化为基础的在线支付模式越来越被消费者所认可，大多数人已经习惯于在电子商务中选择电子支付作为支付结算方式。

　　然而，在参与群不断壮大和互联网产业链不断做大、做强的同时，电子支付安全问题也不断见诸报端。例如，在某个网络消费旺季，针对工商银行的钓鱼网站（见图 8-1）在短短 3 天内就增加了 40 多个；某地黑客团伙利用网站漏洞盗取了一千万个电子支付账号；某某计算机病毒又开始肆虐威胁电子支付安全；等等。此外，针对移动支付安全及第三方支付安全的威胁也在与日俱增。

图 8-1　钓鱼网站威胁

　　当前，人们对于电子商务安全的担忧日渐凸显，如何发现和解决这些问题迫在眉睫，而首当其冲的便是电子支付的安全问题。要避免电子支付的安全受到威胁，首先必须弄清楚一系列可能触发电子支付安全风险的因素。归集起来，主要有以下几点。

1. 网络硬件的不安全因素

　　影响电子支付正常运作的网络硬件方面的不安全因素主要有网络非法终端对网上信息的搭线窃听，通过通信线路注入非法信息进行技术渗透和非法入侵，电磁泄露及线路干扰，等等。这些因素影响到银行交易服务器的运作，便于黑客对系统资源进行非法使用、破坏和获取，窃取口令仿冒网上用户的身份，窃取用户支付信息。通过这些干扰所进行的网络攻击一般都具有较强的隐秘性，一般用户会很难发现，并且可以利用网络迅速传播，因此具有较大破坏性。另外，系统硬件设计和布局的先天缺陷也有可能造成漏洞，导致使用者的密码被窃取。

2. 网络软件的不安全因素

　　目前的电子支付大部分依然通过计算机在互联网上完成，因此计算机本身的系统安全至关重要。以广泛使用的 Windows 操作系统为例，操作系统自身体系结构不安全是形成目前电子支付不安全因素的主要原因之一。

　　任何操作系统都不可能穷尽所有的漏洞而做到完全防范安全风险的发生（见图 8-2）。正因为各方面导致的先天不足，系统制造商便会发布"补丁"去弥补这些开发时没有想到、但在用户使用过程中出现的问题。对于开发者而言，毕竟"天有不测风云"，风险的不可控性一直都将伴随软件开发的整个生命周期。

　　然而，这也就注定了操作系统无法弥补的缺陷——对威胁反应的滞后性，只有当漏洞对一部分用户带来损失时，其漏洞才能被发现和堵住。因此，使用操作系统的消费者在进行网上支付时不得不随时面临大大小小的安全威胁。

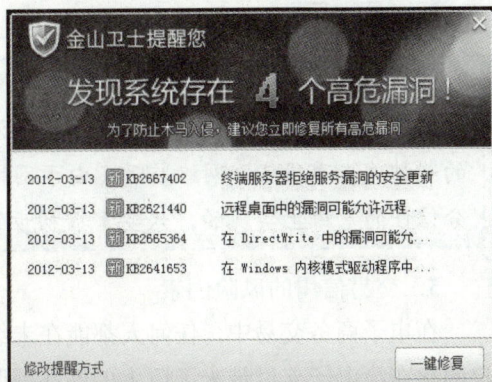

图 8-2　系统漏洞提示

　　此外，操作系统的某些功能也可能诱发电子支付的安全隐患。例如：支持网络共享和远程服务等功能，能让其他用户在网络上直接访问和执行计算机上的程序和功能，这给用户带来方便的同时，对电子支付信息安全问题的威胁也非同小可。

3. 管理不当导致的不安全因素

　　目前，加大对网络和系统的管理，提高人对安全问题的防范意识是阻止电子支付安全问题发生的重要手段。然而很多企业、机构甚至个人都缺乏对自身安全信息的保护和监管。有关数据显示，我国 90% 的 IT 企业对黑客的攻击防备不足，大部分企业在数据权限授予和管理时混乱，没有完备的管理人员进入和退出机制；人们在现实生活中对自己的身份、账户、密码等隐私信息保护的重视力度不够，导致信息泄露引发电子支付安全问题的案例也时有发生。在这样的情形下，电子支付问题频频映入眼帘也算意料之中的事了。

4. 黑客的攻击

由于缺乏对互联网犯罪的有效追踪和反击，导致黑客攻击（见图 8-3）的杀伤力往往具有极强的摧毁性和极好的隐蔽性。目前互联网上有超过 20 万黑客网站，其成立目的便是为黑客与黑客间搭建一个技术交流、热门攻击工具分享的平台，其攻击方法达到上千种之多，让人防不胜防，这给网络安全，特别是有关支付信息的传送安全带来巨大安全隐患。

例如，某些恶意邮件可能携带病毒，一旦点击将触发监控、拦截等功能。用户在使用计算机时必须时刻注意各种不可见的安全威胁，提高自身安全意识，防患于未然。

图 8-3　网络黑客

提　示

在网络上，黑客常用的网络侵入手段有计算机病毒、口令破解、拒绝服务攻击（用超出被攻击目标处理能力的海量数据包消耗可用系统、带宽资源，致使网络服务瘫痪的一种攻击手段）、网络监听（由于网络中许多协议都是在基于一种非常友好的、充分信任的基础上实现的，只要掌握初步的 TCP/IP 协议就可以轻松监听）几种。

5. 交易信用的风险因素

在电子商务交易中，任何人都能在未经实名认证的情况下进行网上交易，因此虚拟客户的存在给电子支付带来了巨大的潜在威胁。虚假信息会带来一系列潜在危险。

当用户进入交易系统后，双方都有可能发布虚假的供求信息，或以过期的信息冒充现在信息，以骗取对方的钱款或货物。低信用的买方可能恶意透支或使用伪造的信用卡，给卖家造成一定风险；低信用的卖家可能会发给买家低劣质量的商品，或者不能完全履行与买方的合同，造成买方的风险。

另外也还会存在网络欺诈的行为。在电子支付的过程中，双方的信息极容易被删改，因此很难作为证据来证明网络欺诈行为。交易信用的风险体现在以下几个过程中：

① 进行电子支付的过程中：现在有许多欺诈案例都发生于进行网上付款时，不良商家可能会给用户发送虚假付款链接，窃取消费者账户内余额，或者要求消费者重复付款，造成财产的损失。

② 完成电子交付过程后：有形货物的交付过程会引发一些特殊的问题。物流可能给

商品带来的折旧；商品发送的延迟；卖家发出的商品质量不符造成的退货、退款问题。

③ 虚拟的交易市场可能会给消费者带来维权难的问题，现在的售后商品评价引发了一系列问题，如买家随意给差评或卖家骚扰买家威胁其给好评。

6. 法律方面的风险因素

由于电子支付还属于一个新兴事物，致使有关法律法规还无法完善，会遭致许多不法分子趁虚而入。目前制约电子支付发展的立法问题主要包括：谁来发行电子货币；如何进行网络银行的资格认定；怎样监管网络银行的业务等。目前中国在电子商务方面，有关的政策不够明朗化，相应的法律法规、标准还都没有建立，跨部门、跨地区的协调存在较大的问题，这使得消费者的权益无法得到更好的保障。

因此，政府应该积极完善相关法律，给电子支付的发展提供更好的社会法律环境。消费者在电子支付过程中遭受权益侵害时也应该积极运用法律武器维护自己的权利。

二、电子支付面临的安全问题

当前人们对于电子支付的担忧仍然大量存在，这折射出在电子支付发展中还存在着缺陷，人们对电子支付安全的心理准备还不充分的问题。较为实际地说，从目前电子支付的发展水平和出现的电子支付安全问题的案例来看，现有的网上支付安全技术和手段已经比较成熟，绝大部分电子支付安全事件更多的是由于消费者缺乏必要的安全防范意识和技能所致。所以，认识电子支付常见的安全问题，了解产生这些问题的原因，可以有效地增进消费者的防范意识与管理，避免受到网络攻击的侵害。

（一）电子支付的安全问题

1. 信息的截获和窃取

在电子支付活动中，交易各方之间传输的信息往往涉及个人、企业、政府的商业机密和密码，这些敏感信息的泄露，小则导致资金被盗，例如不法分子窃取别人的信用卡账号密码来进行网上消费；大则有可能给企业带来灭顶之灾，例如中断企业重要的订单交易，有可能给企业带来难以承受的损失。

当前，越来越多的支付结算行为在网上进行，如果不注意加强安全保护措施和安全管理，那么，非法的攻击者就非常有可能窃取诸如用户的个人隐私信息、银行账号和密码及企业的商业机密等信息，严重威胁电子支付的安全性，这是人们现阶段对电子支付的主要担忧所在。

2. 信息的篡改

电子商务简化了交易过程，同时也使得维护交易各方之间的机密信息变得困难起来。电子支付实际上就是数字化的信息交换过程，网络中传输的数字信息如支付金额、收款账号等信息可能被有意无意地篡改，从而导致支付信息的完整性遭到破坏。

攻击者将伪造的假消息注入系统、假冒合法人介入系统、重放截获的合法消息或篡改支付指令的内容以实现非法牟取私利的目的。在无防护的网上支付过程中，非法侵入攻击者可以修改支付信息中的付款银行卡号、支付金额、收款人账号、支付指令序列、延迟或重放支付指令等。

例如，进行电子支付时，消费者给网上银行发出支付申请："支付商家（甲方）十万元"。支付申请在互联网传输的过程中被不法分子截获，将甲方的名字篡改为自己的名字，这样网上银行收到的申请就变成了"支付商家（不法分子）十万元"，其结果是不法分子得到了银行划拨的资金。

3. 交易者身份的识别问题

在传统支付方式中，交易双方往往是面对面的，这样很容易确认对方的身份。即使不熟悉对方，也可以通过签名、印章、证书等一系列有形的身份凭证来确认对方身份。然而在网上交易中，双方在整个交易过程都可能不见一面。如果不采取特殊的识别、防护等安全措施，就非常容易引起假冒、诈骗等违法活动。

因此，对交易者的身份认定（见图8-4）就成了一个大难题，这也是人们对电子支付存有戒心的关键原因。电子支付中可能出现付款之后却拿不到卖方的货；或者是卖方发了货，却收不到买方的钱。

除此之外，在使用网上银行进行支付时，对于网上银行来说，怎样才能验证发出支付指令的客户是合法用户？对于客户来说，又该如何判断计算机屏幕上显示的网上银行支付中心不是黑客设计的钓鱼网站呢？这都是需要关注的身份识别问题。

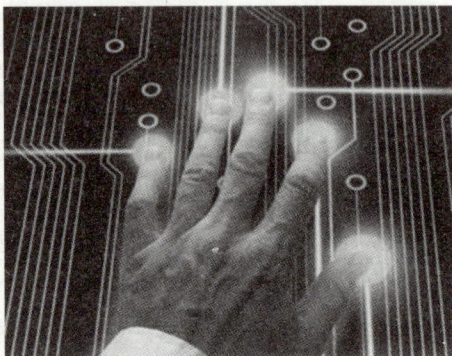

图8-4　身份认定

4. 交易抵赖

在交易中，有时候会存在交易方抵赖的风险，特别是当参与方发现某次交易对自己很不利的时候，往往会产生一种抵赖心理，企业否认自己曾经做过这次交易，或者对交易的部分内容进行抵赖。

在传统交易中，交易双方通过在交易合同、契约或支付凭据等书面文件上的手写签名或印章来预防抵赖行为的发生。而在电子支付的过程中，所有的过程都是电子化、数字化的，也无法确知交易对象的真实身份，这给防止交易抵赖带来了难度。

在电子支付领域还有很多安全问题，不是哪个用户或者哪个企业就能够将其完善的，必须依靠参与其中的每个人的共同努力：支付平台和电子银行要严打技术关，用安全技术为每个用户编制一张坚实的安全网；用户须时刻注意自身信息安全，防患于未然，提高自身参与电子支付的防患意识，不让不法分子有可乘之机；除此之外，我国政府，特别是关于互联网安全监管部门，还应不断完善电子支付的各项法律法规，建立和完善各种认证标准，提高标准的国际化水准，做到和国际接轨，建立切实可行的互联网安全监督管理机制，最终让广大网民和参与电子支付的企业能够放心、安心地参与到电子支付中来。

（二）出现安全问题的原因

虽然从表面上看，电子支付在支付形式上和传统支付有很大的不同，但同样是承载资金流，它们在根本上是一致的，那就是：资金流从银行出来，再回到银行。银行构成了电子支付的源流，现金流将会在电子支付的过程中路经多个"关卡"，实现它对一项电子商务活动的价值，然后完成使命回到银行。

资金流流经之处，也就是要完成电子支付的必须步骤，因此任何一个步骤都是保护电子支付安全的重点，所以弄清电子支付流程对电子支付安全至关重要。这里我们就以一次网上购物为例来看下电子支付的流程：

① 准备工作。要想完成电子支付，就必须携带有效身份证件到银行办理相应的支付结算工具，包括银行卡（账号和密码）、安全支付工具（K 包、K 令、手机动态验证等）。拥有一台连接互联网的电脑或手机，并完成银行支付结算工具的激活、支付平台账号注册等准备工作。

② 商品订购。登录正规购物平台完成商品查询、咨询并协商好价格，将商品拍下或放入购物车，提交订单等待支付。

③ 完成电子支付。客户登录后台，仔细检查订单商品和金额是否准确，检查完毕，把相关加密信息发送给支付网关，页面跳转至银行支付平台；此时，用户需要登录并验证自己的银行账号、密码、电子证书等信息，等待银行授权；在验证成功后，银行网关会通过机密通道，反馈支付请求，将款项划入第三方支付平台，并经由平台告知卖家支付成功，提醒其发货。

④ 后续工作。在卖家收到支付消息后，会完成后续工作，如发货；买家在收到商品后，需要进行收货确认。此时，第三方平台才会把款项划到卖家账户，保证了整个电子商务的安全和有序。

通过以上的分析，我们可以得出电子支付所涉及的范畴包括了物理介质（如银行账户、密码）、软件介质和管理方面等。如果其中的任何一项应用不当，都会起到牵一发而动全身的作用，给电子支付安全带来巨大风险。所以，从以上内容分析，出现电子支付安全问题的原因有以下几点。

1. 未能保护好银行账号与密码信息安全

如今的电子支付形式虽然多种多样，但大部分仍需要通过关联银行卡进行转账和支付。因此，由于个人银行卡账号和密码等信息泄露给电子支付安全带来的隐患不容小觑，我们甚至可以认为银行账号和密码等信息是电子支付的根本，如果不法分子拿到了这些信息，便可以顺藤摸瓜，伪造电子支付人的信息完成支付，而这种情况在现实生活中经常出现。

2. 电脑未进行操作系统相关安全配置，安全产品使用不当

我们可以看到，在进行电子支付的准备工作时，除了银行账号，还需要有一台电脑或手机，并从银行申请相关的安全支付工具。公用电脑或手机是使用电子支付最危险的地方，所以我们应尽量在安全的、私人的电脑或手机上进行支付活动；并且无论在何处使用电脑

或手机，我们都应该注意通过使用各种安全支付工具和产品来保护支付行为的安全。

3. 未注意识别网站真实性、轻信钓鱼网站

一般在网上进行购物都是通过登录相应的网上商店来完成的，很多"网络钓鱼"攻击者利用欺骗性的电子邮件和伪造的 Web 站点来进行诈骗活动，如将自己伪装成知名银行、在线零售商和信用卡公司等可信的品牌，受骗者往往会泄露自己的财务数据，如信用卡号、账户号和口令等。

4. 支付系统混乱不兼容

在完成支付这个环节，支付系统是关键，但每个网站使用的支付系统是不一样的。譬如，商家 A 通过支付系统 B 支付，商家 C 通过支付系统 D 支付，支付系统之间互不兼容，同时名称也五花八门，当消费者每次遇到不同的支付系统时都需要提供自己的密码和个人信息，这给账号安全带来极大的隐患。

同样，如果通过第三方平台进行支付，使用的平台越多，提供的信息就越多，只要在一个网站上密码和身份信息被破译、盗取，就会威胁所有其他平台和银行账号的安全。

5. 企业信息管理水平有限

在电子支付的后续工作中，第三方平台或网上商店对于客户信息的管理非常重要。许多企业技术人员的技术水平较低，不能完全胜任所承担的工作。同时企业对电子商务的管理也处于一个摸索的阶段，管理的水平不高，效率低下，非常容易造成客户信息的泄露。

任务实施

以老师对学生提问的形式展开。参照相关知识"出现安全问题的原因"中所提到的电子支付流程，以准备工作、商品订购、完成支付、后续工作 4 个阶段为背景，依次阐述每个阶段中我们可能遇到的电子支付潜在危险与应对办法。

问题一：在准备工作中，我们应当如何保管银行卡？保证密码信息安全有哪几个方面的内容？对于电脑和支付平台，我们应该注意哪些安全问题？

问题二：在商品订购中，我们如何识别钓鱼网站？在网购平台中，不同的支付方式（如快捷支付、信用卡支付、余额支付、储蓄卡支付）有哪些潜在风险？

问题三：在完成支付过程中，我们应该注意交易中的哪些信息内容以便保护我们的支付安全？

问题四：在后续工作中，我们自己或第三方支付平台有哪些措施可以保障我们的交易支付安全？

任务二　讨论如何处理网购欺诈

任务描述

李冬冬在浏览某网上商店时，看到一款价值5 000多元的橘子手机打折后只卖3 000元，广告内容中注明产品为全新正品，目前限时抢购、名额有限。李冬冬当时正想换一款橘子手机，从来也没有遇到过这样便宜的价格。当时李冬冬还对这个低价心存疑虑，于是在付款前与网站店主"Lee"沟通，"Lee"说是拿的通信公司的内部版本，质量没有问题，还给李冬冬发了几张实物和单据图片。

李冬冬付款后一个星期，收到了快递送来的橘子手机，但是使用后发现，手机有磨损，耳机也有很重的噪音，找人鉴定后发现原来是拼装的二手手机。等他再回头去找"Lee"交涉时，"Lee"却拒不认账。此时，李冬冬急得团团转，但是面对这种情况也是无可奈何。

接下来，本任务就带大家讨论一下，当我们遇到类似的网购欺诈事件时应该如何处理。

相关知识

一、电子支付带来的法律问题

在通过电子支付进行结算的网上交易过程中，买卖双方、客户与交易平台、客户与银行、交易平台与银行、银行与认证中心都将彼此发生业务关系，从而产生相应的法律关系。这样，围绕电子支付的在线商事行为关系到哪些法律问题，就成为我们保护电子支付安全所必须关注的内容。

1. 电子商务安全系统存在缺陷

按照现行法律的规定，重要商务文件（包括重要的合同、商业票据等）都须采用书面形式，否则不具有法律效力。但无纸化的电子商务以数据电子代替纸质媒介为信息载体，不采用传统的书面形式。以数据电文形式记载的交易信息是否真实、具有法律效力，需要予以明确。

除此之外，一些电子商务网站在安全体系上没有设防，很容易受到计算机病毒和网络黑客的攻击，一旦由于非人为的因素造成交易失败或者出现问题，双方就会发生法律纠纷。

2. 电子支付问题

当前，电子支付是通过虚拟银行的电子资金划拨来完成的，而实现这一过程涉及网络银行与网络交易客户之间的协议、网络银行与网站之间的合作协议中的法律关系及安全保障问题。因此，需要制定相应的法律，明确电子支付的当事人包括付款人、收款人和银行之间的法律关系，制定相关的电子支付制度，认可电子签名的合法性。同时还应出台对于电子支付数据的伪造、变造、更改、涂销问题的处理方法。

3. 电子合同问题

在传统支付活动中，商业交易的双方都要签订书面合同，以在对方失信不履约时作为凭证。而在线交易的情况下，合同的形式和内容都是通过电子化的形式存储于计算机硬盘或其他电子介质中。针对电子合同的特点，就要求我们必须研究制定新的关于合同法规或者研究如何规避电子合同应用中的风险。

4. 隐私权问题

计算机和网络技术的开放性、互动性，为人们获取、传递、复制信息提供了方便。由于网络中的信息源头和流向很难掌握，复制和窃取个人信息非常容易，而且不留痕迹，这就给不法分子以可乘之机，产生各种侵害公民、法人及其他民事主体隐私权益的行为。而在进行电子支付时，消费者均须向商家或银行提供大量个人隐私信息，如何保障这些信息的隐私权，也是法律所要研究的问题。

5. 各方的权利和义务问题

电子商务里各方之间的关系中，买卖双方的法律关系是重点。实质上，买卖双方的法律关系表现为双方当事人的权利与义务。买卖双方的权利与义务是对等的，卖方的义务就是买方的权力，反之亦然。

在电子商务条件下，卖方应承担的义务有：按照合同的规定提交标的物及单据；对标的物的权利承担担保义务；对标的物的质量承担担保义务。买方应承担的义务有：按照网络交易规定方式支付价款的义务；按照合同规定的时间、地点和方式接受标的物的义务；买方应当承担对标的物验收的义务。

二、电子支付相关法律法规

电子支付作为一种新兴的网络电子商务支付手段，它的成长不仅取决于计算机和网络技术的发展情况，在很大程度上还取决于政府如何为电子支付的发展提供一个良好的环境，其中最重要的一点就是在有关法律上给电子支付的各个方面予以确认和规范。

我国面对这种形势，已很务实地着手对现行有关法律进行了调整，以使传统的商务法律能与新型的电子支付活动相协调。

(一)《电子支付指引（第一号）》

2005 年 10 月 26 日，中国人民银行发布了《电子支付指引（第一号）》（以下简称《指引》），对银行从事电子支付业务提出了指导性要求，对规范和引导电子支付的发展提供了基础。

1. 制定《指引》的背景与意义

我国的电子支付发展非常迅猛，新兴电子支付工具层出不穷，电子支付交易量也不断攀高，现已成为我国零售支付体系的重要组成部分，这些都迫切要求我们就电子支付活动的业务规则、操作规范、交易认证方式、风险控制、参与各方的权利义务等进行规范，从而防范支付风险，维护电子支付交易参与者的合法权益，确保银行和客户资金的安全。

目前，我国电子支付业务仍处于探索阶段，本着在发展中规范，以规范促进发展的指导思想，人民银行决定先通过"指引"这种规范性文件的方式引导和规范电子支付行为，待条件成熟后再上升至相应的部门规章或法律法规。

《指引》的实施有利于规范电子支付活动推动网上银行业务和电子商务的健康有序的发展；有利于明确电子支付活动参与各方的权利义务，防范支付风险；有利于推动支付工具创新，提升支付服务质量；有利于防范和打击金融违法犯罪活动。

2. 《指引》的规范主体与应用

《指引》的规范主体主要是银行及接受其电子支付服务的客户。根据参与主体的不同，电子支付至少可以区分为几类：银行之间、银行与其客户之间及其他支付服务组织与其客户之间的电子支付。随着电子商务的发展，作为银行向客户提供的新型金融服务产品，大量的电子支付服务面对的是个人消费者和商业、企业在经济交往中产生的一般性支付需求，其特点是服务对象数量众多，涉及银行、客户、商家、系统开发商、网络运营服务商、认证服务提供机构等，其中银行与客户之间的关系是这类电子支付赖以存在的基础和前提。

因此，《指引》以调整银行和客户之间的关系为主线，引导和规范境内发生的银行为客户提供的电子支付业务。

3. 《指引》的主要内容

（1）《指引》提出了对电子支付活动中客户和银行权利义务的基本规定。

《指引》明确要求，客户申请电子支付业务，必须与银行签订相关协议，并对协议的必要事项进行了列举。在对银行和客户的权利与义务进行详细阐述的同时，还明确了电子支付差错处理中银行和客户应尽的责任。

（2）《指引》提出了对银行信息披露的规定。

为了保障客户权益，《指引》要求办理电子支付的银行必须公开、充分披露其电子支付业务活动中的基本信息，尤其强调对电子支付业务风险的披露，并对银行作出详细要求，包括：明示特定电子支付交易品种可能存在的全部风险；明示客户使用特定电子支付交易品种可能产生的风险；提醒客户妥善处理电子支付交易存取工具；建立电子支付业务运作重大事项报告制度。

（3）《指引》提出了对电子支付安全性的规定。

安全性是电子支付的重中之重。《指引》要求银行采用符合有关规定的信息安全标准、技术标准、业务标准；建立针对电子支付业务的管理制度，采取适当的内部制约机制；保证电子支付业务处理系统的安全性，以及数据信息资料的完整性、可靠性、安全性、不可否认性；银行应采取必要措施为电子支付交易数据保密；明确银行对客户的责任不因相关业务的外包关系而转移，并应与开展电子支付业务相关的专业化服务机构签订协议以管理其外包关系；同时还要求银行具有一定的业务容量、业务连续性和应急计划等。

《指引》还要求银行根据审慎性原则，针对不同客户，在电子支付类型、单笔支付金额和每日累计支付金额等方面做出合理限制，同时明确提出了在 3 种情况下的具体金额限制。这些措施对防范电子支付风险，保障客户资金安全发挥着积极作用。

（4）《指引》提出了对电子证据合法性的规定。

《指引》以《电子签名法》为法律依据，进一步确认了电子证据的法律效力（第五条规定）和实际可采纳性（第九条和第十条规定）。

另一方面，《指引》还从交易和管理的角度鼓励合理保存、采用电子证据。如第十八、十九、二十、二十一、三十条规定，都是围绕电子支付指令与签名的合法、有效性的，如果能够按照所要求的程序去操作，再结合电子签名法，理论上可以做到电子支付过程中相关电子证据的合法有效性。

（5）《指引》提出了对信息安全的规定。

电子支付信息的泄露和受损直接威胁到企业和用户的切身利益，所以信息安全是树立和维护客户对电子交易信息的关键。《指引》要求银行在物理上保证电子支付业务处理系统的设计和运行能够避免电子支付交易数据在传送、处理、存储、使用和修改过程中被泄露和篡改。

此外，亦要求在境内完成境内发生的人民币电子支付交易信息处理及资金清算。

（6）《指引》提出了对防治欺诈的规定。

目前，在电子支付领域，种种欺诈、"钓鱼"、冒充身份、非法侵入、篡改信息等现象屡见不鲜，这些欺诈侵权行为一旦得手，往往会给用户带来很大的损失。《指引》对于应用电子签名、签署书面协议、交易限额、日志记录、指令确认、回单确认、信息披露和及时通知都作出了一系列的要求，这些制度的设计都是围绕防止欺诈的。

（7）《指引》提出了对差错处理的规定。

在《指引》一共四十九条规定的篇幅中，关于差错处理的规定就占了十条，相对来说对差错处理规定的比较全面。不仅明确了电子支付差错处理应遵守的原则，还制定了相应的补救措施。

（二）《非金融机构支付服务管理办法》

根据《中华人民共和国中国人民银行法》等法律法规，中国人民银行制定了《非金融机构支付服务管理办法》（以下简称《办法》），于 2010 年 6 月 21 日公布，自 2010 年 9 月 1 日起施行，以促进支付服务市场的健康发展，规范非金融机构支付服务行为，防范支付风险，保护当事人的合法权益，切实维护支付服务市场的健康发展。

1. 制定《办法》的背景与意义

随着网络技术和支付服务的不断分工细化，越来越多的非金融机构借助互联网、手机等平台广泛地参与到支付业务中来。非金融机构提供支付服务，与银行业既合作又竞争，已经成为一支重要的力量。

新兴的非金融机构介入支付服务体系，运用电子化手段为市场交易者提供前台支付或后台操作服务，因而往往被称为"第三方支付机构"。非金融机构对电子支付的发展发挥了积极作用，影响非常广泛，但随着非金融机构支付服务业务范围、规模的不断扩大和新的支付工具的推广，以及市场竞争的日趋激烈，这个领域一些固有的问题也逐渐暴露出来，新的风险隐患也相继发生，这些问题仅仅依靠市场的力量难以解决，必须通过必要的法规制度和监管措施及时加以预防和纠正。

中国人民银行作为我国支付体系的法定监督管理者，在组织开展非金融机构支付服务登记、征求社会各方面意见和建议、学习借鉴国际经验的基础上，中国人民银行制定并发布了本《办法》。

2. 《办法》的规范主体与应用

《办法》平等适用于在我国境内从事支付业务的非金融机构，非金融机构提供支付服务，应当依据本《办法》规定取得《支付业务许可证》，成为支付机构。支付机构依法接受中国人民银行的监督管理，未经中国人民银行批准，任何非金融机构和个人不得从事或变相从事支付业务。

《办法》的应用指导思路是"规范发展与促进创新并重"。"规范发展"主要是指建立统一的非金融机构支付服务市场准入制度和严格的监督管理机制，防止不正当竞争，保护当事人的合法权益，维护支付服务市场稳定发展。"促进创新"主要是指坚持支付服务的市场化发展方向，鼓励非金融机构在保证安全的前提下，以市场为主导，不断创新，以更好地满足社会经济活动对支付服务的需求。

3. 《办法》的主要内容

（1）《办法》提出了对非金融机构提供支付服务范围的规定。

《办法》明确非金融机构支付服务是指非金融机构在收、付款人之间作为中介机构提供的货币资金转移服务，包括网络支付、预付卡的发行与受理、银行卡收单及中国人民银行确定的其他支付服务。

（2）《办法》提出了对非金融机构提供支付服务具备的条件的规定。

《办法》规定非金融机构提供支付服务应具备相应的资质条件，一次建立统一规范的非金融机构支付服务市场准入秩序，强化非金融机构支付服务的持续发展能力。非金融机构提供支付服务应具备的条件主要包括：商业存在、资本实力、主要出资人、反洗钱措施、支付业务设施、资信要求等。

考虑支付服务的专业性和安全性要求等，申请人还应符合组织机构、内控制度、风控措施、营业场所等方面的规定，细化了反洗钱措施验收材料等具体要求。

（3）《办法》提出了对非金融机构开展支付服务业务实行业务许可制度和制定《支付业务许可证》审批流程的规定。

中国人民银行依据《中国人民银行法》等法律法规，对非金融机构支付服务实行支付业务许可制度。无论是国有资本还是民营资本的非金融机构，只要符合《办法》的规定，

239

都可以取得《支付业务许可证》。《办法》旨在通过严格的资质条件要求，遴选具备良好条件的企业进入支付服务市场，在中国人民银行的监督管理下规范从事支付业务，切实维护社会公众的合法权益。

（4）《办法》提出了对客户备付金保护措施的规定。

支付机构可以自主确定其所从事的业务是否接受客户备付金。客户备付金是指客户资源委托支付机构保管的、只能用于办理客户委托的支付业务的货币资金。《办法》明确了备付金的性质、限定了备付金的持有形式、强调了商业银行的协作监督责任、突出了人民银行的法定兼管职责。

（5）《办法》提出了对虚假申请行为的规定。

《办法》强调申请行为必须真实、可信。

（6）《办法》提出了对非金融机构和个人擅自提供支付服务的惩罚的规定。

《办法》规定：任何非金融机构和个人未经中国人民银行批准擅自从事或变相从事支付业务的，均由中国人民行业及其分支机构责令终止支付业务；涉嫌犯罪的，依法移送公安机关立案侦查；构成犯罪的，依法追究刑事责任。

（三）《支付机构互联网支付业务风险防范指引》

为进一步加强行业自律，引导支付机构提高风险管理水平，使消费者能够享受到更加安全高效的网络支付服务，中国支付清算协会结合互联网支付业务发展实际需要，吸收借鉴欧洲中央银行关于互联网支付安全建议等国际经验，制定了《支付机构互联网支付业务风险防范指引》（以下简称《防范指引》），经网络支付应用工作委员会常委会审议后于2013年3月正式对外发布实施。

1. 制定《防范指引》的背景与意义

日趋繁荣的第三方支付业务为商业银行带来了新的发展机遇，但也面临诸多新的风险问题。人民银行支付结算司副司长此前就曾公开表示，目前我国网络支付总体安全但潜在问题不容忽视，较多用户的网络安全意识薄弱，风险防范能力不足。《防范指引》的出台有力地填补了互联网支付风险管理自律规范的空白。

一方面，《防范指引》满足了互联网支付行业对建立健全风险管理制度、完善风险管理措施、提高风险管理水平、保护客户和自身权益的要求；另一方面，通过推动《防范指引》在各支付机构的执行落实，能够充分发挥行业力量，提高行业风险管理水平，逐步营造良性发展环境，促进支付行业健康有序发展。

2. 《防范指引》的规范主体与应用

《防范指引》适用于在我国境内从事互联网支付业务的支付机构。支付机构是指根据中国人民银行《非金融机构支付服务管理办法》规定，取得《支付业务许可证》，获准办理互联网支付业务的非金融机构。互联网支付业务是指客户通过计算机等设备，依托互联网发起支付指令，实现货币资金转移的行为。

《防范指引》是国内第一部针对互联网支付业务风险防范操作的具体规范性文件，它的出台，有利于引导和支持从事互联网支付业务的支付机构完善支付业务风险防范机制和措施，有效防范用户端与商户端风险，通过建立风险信息行业共享机制，提高行业风险防控水平，减少和避免风险事件的发生。

3.《防范指引》的主要内容

《防范指引》分为 10 个部分，分别是总则、风险管理体系、用户风险及防范、商户风险及防范、资金安全管理、系统信息安全管理、支付机构反洗钱和反恐怖融资管理要求、风险信息共享和风险事件处理、附则。

（1）《防范指引》提出了对维护用户合法权益的规定。

《防范指引》注重对用户合法权益的保护，提高支付机构对用户支付安全的全面保障水平。为了确保用户支付安全，《防范指引》明确了覆盖用户注册审查、用户服务协议、用户交易身份认证、用户账户与交易监控、用户账户及交易信息安全、用户安全教育服务和业务投诉、差错及争议管理等各个用户风险管理环节的操作规范，进一步提升了行业安全高效服务水平。

具体内容有：进一步落实实名制，有效保障用户账户安全；强化用户身份认证，防止用户信息被冒用、盗用；明确了支付机构与用户的权责，有助于解决相关争端和纠纷。

（2）《防范指引》提出了对交易资金的全环节管理，保障客户资金安全的规定。

针对客户资金安全这个用户最为关切的问题，《防范指引》根据监管机构的相关规定，提出具体落实要求，明确相关操作规定。包括对备付金银行账户管理的要求、支付机构资金管理岗位的设置与权限、商户资金结算流程、资金退回及交易退款的要求、手续费、资金差错处理、风险准备金计提等一系列流程和环节。

具体内容有：严格备付金账户管理，保障客户备付金账户资金安全；规范资金管理与差错处理，保障客户合法权益；要求建立账户与交易监控系统，明确了重点监控指标和异常交易的识别、调查与处置程序和要求。

（3）《防范指引》提出了对引导行业风险信息共享，共同抵御风险事件的规定。

《防范指引》将协同调查、联合防范作为风险信息共享的首要目标，建立行业风险信息共享机制，明确支付机构风险信息共享和风险事件处理的基本原则和工作机制。在风险事件的处理方面，《防范指引》提出了重点风险事件的划分标准，借助风险联系人机制，提出对有关风险事件进行调查协助的要求。

💡 提　示

近年来，依托互联网金融的兴起和电子商务的繁荣发展，以第三方支付机构为代表的网络支付业务呈爆发式增长。数据显示，截至 2015 年 11 月份，人民银行共向 268 家企业颁发了《支付业务许可证》。根据艾瑞咨询数据报告显示，2014 年中国第三方互联网支付交易规模达到 80 767 亿元，同比增速达到 50.3%。

2015 年 12 月，人民银行正式发布了《非银行支付机构网络支付业务管理办法》，从起草到发布，经过多次公开征求意见，引发了社会各方的广泛讨论，经历几载，最终尘埃落定。该《办法》将于 2016 年 7 月 1 日正式实行，对在新形势下我国新兴支付市场的发展具有重要意义。

三、加强电子支付安全的建议

电子支付安全是一个需要全社会各个方面共同努力维护的系统工程，需要搭建一个从上到下、面面俱到的安全体系。其中，电子支付的相关产业链、法律与制度、有效的管理等都必不可少。它们相互配合，形成完整的电子支付安全体系，从而给消费者带来良好的客户体验和安全性，建立用户对电子支付的使用习惯。

1. 从产业链角度控制各个支付环节的风险

参与到电子支付产业链中来的各方之间拥有明确的权利义务关系及风险责任分配机制是保证电子支付安全，消弭支付风险的有效手段。电子支付参与的各方有必要共同努力，争取从产业链各个环节控制风险、强化安全。

（1）从消费者的角度来讲，必须增强个人信息安全防范意识。在安全问题上，加强支付者对身份验证或使用密码钥匙（见图 8-5）的常规了解，通过实施防火墙技术、加密技术、认证技术、防病毒软件即时升级来保障交易安全，同时对专业提供网上支付服务和第三方平台作用的企业也应有足够的认知。在产品问题上，当权益受到侵害后，立即向侵权者提示并警告，向法律专家进行咨询，也可以向有关部门及时投诉。如果涉嫌诈骗，及时报案，以保障自身和其他消费者的合法权益。

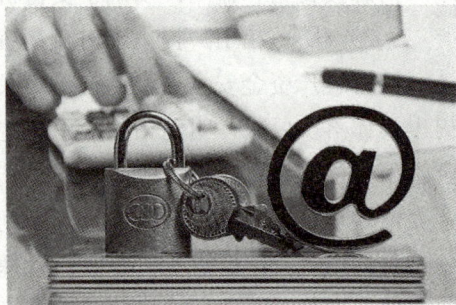

图 8-5　密钥

（2）从网上银行的角度来讲，必须加快各类银行卡的发行和功能拓展，更新完善电子网络系统，增加金融电子设备。在设备上，通过购买、租用等方式，选择并拥有诸如硬件设备、系统软件、网络通信及银行前端等基础设施。建立有效的管理制度，包括对相关人员操作权限的授权制度、职责分离制度、外包机构的管理制度、紧急状态应急制度和交易数据保管制度等。此外，银行在电子支付业务中，应努力保全相关证据资料，设置先进的证据保全系统，对网络交易进行同步保存。除电脑保全交易信息外，对每日电脑打印的日结单，向客户发出的信函、传真等书面材料也应予以存储。

（3）从电子商务企业的角度来讲，电商企业应该搭建高安全性能的运营支付系统，从架构设计、系统稳定性设计、信息存储、保密设定等多方面采取安全措施及完善的技术措施以规避网络风险的发生。

（4）从政府监管机构的角度来讲，金融监管部门和央行应当加强对电子支付平台的监督管理和检查力度，及时进行风险提示或处理。此外，要对第三方支付的账户进行规范，要求第三方严格区分自有资金和中转账户资金，不得随意挪用挤占，不得进行风险性盈利投资甚至投机；要求第三方在开户行存入保证金，一旦出现问题，银行可以抵御风险。

2. 填补电子支付领域的法律空白

电子支付的成长发展一定是建立在拥有健全的法律保障体系和服务支持体系的基础上的。然而目前，电子商务方面，尤其是电子支付领域的立法还有很大的空白地带。政府有关部门亟需制定出有关数字化、货币发行、支付与管理制度及电子支付业务结算、电子设备使用等标准。

除自律规范之外，还需要通过各国有关银行或金融相关法规加以规范，给电子支付的发展提供规范明确的法律环境。立法机构要实时关注电子支付业务的最新发展和科技创新，研究制定有关法律法规，明确界定电子支付产业链各参与者的职责、权利和义务，明确法律判决的依据。

3. 强化电子支付监管机制

通过加强业务监管，加强内控防范与电脑犯罪，建立起健全监管法律体系，实施适时与定期监控，创新监管手段、方式、内容，严格电子支付监督管理机制。

（1）强化监管机制，一是设立市场准入监管；二是加强业务内容监管；三是建立相关制度。从制度层面上进一步明确电子支付业务的准入程序与形式、电子支付业务的审查要点，以及对业务的监管和报告要求等。

（2）建立协同监管机制，就是要建立人民银行、银监会、信息产业部等相关部门的协同监管机制。建立联席会议制度，实现信息资源共享，防范金融风险与网络金融犯罪。央行及银监会是涉及电子支付及银卡市场的监管主体，需要发挥其应有作用；此外，由于电子支付方式的无国界性，还需建立国际统一的法制规制，加强金融监管的国际合作。

（3）创新监管手段，监管当局，不断适应金融监管中出现的新问题和新情况。同时，学习国外先进的管理办法及监管手段，建立风险预警机制，对显现的问题及早发现并解决。

4. 形成全社会认可的信用环境

电子支付的参与者成分复杂，包括参与交易的双方、第三方支付平台、银行、商务、工商及其他机构，都要承担一定的信用责任，他们需要在一个完善的诚信环境下交易。

目前，我国已经建立起了由人民银行负责的个人征信系统、反洗钱监测系统、账户管理信息系统等，这些系统的建立有助于电子支付活动参与者的身份确认和交易选择，在一定程度上保障了电子支付的安全性。

但也应该看到，现有的信用体系无法完全提供电子支付所需的信用服务，需要建立一整套适应于电子支付的有效信用体系，并完善与征信相配套的监管体制，对信用机构及其活动进行有效管理。这种诚信环境和机制需要社会各方共同长期努力才能营造出来，需要运用法律、经济、道德等手段提升整个社会的信用水平。

构建完善的信用环境，可采取的措施有：加大建立社会信用管理体制的宣传；建立企业和个人信用评价与监管机构；建立企业和个人在电子商务活动过程中的第三方信用服务和认证机构；建立完备的法律法规保障及信用奖惩机制等。

任务实施

网络购物中的欺诈方式主要有销售伪劣商品、创建假链接和山寨网站、收取订金等。其中，利用网络销售伪劣商品是最主要的一种，这种欺诈现象在网络购物中是很隐蔽的，当买家不使用商品的时候，是不会发现已经上当受骗了的。

当发生网购欺诈事件后，买方可以选择以下解决方法：

（1）要求卖方交付替代物或对商品进行修理。

（2）要求赔偿损失。

（3）对拒不赔偿的，向有关部门投诉（如网站投诉、网上报案、消协投诉）。

以小组（5～6人）为单位，根据《电子支付指引（第一号）》中有关防治欺诈的规定，讨论分析可以在网站投诉、网上报案、消协投诉时提供哪些法律依据和伸张哪些自己的权利？

项目小结

大量的网络安全事件表明，网络攻击和欺诈会给消费者的支付安全带来巨大威胁，大部分原因都是由于消费者缺乏对电子支付安全管理的认识。本项目主要介绍了电子支付安全管理方面的知识，学完本项目，读者应：① 熟悉电子支付活动过程中可能遇到的安全问题，以及出现安全问题的原因，以提高在选择电子支付作为结算形式时的安全防范意识；② 了解电子支付带来的法律问题及相关法律法规的大致内容；③ 清楚应从哪些方面加强电子支付安全。

项目习题

一、填空题

1．电子支付所面临的安全问题有：信息的_____、信息的_____、交易者身份的识别问题、_____。

2．当前，电子支付是通过虚拟银行的电子资金划拨来完成的，而实现这一过程涉及网络银行与_____之间的协议、网络银行与_____之间的合作协议中的法律关系及安全保障问题。

3. 《电子支付指引（第一号）》的规范主体主要是＿＿＿＿＿＿＿及接受其电子支付服务的＿＿＿＿＿＿＿。

4. 支付机构是指根据中国人民银行《非金融机构支付服务管理办法》规定，取得＿＿＿＿＿＿＿＿＿＿＿＿，获准办理互联网支付业务的非金融机构。

二、选择题

1. 网络硬件的不安全因素的特点是（　　　）。

　　A．隐秘性强、破坏性大

　　B．隐秘性弱、破坏性小

　　C．隐秘性弱，破坏性大

　　D．隐秘性强、破坏性小

2. 《非金融机构支付服务管理办法》平等适用于在我国境内从事支付业务的（　　　）。

　　A．网上银行　　　　　　　　　　B．非金融机构

　　C．网上消费者　　　　　　　　　D．网上商店

3. （　　　）是国内第一部针对互联网支付业务风险防范操作的具体规范性文件。

　　A．《电子支付指引（第一号）》

　　B．《非金融机构支付服务管理办法》

　　C．《支付机构互联网支付业务风险防范指引》

　　D．《电子商务法》

4. 《电子支付指引（第一号）》以（　　　）为法律依据，进一步确认了电子证据的法律效力。

　　A．《网络交易管理办法》　　　　　B．《电子商务示范法》

　　C．《消费者权益保护法》　　　　　D．《电子签名法》

三、简答题

1. 简述影响电子支付安全的 6 大因素及导致的安全问题。

2. 简述发布《非金融机构支付服务管理办法》的意义及其主要内容。

项目实训　学习电子支付相关法律法规条文

（1）在线学习《电子支付指引（第一号）》《非金融机构支付服务管理办法》《支付机构互联网支付业务风险防范指引》条文。

（2）根据任务二相关知识中介绍的以上 3 个法律法规的大致内容，回答以下问题：

　　问题一：当公安机关需要我们向其提供电子证据时，在《电子支付指引（第一号）》中，哪些法律条文是关于如何证明电子支付指令与签名的合法性、有效性的？

　　问题二：在《非金融机构支付服务管理办法》《支付机构互联网支付业务风险防范指引》两个法律中，还有哪些类似的规定？